Anne Buscha • Gisela Linthout

Das Oberstufenbuch
DEUTSCH ALS FREMDSPRACHE

Ein Lehr- und Übungsbuch für fortgeschrittene Lerner

Das Oberstufenbuch

DEUTSCH ALS FREMDSPRACHE

Ein Lehr- und Übungsbuch für
fortgeschrittene Lerner

von

Anne Buscha
Gisela Linthout

SCHUBERT-Verlag

Leipzig

Die Autorinnen des *Oberstufenbuches* sind Lehrerinnen an den Goethe-Instituten in Rotterdam bzw. Amsterdam und verfügen über langjährige Erfahrung in Deutschkursen zur Vorbereitung auf die *Zentrale Oberstufenprüfung* bzw. das *Kleine Deutsche Sprachdiplom*.

Das *Oberstufenbuch* eignet sich sowohl für den Kursunterricht als auch für Selbstlerner.

Die Deutsche Bibliothek – CIP-Einheitsaufnahme

Buscha, Anne
Das Oberstufenbuch - Deutsch als Fremdsprache : ein Lehr- und Übungsbuch für fortgeschrittene Lerner / von Anne Buscha ; Gisela Linthout. - 1. Aufl. - Leipzig : Schubert, 2000
ISBN 3-929526-58-1

© SCHUBERT-Verlag, Leipzig
1. Auflage 2000
Alle Rechte vorbehalten
Printed in Germany
ISBN 3-929526-58-1

Inhaltsverzeichnis

Vorbemerkungen 9

Kapitel 1: Vergangenes und Gegenwärtiges

Teil A   Texte und Textarbeit 11
              Prognose und Realität
              Moderne Kunst
              Werbung gestern und heute
              Keine Zeit

Teil B   Hinweise zu Grammatik und Prüfungsaufgaben 25
              Zeitformen der Verben
              Verben mit unterschiedlichen Vergangenheitsformen
              Temporale Präpositionen und Konjunktionen
              Umformungen von Präpositionalgruppen in Nebensätze
              Hinweise zur Verwendung der Zeitformen im Aufsatz

Teil C   Übungen 28
              Bildung von Sätzen im Präteritum
              Verben und ihre Synonyme
              Verben mit zwei Vergangenheitsformen
              Umformung von Präpositionalgruppen in Nebensätze
              Temporale Präpositionen
              Temporale Adjektive
              Verben in Verbindung mit Terminen

Teil D   Themen für Vortrag und Aufsatz 34

Kapitel 2: Nähe und Ferne

Teil A   Texte und Textarbeit 35
              Mallorca – das bessere Deutschland
              Das Europahaus
              Die Globalisierung des Kinos
              Nachtgedanken

Teil B   Hinweise zu Grammatik und Prüfungsaufgaben 45
              Präpositionen zu Orts- und Richtungsangaben
              Unterscheidung zwischen lokalen Präpositionen – Adverbien – Adjektiven

Teil C   Übungen 47
              Lokale Präpositionen
              her und *hin* und deren Zusammensetzungen
              Bildung von Sätzen mit Lokalangaben
              Lokale Adverbien und Adjektive
              Einwohner von Ländern

Teil D   Themen für Vortrag und Aufsatz 52

Inhaltsverzeichnis

Kapitel 3: Vermutungen und Empfehlungen

Teil A **Texte und Textarbeit** 53
Lachen
Lust auf „lebenslänglich"
Teure Langeweile
„Sollen"

Teil B **Hinweise zu Grammatik und Prüfungsaufgaben** 62
Modalverben und *werden* in subjektiver/sprecherbezogener Bedeutung
 und ihre Synonyme
Zeitformen
Behauptungen
Umformungen von Sätzen mit modalen Wendungen in Sätze
 mit Modalverben

Teil C **Übungen** 64
Modalverben und ihre synonymen Ersatzformen
Bildung von Sätzen mit Vermutungsbedeutung
Weitergabe von Informationen, Gerüchten und Behauptungen
Nachträgliche Empfehlungen
Sätze mit Modalverben in der Vergangenheit
Umformungen von Sätzen mit Modalverben in Sätze mit synonymen
 Wendungen
Umformungen von Sätzen mit modalen Wendungen in Sätze
 mit Modalverben
Adjektive auf *-bar* und *-lich*

Teil D **Themen für Vortrag und Aufsatz** 72

Kapitel 4: Gründe und Folgen

Teil A **Texte und Textarbeit** 73
Katz und Maus
Kriminalität in Deutschland
Unternehmenserfolg
Koedukation

Teil B **Hinweise zu Grammatik und Prüfungsaufgaben** 84
Präpositionen und Konjunktionen
Umformungen von Präpositionalgruppen in Nebensätze
Umformungen von Sätzen nach vorgegebenen Strukturen

Teil C **Übungen** 87
Bildung von Nebensätzen
Umformung von Nominalgruppen in Nebensätze
Schwierige Konjunktionen
Umformung von Sätzen in vorgegebene Strukturen

Teil D **Themen für Vortrag und Aufsatz** 94

Inhaltverzeichnis

Kapitel 5: Beschreibungen und Vergleiche

Teil A   **Texte und Textarbeit** 95
               Geschwister
               Antipathie
               Lyrik im Immobilienteil
               Bauhaus und Design
               Eine Bildbeschreibung

Teil B   **Hinweise zu Grammatik und Prüfungsaufgaben** 106
               Attribute
               Umformungen von Relativsätzen in Präpositionalattribute und umgekehrt
               Vergleiche

Teil C   **Übungen** 108
               Adjektivendungen
               Genitivattribute
               Partizipialattribute
               Umformungen in Partizipialkonstruktionen
               Relativsätze und Umformungen in Relativsätze
               Appositionen
               Gerundiv
               Vergleichssätze
               Adjektive

Teil D   **Themen für Vortrag und Aufsatz** 118

Kapitel 6: Gehörtes und Gesagtes

Teil A   **Texte und Textarbeit** 119
               Störfall Kommunikation
               Tipps zur erfolgreichen Kommunikation
               Zeitungen
               Lesen und Fernsehen
               „Ich habe fertig"

Teil B   **Hinweise zu Grammatik und Prüfungsaufgaben** 130
               Möglichkeiten der Wiedergabe von fremden Meinungen, Gerüchten,
                  Gehörtem und Gesagtem
               Bildung des Konjunktiv I
               Wiedergabe einer Frage und einer Aufforderung
               Möglichkeiten der Umschreibung der indirekten Rede
               Hinweise zur Verwendung des Konjunktiv I/II als indirekte Rede im Aufsatz

Teil C   **Übungen** 132
               Nachrichten
               Wiedergabe von Meinungen/Informationen, Fragen und Aufforderungen
               Wiedergabe eines Textes in der indirekten Rede
               Beschreibungen von Äußerungen
               Sprichwörter

Teil D   **Themen für Vortrag und Aufsatz** 138

Inhaltsverzeichnis

Kapitel 7: Aktives und Passives

Teil A   **Texte und Textarbeit** 139
                Das 19. Jahrhundert
                „Computer machen dumm" und andere Vorurteile
                Der Handy-Knigge
                Waldsterben

Teil B   **Hinweise zu Grammatik und Prüfungsaufgaben** 150
                Zeitformen des Passivs
                Passiversatzmöglichkeiten
                Passivunfähigkeit
                von oder *durch* in Passivsätzen
                Umformungen von Aktiv- in Passivsätze

Teil C   **Übungen** 152
                Zeitformen des Passivs
                Passivsätze im Konjunktiv
                Passiversatzmöglichkeiten
                Umformungen von Aktiv- in Passivsätze
                Passivsätze mit *von* oder *durch*
                Zustandspassiv

Teil D   **Themen für Vortrag und Aufsatz** 158

Kapitel 8: Formelles und Informelles

Teil A   **Texte und Textarbeit** 159
                Verhandlungskunst
                Andere Länder – andere Sitten
                Anredeformen
                Formelle Briefe

Teil B   **Hinweise zu Grammatik und Prüfungsaufgaben** 169
                Konjunktiv II als Ausdruck der Höflichkeit und Zurückhaltung
                Nomen-Verb-Verbindungen
                Nominalstil – Umformung von Sätzen in Nominalgruppen
                Präpositionen der Schriftsprache

Teil C   **Übungen** 171
                Sätze im Konjunktiv II
                Nomen-Verb-Verbindungen
                Umformung von Sätzen in Nominalgruppen
                Feste Verbindungen mit Präpositionen
                Präpositionen der Schriftsprache
                Textvariationen
                Umgangssprachliche Redewendungen

Teil D   **Themen für Vortrag und Aufsatz** 178

Hinweise zu den Prüfungen 179
Lösungsschlüssel 185
Quellenverzeichnis 212

Vorbemerkungen

Das vorliegende Buch richtet sich an Lerner mit Deutschkenntnissen auf fortgeschrittenem Niveau, die ihren Wortschatz und ihre Ausdrucksfähigkeit verbessern sowie ihre Grammatikkenntnisse vertiefen möchten. Es bietet eine große Auswahl an Texten mit anschließendem Wortschatztraining, Grammatikerläuterungen und Übungen, Aufsatz- und Vortragsthemen, die ganz nach Ihren Wünschen zusammengestellt und bearbeitet werden können. Außerdem integriert das Buch Übungen und Hinweise zur Vorbereitung auf die *Zentrale Oberstufenprüfung* und Teile des *Kleinen Deutschen Sprachdiploms*.

Die Konzeption des Buches ermöglicht Auswahl, Weglassen und Erweiterung in alle Richtungen und macht es dadurch vielseitig einsetzbar. Es enthält einen ausführlichen Lösungsschlüssel und ist sowohl für Gruppenkurse als auch für Selbstlerner geeignet.

Das Buch ist in **8 Kapitel** gegliedert, die jeweils aus **4 Teilen** bestehen:

Teil A: Texte und Textarbeit
Teil B: Hinweise zu Grammatik und Prüfungsaufgaben
Teil C: Übungen
Teil D: Themen für Vortrag und Aufsatz

Alle Kapitel orientieren sich sowohl in ihrer thematischen Auswahl als auch in ihren Erläuterungen und Übungen zu Grammatik und Semantik an den oben genannten Prüfungen.

Die Texte im **Teil A** können nach persönlichem Interesse ausgewählt werden. Sie stellen zum Großteil Originaltexte aus Zeitungs-, Zeitschriften- und Buchveröffentlichungen dar und wurden zum Teil gekürzt bzw. bearbeitet. Wir empfehlen Selbstlernern, sich unabhängig vom Kapitel ca. zehn bis fünfzehn Texte auszusuchen und zu bearbeiten. In diesem Teil werden durch viele Synonym- und Ergänzungsübungen vor allem der Wortschatz, die richtige Verwendung der Präpositionen und die Bildung von Sätzen geschult.

Den Synonymübungen liegen Beispiele aus dem Prüfungsteil „Texterklärung" zugrunde, bei denen es um die Erklärung einzelner Textstellen ohne Zuhilfenahme eines Wörterbuchs geht. Erst nachdem versucht wurde, eine Erklärung mit eigenen Worten zu finden, sollte zur Selbstkorrektur das Wörterbuch oder der Lösungsschlüssel genutzt werden.

Teil B enthält neben Grammatikerläuterungen auch gezielte Hinweise und Techniken zu den Prüfungsaufgaben der Teile „Ausdrucksfähigkeit" und „Aufsatz".

Besondere Aufmerksamkeit wurde der Umformung von Sätzen geschenkt. Der Umformungsvorgang wird anhand von Beispielen schrittweise erklärt und ist dadurch für den Lerner leicht nachvollzieh- und reproduzierbar.

Teil C konzentriert sich vor allem auf Umformungs- und Satzbildungsübungen sowie Ergänzungsübungen zur Festigung der grammatischen Korrektheit und sollte nur als Minimalangebot verstanden werden, das in jede Richtung erweitert werden kann.

Teil D bietet eine Auswahl an Themen für Vortrag und Aufsatz zur Verbesserung des schriftlichen und mündlichen Ausdrucks.

Weitere Hinweise zu allen Prüfungsteilen sowie den Lösungsschlüssel finden Sie im **Anhang**. Wir wünschen Ihnen viel Spaß und Erfolg beim Lernen.

Die Autorinnen

Vorbemerkungen

Zum Geleit

Wer fremde Sprachen nicht kennt,
weiß nichts von seiner eigenen.
Johann Wolfgang Goethe

Jede neue Sprache, die wir lernen,
ist ein Zuwachs an neuen Erlebnissen.
Hermann Hesse

Kapitel 1
Teil A

Vergangenes und Gegenwärtiges
Texte und Textarbeit

I. Prognose und Realität

1. Lesen Sie den folgenden Text.

Spiegel der eigenen Wünsche
Wie die Zeitgenossen um 1910 auf „Die Welt in 100 Jahren" blickten

Die Zahl der Wahnsinnigen wird irre steigen, das Verbrechen, zur <u>Domäne</u> der Frauen geworden, gewinnt an grässlicher <u>Tücke</u> und jedermann läuft mit einem schnurlosen Telefon herum. So beschrieben in einem Buch, das im Jahre 1910 in der Berliner Verlagsanstalt Buntdruck erschien, Propheten der damaligen Zeit die Welt von heute. In dem Buch findet man zwei Dutzend Aufsätze, die alle um den Titel „Die Welt in 100 Jahren" kreisen. Zu den Autoren gehören führende Köpfe der damaligen Zeit, darunter Sozialdemokrat Eduard Bernstein, Kritiker Hermann Bahr und die Pazifistin Bertha von Suttner.

Die „großen <u>Verheißungen</u>", die 1910 zu lesen waren, zwei Jahre vor dem Untergang der „Titanic", nach dem Flug Otto Lilienthals und den Entdeckungen von Röntgen und Curie, sind in erster Linie von der Euphorie der Zeit <u>geprägt</u>. Ein froher, komfortabler Kommunismus steht bevor, so die Vorhersagen, Äpfel werden so groß sein wie Melonen und den einzig bedeutenden Weltkrieg führen die „Vereinigten Staaten Europas gegen die gelbe Rasse", den sie dank „riesenhafter Vakuumluftschiffe" siegreich beenden. Danach wird angesichts „gewaltiger Vernichtungskräfte" Krieg zur „Unmöglichkeit", Wettervorhersagen können bis auf halbe Monate im Voraus mit voller Genauigkeit gestellt werden und die Geselligkeit <u>blüht auf</u>, „weil dann gute Manieren so selbstverständlich sind wie frische Wäsche". Weiterhin legt man sich über den „Tropengebieten von Amerika" in 3000 Meter Höhe in Schlafballons zur Ruhe, die Morgenlektüre entfällt, denn Zeitungen gibt es 2009 nicht mehr und alles geht drahtlos, „auch vom Mars herüber".

Die beiden großen Bewegungen der Neuzeit, die Frauen- und die Arbeiterbewegung, werden, nach Meinung des Sozialdemokraten Bernstein, ihre Ziele erreichen und die Menschheit kann sich ohne Elternschaft fortpflanzen.

Großen Weitblick offenbarten die Autoren, als sie die Möglichkeit der Umwandlung von Sonnenlicht in Motorkraft vor-

Kapitel 1–A *Vergangenes und Gegenwärtiges*

> hersagten, geregelte Mindestlöhne und Arbeitszeiten und einen drahtlosen Weg, der den „Anblick von Sensationen furchtbarster Art" in alle Welt gewährt (den Fernseher). Literatur allerdings wird unnötig, weil das Grundmotiv des Dichters, der Gelderwerb, entfällt. Möglicherweise könnte, das räumt Hermann Bahr ein, ein „heute durchaus unbekanntes Motiv" auftauchen und einer dichtet, „weil er was zu sagen hat".
>
> Die Zukunft, so kann man lesen, ist ein „Spiegel, in dem nichts anderes erscheint als die Erfüllung der eigenen Wünsche".

Aus: Der SPIEGEL (bearb.)

2. Geben Sie die Prophezeiungen noch einmal mit eigenen Worten wieder.

1. *Es wird mehr Wahnsinnige geben.*
2. ....
3. ....
4. ....
5. ....
6. ....
7. ....
8. ....
9. ....
10. ....
11. ....
12. ....
13. ....
14. ....
15. ....
16. ....
17. ....
18. ....

3. Beantworten Sie die folgenden Fragen.
1. Wie beurteilen Sie die Prognosen der Autoren von 1910?
2. Halten Sie Zukunftsprognosen für sinnvoll? Begründen Sie Ihre Meinung.

4. Erklären Sie die Wörter nach ihrer Bedeutung im Text mit synonymen Wendungen.
1. Domäne ....
2. Tücke ....
3. Verheißungen ....
4. geprägt ....
5. Geselligkeit blüht auf ....
6. Anblick gewähren ....

5. Erklären Sie die folgenden Wendungen mit Ihren eigenen Worten.
1. etwas mit List und Tücke tun ....
2. die Tücke des Objekts ....

6. Ergänzen Sie die fehlenden Präpositionen.
1. Die Zahl der Wahnsinnigen wird irre steigen, das Verbrechen, ... Domäne der Frauen geworden, gewinnt .... grässlicher Tücke und jedermann läuft .... einem schnurlosen Telefon herum.

Vergangenes und Gegenwärtiges   Kapitel 1–A

2. So beschrieben .... einem Buch, das .... Jahre 1910 .... der Berliner Verlagsanstalt Buntdruck erschien, Propheten der damaligen Zeit die Welt .... heute.

3. .... dem Buch findet man zwei Dutzend Aufsätze, die alle .... den Titel „Die Welt .... 100 Jahren" kreisten.

7. Ergänzen Sie die fehlenden Verben.

1. Zu den Autoren .... führende Köpfe der damaligen Zeit.
2. Die „großen Verheißungen", die 1910 zu .... waren, sind aber auch von der Euphorie der Zeit ....
3. Danach wird angesichts „gewaltiger Vernichtungskräfte" Krieg zur „Unmöglichkeit", Wettervorhersagen können bis auf halbe Monate im Voraus .... werden und die Geselligkeit ....
4. Großen Weitblick .... die Autoren, als sie die Möglichkeit der Umwandlung von Sonnenlicht in Motorkraft .... und einen drahtlosen Weg, der den „Anblick von Sensationen furchtbarster Art" in alle Welt ....

8. Was meinen Sie, was die Zukunft in den nächsten
         a) fünfhundert Wochen,
         b) fünfhundert Monaten,
         c) fünfhundert Jahren
bringen wird? Erstellen Sie selbst Prognosen für diese drei Zeiträume.

9. Die Zukunftsforscher Watts Wacker, Jim Taylor und Howard Means haben für diese Zeiträume ebenfalls Prognosen abgegeben.
Vergleichen Sie diese mit Ihren Voraussagen.

Die nächsten fünfhundert Wochen

Sie werden einen Beruf ausüben, für den Sie offiziell nicht ausgebildet wurden.

Der illegale Handel mit Zellgewebe wird den illegalen Drogenhandel als größten internationalen Verbrecherring ersetzen.

Die pharmazeutische Behandlung des Alterungsprozesses wird zur globalen Manie werden.

Ein Eignungstest wird über das Recht, an einer Wahl teilnehmen zu dürfen, entscheiden.

Drei Wissenschaften, die wir uns heute noch gar nicht vorstellen können, werden erfunden.

Deutschland und Japan werden Atommächte sein.

Die nächsten fünfhundert Monate

Jeder, der das fünfzigste Lebensjahr erreicht, hat eine achtzigprozentige Chance, hundert Jahre alt zu werden.

Wir werden wissen, dass wir nicht allein im Universum sind.

Genkosmetische Chirurgie wird alltäglich sein.

Die früher als Englisch bekannte Sprache wird zur am meisten gesprochenen Sprache der Welt.

Kapitel 1–A   *Vergangenes und Gegenwärtiges*

Die nächsten fünfhundert Jahre

Es werden weniger Menschen am Leben sein als heute.

Die Weltbevölkerung wird in einem Umkreis von 500 km um den Äquator angesiedelt sein.

Die durchschnittliche Lebensdauer eines Menschen wird, unterstützt von Gentechnik, Bioenzymen und anderen Komponenten, 800 Jahre betragen.

Im Durchschnitt werden sich die Menschen im Alter von 75 Jahren erstmals verheiraten.

Sogar geringfügige kriminelle Vergehen werden mit dem Ausschluss aus der Gesellschaft geahndet werden.

Die Todesstrafe wird in einer künstlichen Alterung des Verurteilten bestehen.

Die Antwort auf die Frage: „Woher kommst du?" wird lauten: „Von der Erde."

Aus: „Futopia ... oder das Globalisierungsparadies"

10. Finden Sie zusammengesetzte Wörter mit *zukunft-/Zukunft-*.
    ....

11. Bilden Sie aus den vorgegebenen Wörtern Sätze.
    1. Aufstellen – Prognosen – manche, Zukunftsforscher – einträglich, Geschäft – sein
       ....
    2. selten, Fälle – Vorhersagen – nur – tatsächlich – eintreffen
       ....
    3. Regel – Veränderungen – Forscher – langsamer – sich vollziehen – vorhersagen
       ....
    4. zukunftsorientiert, Denken – wichtig, Faktor – gesellschaftlich, Entwicklung – darstellen
       ....

II. Moderne Kunst

1. Lesen Sie den folgenden Text.

Moderne Kunst

Bei Ausstellungsbesuchen kann man immer wieder bemerken, dass ein Großteil der Betrachter <u>irritiert</u> vor den Objekten <u>zeitgenössischer</u> Kunstschaffender steht und sich <u>vergeblich</u> bemüht, die Werke zu interpretieren. Das könnte ein dreijähriges Kind, denkt sich da so mancher oder man ruft bei so viel Verworrenheit oder verstecktem Tiefsinn nach psychoanalytischer Hilfe. Doch auch die wortreichen Erläuterungen von Galeristen oder Gelehrten helfen uns oft nicht, Zugang zum Dargestellten zu finden.

Befragt man den Künstler/die Künstlerin selbst, allerdings ergibt sich eine solche Gelegenheit nur selten, kommt man unter Umständen zu der Meinung, er oder sie solle dann doch lieber malen als reden, denn das Chaos in unseren Köpfen ist nun perfekt.

Vergangenes und Gegenwärtiges   *Kapitel 1–A*

Wie wohltuend heben sich da z. B. die Werke van Goghs, Kandinskys oder Paul Klees ab. Da weiß der kunstsinnige Betrachter gleich, in welcher Phase des Künstlers das Werk entstand, was der Meister beim Schöpfungsakt dachte und was das Dargestellte bedeuten soll. Wie elektrisiert bestaunen wir das Kunstwerk, welches wir als Ausdruck der vergangenen Epoche, als Widerspiegelung des Zustandes der Gesellschaft erkennen und nachempfinden.

Schenken wir also der Theorie: „Das Kunstwerk ist das Werk eines einzelnen, Kunst aber ist Äußerung der Gesellschaft und der Epoche, in der sie entstand" Glauben, müssen wir davon ausgehen, dass die für uns unverständlichen Werke heutiger Kunstschaffender Ausdruck unserer Gesellschaft, Repräsentanten unserer Epoche sind. Doch steht diese These nicht im Widerspruch zu unserem Unverständnis?

Wie kommt es, dass von uns heute überaus geschätzte Kunstwerke von damaligen Betrachtern ignoriert oder verachtet wurden? Ist die zeitliche Diskrepanz im Verständnis von Kunst damit zu erklären, dass es immer neue Strömungen und Moden geben muss, damit sich im Gegensatz dazu das alte, „vor kurzem noch so unverständliche, bizarre, ja verrückte Werk plötzlich als klar und verständlich" erweist? Ist „moderne Kunst ebenso unpopulär wie populäre Kunst unmodern ist"?

W. Kandinsky: Dreißig, 1937.   © VG Bild-Kunst

2. Fassen Sie den Inhalt des Textes mit eigenen Worten zusammen.

3. Beantworten Sie eine der folgenden Fragen.
   1. Für welche Kunst interessieren Sie sich am meisten? Was bedeutet für Sie Kunst? Begründen Sie Ihre Meinung.
   2. Berichten Sie über moderne Kunst in Ihrem Heimatland.
   3. Nehmen Sie zu dem Zitat: „Moderne Kunst ist ebenso unpopulär wie populäre Kunst unmodern ist." Stellung. Begründen Sie Ihre Meinung.

4. Erklären Sie die Wörter nach ihrer Bedeutung im Text mit synonymen Wendungen.
   1. irritiert   ....
   2. zeitgenössischer Kunstschaffender   ....
   3. vergeblich   ....
   4. die Werke heben sich ab   ....
   5. geschätzte Kunstwerke   ....
   6. sich erweisen   ....

Kapitel 1–A *Vergangenes und Gegenwärtiges*

5. Ergänzen Sie die fehlenden Präpositionen.
   1. Die wortreichen Erläuterungen .... Galeristen helfen uns oft nicht, Zugang .... Dargestellten zu finden.
   2. Wie ist es zu erklären, dass .... uns heute geschätzte Kunstwerke .... damaligen Betrachtern ignoriert wurden?
   3. Ist die zeitliche Diskrepanz .... Verständnis .... Kunst damit zu erklären, dass es immer neue Strömungen und Moden geben muss, damit sich .... Gegensatz dazu das alte Werk plötzlich als „klar und verständlich" erweist?

6. Ergänzen Sie die fehlenden Verben.
   1. Bei Ausstellungsbesuchen kann man immer wieder ...., dass ein Großteil der Betrachter irritiert vor den Objekten zeitgenössischer Kunstschaffender .... und sich vergeblich ...., die Werke zu ....
   2. Wie wohltuend .... sich da z. B. die Werke van Goghs, Kandinskys oder Paul Klees ab.
   3. Da .... der kunstsinnige Betrachter gleich, in welcher Phase des Künstlers das Werk ...., was der Meister beim Schöpfungsakt .... und was das Dargestellte .... soll.
   4. .... diese These nicht im Widerspruch zu unserem Unverständnis?

7. Lesen Sie den folgenden wichtigen Hinweis.

Banausen sterben eher!

Die schönen Künste können Schreikrämpfe auslösen, aber auch die Seele erfreuen – so weit nichts Neues. Eine schwedische Studie mit 13 000 Menschen belegt nun, dass das Interesse an Kultur – Lesen, Konzert-, Museen-, Kino- und Theaterbesuche – lebensverlängernd wirkt.

In der Studienlaufzeit von neun Jahren war die Sterbewahrscheinlichkeit der Menschen, die sich nur gelegentlich einem Kulturgenuss hingaben, eineinhalb mal größer als bei denen, die regelmäßigem Kunstgenuss frönten.

Vielleicht, so die Forscher, sind die heftigen Emotionen während eines Films oder einer Sinfonie schuld, vielleicht die Inspiration und Kraft, die von Romanen ausgeht. Seelische und geistige Stimulation jedenfalls wirkt sich günstig aufs Hormon- und Immunsystem aus.

Möglich ist aber auch, dass die Kulturbanausen ungesunden Hobbys nachgehen: essen, trinken, rauchen, in der Kneipe palavern, auf der Kirmes Karussell fahren. Laut Studie werden solche netten Zeitgenossen aber leider selten alt.

Aus: Der SPIEGEL

---

8. Erklären Sie die Wörter nach ihrer Bedeutung im Text mit synonymen Wendungen.
   1. die Studie belegt
   2. dem Kunstgenuss frönen
   3. Kulturbanausen
   4. in der Kneipe palavern

Vergangenes und Gegenwärtiges   *Kapitel 1–A*

9. Ergänzen Sie die fehlenden Verben.
     1. Die schönen Künste können Schreikrämpfe ...., aber auch die Seele ....
     2. Eine schwedische Studie mit 13 000 Menschen .... nun, dass das Interesse an Kultur lebensverlängernd ....
     3. In der Studienlaufzeit von neun Jahren war die Sterbewahrscheinlichkeit der Menschen, die sich nur gelegentlich einem Kulturgenuss ...., eineinhalb mal größer als bei denen, die regelmäßigem Kunstgenuss ....
     4. Vielleicht ist die Inspiration und Kraft, die von Romanen ...., daran schuld.
     5. Möglich ist aber auch, dass die Kulturbanausen ungesunden Hobbys ....

10. Bilden Sie aus den vorgegebenen Wörtern Sätze.
     1. schwedisch, Wissenschaftler – regelmäßig, Kunstgenuss – Immunsystem – beweisen – stärken
        ....

     2. Betrachten – Bild – Lesen – Buch – geistig, Stimulation – oder – bewirken
        ....

     3. ungesund, Lebensweise – Lebensdauer – einige Jahre – verkürzen
        ....

11. Lesen Sie den folgenden Text.

Töpfernde Äffchen

Können Kapuzineraffen Kunstwerke fabrizieren? Ein Versuch zweier amerikanischer Verhaltensforscher nährt diese Vermutung: Die Forscher legten zehn Kapuzineräffchen Tonkugeln, Steine, Temperafarben und Blätter in den Käfig. Daraufhin begannen die Tiere, den Ton zu klobigen Objekten zu formen, ihn zu bemalen und ihn mit Blättern zu verzieren. Ähnlich wie kleine Kinder verloren die Kreativ-Affen nach etwa einer halben Stunde das Interesse an ihrer Bastelarbeit und wandten sich anderen Beschäftigungen zu.

     Ob die äffischen Töpfereien als Kunst gelten können, ist unter Verhaltensforschern umstritten. Manche Experten betrachten die Hervorbringungen vielmehr als eine Vorstufe von Kunst – der Neigung entsprungen, spielerisch etwas Neues zu schaffen.

Aus: Der SPIEGEL

12. Berichten Sie über Ihre eigenen Kriterien, die z. B. ein Gemälde, eine Fotografie oder eine Skulptur zur Kunst machen.

13. Ergänzen Sie die folgenden Verben: *betrachten, erfreuen, formen, gestalten, entwickeln, schaffen, hervorbringen, hingeben*
     1. einen Raum ....   5. etwas mit den Händen ....
     2. etwas Schöpferisches ....   6. ein Kunstwerk ....
     3. künstlerische Neigungen ....   7. ein Gemälde ....
     4. sich dem Kunstgenuss ....   8. sich an Kunst ....

III. Werbung gestern und heute

1. Lesen Sie den folgenden Text.

Von der Nachkriegsreklame bis zur Werbung der vierten Art

Am Anfang war ein Ei. Ein Ei und ein Käfer. Der Käfer hatte einen Rückspiegel und zwei Rücklichter. „Es gibt Formen, die man nicht vergessen kann", stand unter dem Käfer, der aussah wie ein Ei, aber in Wirklichkeit ein Volkswagen war.

Diese Anzeige war so etwas wie der Urknall der modernen Werbung in Deutschland. Bis dahin gab es nur Anzeigen, die nicht mehr sagten als: Persil! Oder: Es gibt wieder Sunlicht-Seife. Oder: Endlich wieder Nivea-Zahnpasta! Die deutsche Nachkriegswerbung hatte noch einmal begonnen, wo auch die deutsche Wirtschaft begonnen hatte: ungefähr bei der Jahrhundertwende.

Werbung wurde Anfang der Sechziger neu erfunden, als die gröbste Nachfrage befriedigt und der Konkurrenzkampf entbrannt war. Das war die Zeit, als die Amerikaner nach ihren Soldaten und nach dem Kaugummi ihre Werbestrategen an die Konsumfront nach Deutschland schickten. Die großen amerikanischen Agenturen gründeten Niederlassungen oder kauften deutsche Firmen auf. Schlagzeilen wie: „Verdienen Sie zu viel, um sich einen Volkswagen leisten zu können?" widersprachen der bis dahin üblichen Aufschneiderei der Reklame, bei der immer nur das Größte, Beste und Schönste angesagt war. Die harte Konkurrenz auf den US-Märkten hatte intelligente Anzeigen produziert. Überraschende Fotos, humorvolle Überschriften und inhaltsvollere Texte ergaben einen neuen Reklamestil: diskreter Charme und hintergründiger Spaß sollten die Waren verkaufen helfen. „Bei 100 Stundenkilometern ist das lauteste Geräusch im Rolls-Royce das Ticken der elektrischen Uhr", so überschrieb David Ogilvy, einer der wichtigsten

Männer dieser Denkrichtung, eine Anzeige. Vielleicht sei, vom Jazz einmal abgesehen, die moderne Werbung die einzige Kunstform amerikanischen Ursprungs, lästerte ein kritischer Kopf unter den amerikanischen Werbern.

Tatsächlich war jedoch die Werbung, die von den US-Agenturen exportiert wurde, ein Mischprodukt europäisch-amerikanischer Traditionen, aus der Plakatkunst in den Metropolen und aus der Überredungskunst der Versandhauskataloge.

So gab es neben einem Tiger bei Esso, absurden Dialogen mit einem Bären, der für Puschkin-Wodka warb, auch den Krieg der Wasch- und Putzmittel, bei dem der

Vergangenes und Gegenwärtiges   *Kapitel 1–A*

Grauschleier über die Wäsche der Hausfrauen <u>herfiel</u>. Intelligente, witzige Werbung war doch eher die Ausnahme.

In den späten sechziger Jahren kam eine werbefeindliche Stimmung auf. Das Buch „Die geheimen Verführer" über die Werbung als Manipulation, als Kommerz und das Gegenteil von Kultur lag auf vielen Nachttischen.

Die Werbestrategen reagierten darauf, indem sie nicht mehr nur Produkte anboten, sondern Leitbilder verkauften. Man begann, glückliche Menschen um die Waren zu gruppieren, Produkte als Ausdruck von Persönlichkeit darzustellen, die Marken mit Images aufzuwerten: Stuyvesant hatte fortan den Duft der großen weiten Welt, Puschkin den Charme des harten Mannes, Coca-Cola den Geschmack von ewiger Jugend. Geboren war das, was die Branche „Werbung der dritten Art" nennt. Geschichten aus dem Leben vorbildlicher Konsumenten werden gezeigt, dem Durchschnittsmann wird klar gemacht, dass er zu wenig Geld für Unterwäsche ausgibt, keine Hüte und nur ungern Krawatten trägt.

Die Werbung <u>entblößte</u> den Verbraucher, um ihn anzuziehen. Die lila Kuh kommt zur Welt und die Propheten der Reduktion in der Werbung lassen sich die erste Anzeige der Welt mit nur einem Wort einfallen „schreIBMaschinen".

Der im Reklamefeuer aufgewachsene Konsument der heutigen Zeit will von Werbung unterhalten werden. Wer tolle Werbung macht, macht auch gute Produkte – das ist das einzige Verkaufsargument, was ihn noch erreicht. Und die Werbeleute müssen sich Mühe geben – denn, einer

Umfrage zufolge, ist durch die übermäßige Werbepräsenz in allen Medien die messbare Markenerinnerung seit 1979 um 80 Prozent gefallen, nur drei von hundert Spots hinterlassen noch Produktbotschaften im Gedächtnis des Zuschauers.

Unter diesem Druck entsteht die Werbung der vierten Art – Plakate, Spots und Anzeigen, die für sich selbst werben, zum Teil gedreht von namhaften Filmregisseuren. Die Werbung ist selbst zum Produkt geworden, das konsumiert wird wie ein Comic-Heft oder ein Videoclip.

Aus: Der SPIEGEL

2. Fassen Sie den Text mit eigenen Worten zusammen.

3. Erklären Sie die Wörter nach ihrer Bedeutung im Text mit synonymen Wendungen.
   1. <u>gröbste</u> Nachfrage   ....
   2. Konkurrenzkampf ist <u>entbrannt</u> ....
   3. <u>Aufschneiderei</u>   ....

Kapitel 1–A   *Vergangenes und Gegenwärtiges*

    4. etwas <u>ist angesagt</u> ....
    5. <u>lästern</u> ....
    6. über etwas/jmdn. <u>herfallen</u> ....
    7. den Verbraucher <u>entblößen</u> ....

4. Erklären Sie die folgenden Begriffe mit eigenen Worten:
    1. Werbeträger ....
    2. Werbebotschaft ....
    3. Werbeetat ....
    4. Werbemittel ....
    5. Werbekampagne ....
    6. Werbespot ....

5. Beantworten Sie eine der folgenden Fragen.
    1. Berichten Sie über Werbung in Ihrem Heimatland. Wofür wird geworben, wofür nicht? In welchen Medien wird am meisten geworben? Wie hat sich die Werbung in den letzten Jahren verändert?
    2. Lassen Sie sich selbst von Werbung zum Kauf animieren oder vom Kauf abhalten?
    3. Welche Werbung gefällt Ihnen, welche lehnen Sie ab? Beschreiben Sie einen Werbespot und erklären Sie, warum Sie ihn gut oder schlecht finden.

6. Ergänzen Sie die fehlenden Verben.
    1. Werbung wurde Anfang der Sechziger neu erfunden, als die gröbste Nachfrage .... und der Konkurrenzkampf .... war.
    2. Die großen amerikanischen Agenturen .... Niederlassungen oder .... deutsche Firmen auf.
    3. Die harte Konkurrenz aus den US-Märkten hatte intelligente Anzeigen ....
    4. In den späten sechziger Jahren .... eine werbefeindliche Stimmung auf.
    5. Die Werbestrategen .... darauf, indem sie nicht mehr nur Produkte ...., sondern Leitbilder verkauften.
    6. Man begann, glückliche Menschen um die Waren zu ...., Produkte als Ausdruck von Persönlichkeit darzustellen, die Marken mit Images ....
    7. Dem Durchschnittsmann wird klar ...., dass er zu wenig Geld für Unterwäsche ....
    8. Nur drei von hundert Spots .... im Gedächtnis des Zuschauers Produktbotschaften.

7. Ordnen Sie dem Substantiv ein passendes Adjektiv zu.
(namhaft, werbefeindlich, übermäßig, hart, messbar, modern, diskret, inhaltsvoll, hintergründig, vorbildlich)

    0. *vorbildliche*   Konsumenten
    1. .... Stimmung   3. .... Filmregisseure
    2. .... Werbung   4. .... Werbepräsenz

Vergangenes und Gegenwärtiges   *Kapitel 1–A*

5. .... Markenerinnerung   8. .... Charme
6. .... Konkurrenz   9. .... Spaß
7. .... Texte

8. Finden Sie Übertreibungen. Lassen Sie Ihrer Fantasie freien Lauf.

    0. dunkler Raum   *finsterer/stockdunkler*   Raum
    1. großes Ausmaß   ....   Ausmaß
    2. kleiner Fehler   ....   Fehler
    3. sehr gute Arbeit   ....   Arbeit
    4. schlechte Arbeitsbedingungen   ....   Arbeitsbedingungen
    5. schönes Wetter   ....   Wetter
    6. eindrucksvolle Aufführung   ....   Aufführung
    7. kühle Atmosphäre   ....   Atmosphäre
    8. freigiebiger Mensch   ....   Mensch

9. Bilden Sie aus den vorgegebenen Wörtern Sätze.

    1. fünziger Jahre – Werbung – Sehnsucht – Wohlstand – vermitteln
       ....
       ....

    2. sechziger Jahre – Humor – Werbung – Einzug halten
       ....
       ....

    3. gut, Werbung – Kunst – werden
       ....
       ....

    4. übermäßig, Werbepräsenz – immer weniger – Produkte – Produktbotschaften – Gedächtnis – Zuschauer – hinterlassen
       ....
       ....

    5. häufig, Werbeunterbrechungen – Spielfilme – viele Fernsehzuschauer – Werbung – sich belästigt fühlen
       ....
       ....

    6. Werbeaufträge – hart, Konkurrenzkampf – entbrennen
       ....
       ....

    7. hervorragend, Werbung – Kunden – Kauf – animieren – können
       ....
       ....

IV. Keine Zeit

1. Lesen Sie den folgenden Text.

Keine Zeit

Alles begann mit einem Mönch, der im Jahre 320 nach Christus eine feste Zeiteinteilung mit fünf Gebetsstunden für den Tag einführte und damit die geistigen Grundlagen für das Klosterleben legte. Auf dieser Einteilung basierend entwickelte 200 Jahre später ein Benediktiner die erste von strikter Zeitdisziplin bestimmte Sozialordnung in Europa, indem er im Kloster durch ein automatisches Läutwerk die Mönche an ihre Gebetseinheiten erinnerte. Außerhalb der Klostermauern allerdings richteten sich die Menschen noch bis ins 13. Jahrhundert nach dem Hahnenschrei und dem Sonnenstand, bevor sie einen eigenartigen Wunsch verspürten: Sie wollten wissen, wie spät es ist. „Aus der Zeit Gottes wurde die Zeit der Händler", so beschrieb der Historiker Adolf Holl diese Wende.

Bis heute arbeitet die Masse der Menschen nach dem Diktat der Uhr. Aus der 7-Tage-Woche mit ca. 70 Arbeitsstunden von vor hundert Jahren ist eine 5-Tage-Woche mit ca. 38 Arbeitsstunden geworden. Und dennoch hat niemand mehr Zeit. „Zeit ist Geld" ist das Motto unserer Tage und Zeitvergeudung die schwerste Sünde in unserer Gesellschaft. Um seine Zeit noch besser organisieren zu können, liest der erfolgreiche Manager Bücher wie „Ganzheitliches Zeitmanagement", „Die Neunzig-Minuten-Stunde" oder „Der Zeitplaner". Diese Zeitplanungsspiele haben aber nicht etwa zum Ziel, Zeit übrig zu haben, um zum Beispiel zum Nachdenken zu kommen, sondern sie dienen dazu, die „gewonnene" Zeit mit anderen Terminen bis in den letzten Winkel wieder zu füllen. Das gilt nicht nur für Manager, auch Schüler und Rentner haben übervolle Terminkalender. Nichts ist heute peinlicher, als Zeit zu haben, und Sätze wie „In der nächsten Woche sieht's bei mir ganz schlecht aus" bescheinigen uns den Erfolgsmenschen. Zeit zu haben ist nicht gut für das Image.

Es scheint, als führe sich die fortwährende Industrialisierung und Automatisierung selbst ad absurdum, denn jede neue Maschine, jeder Computer soll dem Menschen Arbeit abnehmen, ihm Zeit verschaffen, die er dann sinnvoll nutzen könnte. Doch mit dieser Zeit kann der Mensch nach rund 1500 Jahren Drill zur Zeitdisziplin nichts mehr anfangen, denn wenn er keine Termine hat, vernichtet er seine Zeit vor dem Fernseher oder lässt sie vernichten, von professionellen Zeitkillern wie Animateuren am Strand oder sonst wo.

Ein paar global denkende Wissenschaftler fordern jetzt ein radikales Umdenken, einen neuen Umgang mit der Zeit, denn sie haben erkannt, dass „sich das Tempo der Wirtschaftstätigkeit" wieder mit den „Zeitplänen der Natur" vertragen muss, um einen Ausweg aus Wirtschafts- und Umweltkrisen zu finden. Es muss wieder erlaubt sein, Zeit zu haben und sich Zeit zu lassen. Es muss wieder erlaubt sein, länger als bisher über Dinge nachzudenken, sonst lassen sich viele Probleme, die durch Schnelligkeit und zu hohes Tempo entstanden sind, nicht mehr lösen.

Vergangenes und Gegenwärtiges   *Kapitel 1–A*

2. Fassen Sie den Inhalt des Textes mit eigenen Worten zusammen.

3. Erklären Sie die Wörter nach ihrer Bedeutung im Text mit synonymen Wendungen.
  1. <u>strikte</u> Zeitdisziplin ....
  2. einen Wunsch <u>verspüren</u> ....
  3. nach <u>dem Diktat der Uhr</u> ....
  4. <u>Zeitvergeudung</u> ....
  5. <u>peinlich</u> sein ....
  6. etwas <u>bescheinigt</u> uns ....
  7. <u>nichts anfangen können</u> mit der Zeit ....
  8. <u>sich vertragen</u> müssen ....

4. Ergänzen Sie die fehlenden Präpositionen.
  1. Alles begann .... einem Mönch, der .... Jahre 320 .... Christus eine feste Zeiteinteilung .... fünf Gebetsstunden .... den Tag einführte und da .... die geistigen Grundlagen .... das Klosterleben legte.
  2. .... dieser Einteilung basierend entwickelte ein Benediktiner die erste .... strikter Zeitdisziplin bestimmte Sozialordnung .... Europa, indem er .... Kloster .... ein automatisches Läutwerk die Mönche .... ihre Gebetseinheiten erinnerte.
  3. .... der Klostermauern allerdings richteten sich die Menschen noch .... 13. Jahrhundert .... dem Hahnenschrei und dem Sonnenstand.

5. Bilden Sie jeweils einen Beispielsatz mit:
  1. seine Zeit verbringen

     ....

     ....

  2. Zeit sparen

     ....

     ....

  3. Zeit vertrödeln

     ....

     ....

  4. sich seine Zeit vertreiben

     ....

     ....

Kapitel 1–A   *Vergangenes und Gegenwärtiges*

6. Beantworten Sie die folgenden Fragen.
1. Gibt es in Ihrem normalen Tagesablauf Dinge, die Sie überflüssig oder zeitraubend finden?
2. Haben Sie das Gefühl, dass Ihnen zu wenig Zeit für Dinge bleibt, die Sie gern tun würden?
3. Haben Sie einen genauen Zeitplan für Ihren Tages- oder Wochenablauf? Wenn ja, gibt es in diesem Zeitplan leere Stellen?
4. Wenn Sie viel Zeit zur Verfügung hätten, was würden Sie garantiert nicht tun?
5. Könnten Sie ohne Uhr leben?

7. Finden Sie zusammengesetzte Wörter mit dem Wort *Zeit-/zeit-*.
Zeitabschnitt, ...
....
....

8. Erklären Sie die Wendungen mit anderen Worten.
1. Es ist an der Zeit, etwas zu tun. ....
2. Soldat auf Zeit ....
3. Alles zu seiner Zeit! ....
4. Ich habe für alle Zeiten genug davon. ....
5. Von Zeit zu Zeit kommt er uns besuchen. ....
6. die Zeit totschlagen ....
7. jemandem die Zeit stehlen ....
8. Das hat Zeit. ....
9. jemandem Zeit lassen ....
10. Zeit schinden ....
11. Das ist reine Zeitverschwendung! ....

9. Bilden Sie aus den vorgegebenen Wörtern Sätze.
1. heutig, Zeit – Menschen – groß, Zeitdruck – stehen
   ....
2. Zeitforscher – Thema „Zeitknappheit" – groß, Aufmerksamkeit – schenken
   ....
3. man – nur 60 % – sein, Zeit – verplanen – sollten
   ....
4. Nachdenken – Probleme – nur – wer – Zeit nehmen – lösen – können
   ....

Vergangenes und Gegenwärtiges   *Kapitel 1–B*

Kapitel 1 — Vergangenes und Gegenwärtiges
Teil B — Hinweise zu Grammatik und Prüfungsaufgaben

1. Zeitformen

Präsens	ich laufe	ich arbeite
Präteritum	ich lief	ich arbeitete
Perfekt	ich bin gelaufen	ich habe gearbeitet
Plusquamperfekt	ich war gelaufen	ich hatte gearbeitet
Futur I	ich werde laufen	ich werde arbeiten
Futur II	ich werde gelaufen sein	ich werde gearbeitet haben

2. Einige Verben, die verschiedene Vergangenheitsformen bilden können.

Infinitiv	*Vergangenheitsformen*	*Synonyme*
senden	a) sandte/gesandt *oder* sendete/gesendet	schicken
	b) sendete/gesendet	übertragen (von Rundfunk/Fernsehen)
wenden	a) wandte/gewandt *oder* wendete/gewendet	jmdn. etwas fragen (sich an jmdn. wenden) praktisch umsetzen (anwenden)
	b) wendete/gewendet	umdrehen/die Richtung ändern
bewegen	a) bewog/bewogen	veranlassen
	b) bewegte/bewegt	den Platz/die Lage verändern emotional ergreifen
schaffen	a) schuf/geschaffen	etwas hervorbringen/gestalten
	b) schaffte/geschafft	etwas erreichen/zu Stande bringen (weg)bringen
schleifen	a) schliff/geschliffen	etwas schärfen/glätten
	b) schleifte/geschleift	den Boden berühren/etwas über den Boden ziehen
wiegen	a) wog/gewogen	Gewicht feststellen/schwer sein
	b) wiegte/gewiegt	schaukeln (Baby im Arm) zerkleinern (Kräuter)
Infinitiv	*Vergangenheitsformen*	*Grammatische Umschreibung*
hängen	a) hing/gehangen	Beschreibung eines Zustandes
	b) hängte/gehängt	Beschreibung eines Vorganges
erschrecken	a) erschrak/erschrocken	intransitiv
	b) erschreckte/erschreckt	transitiv

Kapitel 1–B   *Vergangenes und Gegenwärtiges*

3. Temporale Präpositionen und Konjunktionen

	Präposition	*Konjunktion*
Gleichzeitigkeit	bei (D) *beim Essen*	während (Nebensatz) *während wir essen/aßen ...*
	während (G) *des Essens*	wenn (Nebensatz; *bei gegenwärtigem und wiederholtem vergangenem Geschehen*)
		als (Nebensatz; *bei einmaligem vergangenem Geschehen*)
Vorzeitigkeit	nach (D) *dem Essen*	nachdem (Nebensatz)
		als (Nebensatz)
		sobald (Nebensatz)
		wenn (Nebensatz)
Nachzeitigkeit	vor (D) *dem Essen*	bevor (Nebensatz)
		ehe (Nebensatz)
Beginn	seit (D) *seiner Abfahrt*	seit/seitdem (Nebensatz)
Ende	bis (A) *nächste Woche*	bis (Nebensatz)
	bis zu (D) *deinem Geburtstag*	
Dauer	während (G) *der Ferien*	solange (Nebensatz)

4. Weitere temporale Präpositionen

um (A)	*um 14.00 Uhr, um 1900*
an (D)	*am Vormittag*
in (D)	*in den Ferien*
zu (D)	*zu Ostern (regional)*
über (A – nachgestellt)	*den ganzen Sommer über*
für (A – zwischen zwei Angaben)	*Woche für Woche*
von (D) ... zu (D)	*von Jahr zu Jahr*
zwischen (D)	*zwischen Weihnachten und Neujahr*
von (D) ... bis (A)	*von Mai bis Juni*
bis zum (D)	*bis zum 30. Mai*
innerhalb/binnen (G)	*innerhalb/binnen der nächsten Woche*
auf (A)	*einen Termin auf den Dienstag legen*
für (A)	*etwas für den Dienstag planen*
gegen (A)	*gegen Abend*

Achtung! Ohne Präposition werden verwendet:
– Angaben der Jahreszahl: *1999* (allerdings ist *in 1999* immer öfter zu hören)
– oft Kombinationen wie: *(in der) Mitte des 19. Jahrhunderts, (am) Anfang des Monats, (am) Ende der Woche.*
  Aber: *zu/am Beginn der Sitzung.*

Kirchliche Feiertage können mit oder ohne Präposition stehen: *(zu/an) Weihnachten*

Vergangenes und Gegenwärtiges   *Kapitel 1–B*

5. Schritte für Umformungen von Präpositionalgruppen in Nebensätze

---

Umzuformende Sätze:
a) *Seit dem letzten Treffen* habe ich nichts mehr von ihm gehört.
b) *Nach dem Essen* gingen wir ins Konzert.

1. Suchen Sie für die präpositionalen Wendungen die entsprechenden Konjunktionen, die einen Nebensatz einleiten:
   seit – seitdem; nach – nachdem
2. Finden Sie ein Verb, das zu dem Substantiv passt, oder formen Sie das Substantiv in ein Verb um. Achten Sie auf die richtige Zeitform:
   das Treffen – sich treffen/trafen/getroffen haben
   das Essen – essen/gegessen hatten
   Achtung!
   Bei Sätzen mit *nachdem* muss eine Zeitform zwischen den beiden Sätzen liegen,
   also: Plusquamperfekt (hatte gegessen) – Präteritum (ging)
   oder: Perfekt (habe gegessen) – Präsens (gehe)
3. Fügen Sie in den Satz ein Subjekt ein:
   wir
4. Achten Sie auf die Verbstellung:
   Im Nebensatz steht das finite Verb an letzter Stelle.
5. Nebensatz und Hauptsatz werden durch Komma getrennt.

Umgeformte Sätze:
a) *Seit/seitdem wir uns das letzte Mal trafen (getroffen haben)*, habe ich nichts mehr von ihm gehört.
b) *Nachdem wir gegessen hatten*, gingen wir ins Konzert.

---

6. Hinweise zur Verwendung der Zeitformen im Aufsatz

Zeitformen:
Je nach Zeitpunkt des Erläuterten bzw. der Handlung wählt man entweder:
– die <u>Präsensform</u> (es geschieht) oder
– die <u>Form des Präteritums</u> (es geschah).
Ab und zu kann man auch das <u>Perfekt</u> (es ist geschehen) verwenden, doch das Präteritum sollte beim Aufsatz Vorrang haben.
Achtung!
Bei Aufsätzen zur Literatur kann man auch die <u>Form des historischen Präsens</u> verwenden.
Anstatt: *Edgar W. <u>verliebte</u> sich in Charlie, <u>als</u> er sie zum ersten Mal <u>sah</u>.*
kann man schreiben: *Edgar W. <u>verliebt</u> sich in Charlie, <u>als</u> er sie zum ersten Mal <u>sieht</u>.*
Die Konjunktion *als* bleibt allerdings als Merkmal für das vergangene Geschehen erhalten.

Kapitel 1
Teil C

Vergangenes und Gegenwärtiges
Übungen

1. Bilden Sie Sätze im Präteritum.
   0. Schüler – wiederholt, Mal – Hausaufgaben – vergessen
      Der Schüler vergaß zum wiederholten Mal seine Hausaufgaben.
   1. Vortrag – Konferenz – Schweiz – er – halten
      ....
   2. Finger – sie – Zwiebeln schälen – sich schneiden
      ....
   3. drei Häuser – ungeklärt, Ursache – Grundmauern – abbrennen
      ....
   4. sie – Mitschüler – 1. Klasse – bestehlen
      ....
   5. Pressesprecher – Journalisten – Fragen – ausweichen
      ....
   6. Angestellte – sich selbstständig machen – erwägen
      ....
   7. er – Freund – Hilfe – bitten
      ....
   8. Äußeres – Geschwister – sich gleichen
      ....
   9. er – sein Freund – Feigling – nennen
      ....
   10. Schneiderin – Kundin – Armlänge – messen
       ....
   11. Schnee – manch, Gebiete – erst – Ende Mai – schmelzen
       ....
   12. er – Gelegenheit – Haus – günstig, Preis – kaufen – ergreifen
       ....
   13. Anblick – Höhe – sein Mut – schwinden
       ....
   14. er – Stelle – Abteilungsleiter – sich bewerben
       ....
   15. Forscher – Grabungen – Knochen – Steinzeit – stoßen
       ....
   16. Könige – alt, Ägypten – Schätze – Grabstätten – einmauern lassen
       ....

Vergangenes und Gegenwärtiges   *Kapitel 1–C*

17. Gericht – Hausmeister – Zeuge – vorladen
    ....
18. er – sein Vermögen – Stiftung – überschreiben
    ....
19. diese Berge – Gebirgsbach – früher – rinnen
    ....
20. Diebe – Hinterausgang – Museum – schleichen
    ....
21. Wein – Essig – vergären
    ....
22. er – ich – 10.000 Euro – leihen
    ....

2. Suchen Sie synonyme Verben, die starke Vergangenheitsformen bilden.
    0. Er erinnerte sich nicht mehr an ihre Telefonnummer. – Er *vergaß* ihre Telefonnummer.
    1. Es passierte mitten in der Nacht. – Es .... mitten in der Nacht.
    2. Er borgte mir sein Fahrrad. – Er .... mir sein Fahrrad.
    3. Er sagte, es wäre besser, das Hemd nicht zu kaufen. – Er .... vom Kauf des Hemdes ....
    4. Sie erreichten den Zielort gegen Mitternacht. – Sie .... gegen Mitternacht am Zielort ....
    5. Die Preise für Kaffee sind niedriger geworden. – Die Preise für Kaffee sind ....
    6. Der Benzinpreis ist höher geworden. – Der Benzinpreis ist ....
    7. Er hat den Ring unter dem Sofa entdeckt. – Er hat den Ring unter dem Sofa ....
    8. Er sagte mir nicht die Wahrheit. – Er .... mich.
    9. Er entwendete dem Taxifahrer die Brieftasche. – Er .... dem Taxifahrer die Brieftasche.
    10. Er sagte, er wolle mir helfen. – Er .... mir seine Hilfe ....
    11. Sie hatte neben ihrem Ehemann noch einen Liebhaber. – Sie .... ihren Ehemann.
    12. Die Sitzung wurde auf Mittwoch verlegt. – Die Sitzung wurde auf Mittwoch ....

3. Ergänzen Sie die Verben im Präteritum bzw. Partizip Perfekt.
    0. Er .... ihr zum Geburtstag Blumen. *(senden)*
       Er *sandte/sendete* ihr zum Geburtstag Blumen.
    1. Sie .... das Kunstwerk im Jahre 1904. *(schaffen)*
    2. Der Mantel war so lang, dass er am Boden .... *(schleifen)*
    3. Sie .... nur noch 46 kg. *(wiegen)*
    4. Das Auto .... sich einfach nicht von der Stelle. *(bewegen)*
    5. Der Koch .... die Kräuter für die Suppe. *(wiegen)*

Kapitel 1–C   *Vergangenes und Gegenwärtiges*

6. Plötzlich kam eine Hand aus dem Dunkeln und ich .... *(erschrecken)*
7. Die Messer sind stumpf. Sie müssen .... werden. *(schleifen)*
8. Jedes Mal, wenn das Telefon klingelte, ... sie sich. *(erschrecken)*
9. Der Rundfunk .... gestern Abend ein Sonderkonzert. *(senden)*
10. Sie haben trotz aller Bemühungen das Ziel nicht .... *(schaffen)*
11. Das Schicksal des blinden Mannes hat uns tief .... *(bewegen)*
12. Hast du heute die Wäsche zur Reinigung ....? *(schaffen)*
13. Nicht einmal seine Schmerzen .... ihn, zum Arzt zu gehen. *(bewegen)*
14. Sie weiß genau, dass sie die Jacke an die Garderobe .... hat. *(hängen)*
15. Die Frau an der Garderobe behauptet aber, der Mantel habe da nicht .... *(hängen)*
16. Den Ratschlag .... sie gleich in der Praxis an. *(wenden)*

4. Rekonstruieren Sie den folgenden Text. Ergänzen Sie die fehlenden Verben im Präteritum. *(Den Originaltext finden Sie im Lösungsschlüssel.)*

Mein erster Bericht

Fritz Pleitgen, seit 1995 Intendant des Westdeutschen Rundfunks (WDR), berichtet über den Beginn seiner journalistischen Karriere

Es .... mit einem kleinen Schwindel. Der Fall ist verjährt. Man kann also darüber reden. In Bünde, einem kleinen Zigarrenmacherstädtchen, ... die „Freie Presse" für den Sportteil ihrer Lokalredaktion einen freien Mitarbeiter. Honorar: sechs Pfennig pro Zeile. Die Nachricht .... auch in unser Gymnasium.

Einige .... sich interessiert, aber keiner .... sich. Für eine Zeitung zu schreiben, das hatte damals in dem kleinbürgerlichen Städtchen etwas Zwielichtiges an sich. Mich .... die Sache, mich .... das Geld; denn damit war es bei uns zu Hause nicht so gut bestellt[1]. Das Ganze .... nur einen Haken: Der Bewerber .... wenigstens 18 Jahre alt sein und ich .... erst 14. Aber ich hatte den Stimmbruch hinter mir, war einsfünfundsiebzig groß und der Redakteur war klein von Wuchs. Er .... erst gar nicht nach meinem Alter. Ich .... den Job.

Meine Eltern, einfache Leute, ... völlig ahnungslos. Um ihnen nicht den Seelenfrieden zu rauben, ... ich den Presseausweis zu Hause als Geheimdokument. Ich .... ihn versteckt. Am nächsten Morgen .... ich zur allgemeinen Verwunderung den Konfirmationsanzug an, ... zum Sportplatz der SG[2] Bünde 08, ... den Presseausweis und .... gleich mein blaues Wunder[3]. Der Kassierer .... mich zunächst perplex[4] an, dann .... er los: „Du willst mich wohl reinlegen. Beim letzten Spiel bist du noch über den Zaun gestiegen. Jetzt versuchst du's mit einem Presseausweis. Anzeigen sollte man dich!" Die Situation war prekär[5]. .... der Mann Ernst, dann .... bei der Zeitung mein jugendliches Alter heraus. Also .... ich mich zurück, ... am anderen Eingang brav meinen Eintritt und .... als Reporter gewissermaßen incognito die Arena. Schon ein anderer Mensch.

30

Vergangenes und Gegenwärtiges **Kapitel 1–C**

Das Geschehen auf dem Platz .... ich ohne Herzensregung, ... emsig jeden Spielzug und .... mich jeder Sympathiekundgebung. Wer mich ...., ... mich nicht wieder. Nach Spielschluss .... ich in die Redaktion und .... mich mit Feuereifer an die Arbeit. Ganz Gymnasiast, ein dreiteiliger Aufsatz. Zwölf Seiten handgeschrieben. Die erste wahre Analyse der SG Bünde 08 und ihrer Spielweise. Selbstsicher .... ich dem Redakteur das Manuskript.

Am nächsten Morgen .... ich meinen Bericht nicht in der Zeitung. Nur 25 Druckzeilen über das Spiel der SG Bünde 08. Keine einzige .... von mir. Meine größte Enttäuschung .... ich gleich zu Beginn meiner Laufbahn. Der Redakteur .... mich: das sei ein ganz normaler Anfang. Ein Zeitungsartikel sei kein Schulaufsatz, die Journalistensprache sei knapp, prägnant, griffig. Ich würde das schon lernen.

Beim nächsten Mal .... ich eine alte Ausgabe des damals populären „Sportbeobachters" mit, ... ein Spiel mit dem passenden Resultat aus, ... in dem Artikel die Namen aus und .... den Bericht telefonisch an die Zentrale durch.

„Schon besser!" .... mich der Redakteur. Nur die Sprache sei schlechter geworden. Im Übrigen sollte ich erklären, wie in dem ostwestfälischen Bezirksklassenspiel der FC[6] St. Pauli aus Hamburg auftauchen konnte. Seitdem .... ich auf Anleihen.

Aus: Kölnische Rundschau/Rundschau am Sonntag (leicht gekürzt)

1 mit/um etwas ist es nicht so gut bestellt: die Lage ist schlecht
2 SG: Sportgemeinschaft
3 sein blaues Wunder erleben: eine böse Überraschung erleben
4 perplex: erstaunt/verwundert
5 eine prekäre Situation: schwierige/unangenehme Situation
6 FC: Fußballklub

5. Formen Sie die Sätze so um, dass Sie Nebensätze bilden.

0. <u>Seit Beginn der Dürreperiode</u> vertrocknet ein Großteil der Ernte.
   Seit die Dürreperiode eingesetzt hat, vertrocknet ein Großteil der Ernte.

1. <u>Bei Einbruch der Nacht</u> war er noch immer nicht zu Hause.
   ....

2. <u>Während der Sitzung</u> sagte sie kein Wort.
   ....

3. <u>Bis zum Beginn des Studiums</u> solltest du deinen Führerschein machen.
   ....

4. <u>Nach Beendigung des Konzerts</u> sprachen wir noch lange über dieses Ereignis.
   ....

5. <u>Vor seiner Abreise</u> musste er noch verschiedene Dinge erledigen.
   ....

Kapitel 1–C *Vergangenes und Gegenwärtiges*

6. Nach dem wiederholten Ausfallen der Elektronik wurde das Flugzeug endlich aus dem Verkehr gezogen.
   ....

7. Sie hat sich seit ihrer Ankunft in New York noch nicht gemeldet.
   ....

8. Er trieb während seines Englandaufenthaltes viel Sport.
   ....

9. Seit seiner Entlassung vor zwei Jahren sucht er eine neue Stelle.
   ....

10. Bei aufkommendem Nebel dürfen Sie nicht schneller als 30 km/h fahren.
    ....

6. Ergänzen Sie die fehlenden Präpositionen, wenn nötig.

1. Tag .... Tag arbeiteten sie auf dem Feld.
2. Das Radio lief den ganzen Tag ....
3. .... Mitte Mai beginnen die Prüfungen.
4. Jedes Jahr .... August fahren wir nach Frankreich.
5. Das Bild dürfte .... 1900 gemalt worden sein.
6. .... dem Essen verabschiedeten wir uns.
7. .... dem 18. Jahrhundert ist das Gemälde in Besitz der königlichen Familie.
8. .... den Ferien arbeitete sie bei der Post.
9. Wir bitten Sie, die Rechnung .... der nächsten vier Wochen zu begleichen.
10. .... 1748 wurde der Dichter in Frankfurt geboren.
11. .... Sonnenuntergang saßen wir oft am Strand.
12. .... Beginn der Tagung stellte sich jeder Teilnehmer kurz vor.
13. .... des Sommers hat es kaum geregnet.
14. Das Virus wurde bereits .... 20 Jahren entdeckt.
15. Wir treffen uns .... 15.00 Uhr.
16. Was macht ihr .... Weihnachten?
17. Könnten Sie mir .... 13. März Bescheid geben, ob das Projekt realisiert werden kann?
18. Das Laufen fällt dem alten Mann .... Jahr .... Jahr schwerer.
19. Die Sitzung wurde .... den 25. Mai verschoben.
20. Das Erscheinen des Buches ist .... den Monat November geplant.

7. Adjektive mit Zeitbedeutung
Formen Sie die Sätze um, indem Sie aus den unterstrichenen Satzteilen Adjektive bilden.

0. Das Ausfüllen der Steuererklärung, die ich jedes Jahr erhalte, kostet mich viel Zeit.
   Das Ausfüllen der jährlichen Steuererklärung kostet mich viel Zeit.

1. Gestern gab es ein großes Treffen mit vielen Mitarbeitern von früher und heute.
   ....

Vergangenes und Gegenwärtiges   *Kapitel 1–C*

2. Nichts ist langweiliger als die Zeitung <u>von gestern</u>.
   ....
3. <u>Morgen</u> auf der Sitzung werde ich die Ergebnisse bekannt geben.
   ....
4. Die Situation macht es notwendig, dass <u>sofort</u> Maßnahmen ergriffen werden.
   ....
5. Er hört noch immer die Lieder <u>von damals</u>.
   ....
6. Die Konferenz, <u>die den ganzen Tag dauerte</u>, ging gegen 20.00 Uhr zu Ende.
   ....
7. Die Einnahme der Tabletten, <u>die jeden Tag erfolgt</u>, darf nicht unterbrochen werden.
   ....
8. Die Ausbildung, <u>die sich über 10 Monate erstreckt</u>, findet in Miesbach statt.
   ....
9. Auf der Sitzung, <u>die jede Woche stattfindet</u>, werden alle Probleme besprochen.
   ....
10. Die Reise, <u>3 Wochen lang</u>, führt Sie in die schönsten Gegenden Kanadas.
    ....
11. Bei dem Praktikum, <u>das ein Jahr dauert</u>, lernen die Lehrer den Umgang mit den Schülern.
    ....
12. Mein Gehalt, <u>das ich jeden Monat bekomme</u>, reicht immer nur für 3 Wochen.
    ....

8. Verben in Verbindung mit einem Zeitpunkt/einer Zeitspanne
Ergänzen Sie die Verben *vormerken – festsetzen – anberaumen – datieren – verschieben – verzögern – vertagen – vorverlegen – vereinbaren*.

0. Könnten wir für nächste Woche einen Termin *vereinbaren*?
1. Die Vorstandssitzung wurde auf den 12. Juli ....
2. Wir müssen die Besprechung mit der Firma Köhler um 2 Wochen ....
3. Wir .... unser morgiges Treffen auf Freitag.
4. Die nächste Versammlung wurde vom Vorstand auf den 13. Oktober ....
5. Könnten Sie sich den Termin am 12. dieses Monats für unser Gespräch ....?
6. Leider müssen wir Ihnen mitteilen, dass sich der Liefertermin voraussichtlich um eine Woche ....
7. Die Gerichtsverhandlung wurde von Freitag auf Donnerstag ....
8. Könnten Sie den Scheck auf den 14. dieses Monats ....

Kapitel 1 — Vergangenes und Gegenwärtiges
Teil D — *Themen für Vortrag und Aufsatz*

Prophezeiungen und Wünsche

1. Was halten Sie von Vorhersagen im Allgemeinen? Welche Art von Prophezeiungen kennen Sie? Welchen Einfluss können Prophezeiungen auf Menschen ausüben?
2. In welcher Zeit würden Sie gerne leben? Begründen Sie Ihre Meinung.

Kunst und Kultur

3. Einige berühmte Kunstwerke, z. B. Bilder, werden von reichen Privatleuten auf Auktionen ersteigert und sind dann für die Öffentlichkeit nicht mehr zugänglich. Sollte man bei bestimmten Kunstwerken den Verkauf an Privatpersonen verbieten? Begründen Sie Ihre Meinung.
4. Berichten Sie anhand ausgewählter Beispiele über die Kunst und Kultur Ihres Heimatlandes. Begründen Sie Ihre Auswahl.
5. Inwieweit sollte der Staat mit finanziellen Mitteln oder mit Beschränkungen ausländischer Kunst und Kultur die eigene unterstützen? Belegen Sie Ihre Ausführungen mit Beispielen und berichten Sie über die Förderung einheimischer Kultur in Ihrem Heimatland.

Werbung

6. Werbung für Kinder nimmt immer mehr zu, Kindersendungen werden immer häufiger durch lange Werbeblöcke unterbrochen. Sind Kinder ein zum Kauf zu animierender Kundenkreis oder sollten der Werbung da Grenzen gesetzt werden? Welche Grenzen sollte es nach Ihrer Meinung für die Werbung überhaupt geben? Begründen Sie Ihre Meinung.
7. Sehr gute und witzige Werbespots werden von einigen Leuten als moderne Kunst betrachtet. Wird dadurch die Werbung überbewertet? Beziehen Sie dazu Stellung und äußern Sie sich darüber, welchen Stellenwert die Werbung in unserem Leben Ihrer Meinung nach haben sollte.

Zeit und Zeitkultur

8. Welchen Einfluss hat Zeit auf die Gesellschaft und das Leben des Einzelnen? Wie sieht Ihrer Meinung nach richtiger Umgang mit Zeit aus? Beschreiben Sie das anhand von Beispielen.
9. Keuschheit, Geduld, Bescheidenheit, Hoffnung – die meisten Tugenden sind entstanden, weil Menschen sich Zeit nehmen, warten. Welche Rolle spielt das Warten in der Gesellschaft und in Ihrem eigenen Leben? Belegen Sie Ihre Ausführungen mit Beispielen.

Kapitel 2
Teil A

Nähe und Ferne
Texte und Textarbeit

I. Mallorca – das bessere Deutschland

1. Lesen Sie den folgenden Text.

Das bessere Deutschland

Jahrhundertelang zogen die Deutschen gen Ost- oder Welschland, bis sie endlich merkten, dass man Lebensraum auch mieten kann. Oder noch besser: kaufen. Und nirgendwo hat sich die neue Zivilität dieses getriebenen Volkes so ausgebreitet wie auf 3640 Quadratkilometern Kalk- und Sandsteininsel kurz vor Afrika.

Mallorca. Der einzige Fleck Ausland, den die Deutschen wirklich <u>in ihr Herz geschlossen haben</u> und deshalb liebevoll nach ihrem Bilde prägen: Auf Mallorca gibt es eine deutsche Hundefriseurin, eine deutsche Wochenzeitung und deutsche Inselpastoren beider Konfessionen. Es gibt Klempner, Altersheime, Kartenleger – alles deutsch und jede Menge deutsche Prominenz. Man kann sogar bei einem deutschen Fußballstar Fußballkurse belegen. Es ist wie in Deutschland. Nur besser.

Es mag andere Inseln in den Prospekten geben, aber Mallorca ist das erschlossenste und erreichbarste Paradies der Deutschen. Der Bürger rechnet und sieht: Von Lörrach bis Palma sind es nur hundert Kilometer Luftlinie weiter als nach Rügen[1]. Man ist in zweieinhalb Stunden da und es ist billiger. Auf dem Düsseldorfer Flughafen werden Standby-Tickets für unter hundert Mark unters Volk geworfen, für 600 Mark kann man zwei Wochen auf Mallorca leben.

Mehr als 2,5 Millionen Bundesbürger besuchen jährlich die Insel, etwa 50 000 Deutsche leben ständig und gemeldet dort. Dazu kommen <u>schätzungsweise</u> noch einmal ebenso viele Illegale, Ausreißer, <u>Sonnenscheinasylanten</u>.

Dabei <u>bevölkern</u> die Deutschen nicht nur die Strände, sondern kaufen sich auch ins Hinterland ein. Der Umsatz des größten Immobilienmaklers der Insel hat sich um 62 % erhöht. Es gibt sogar Wartelisten für 2-Millionen-Mark-Objekte. Ähnlich wie einst im Osten Deutschlands <u>durchstreifen</u> Grundstückshändler das Hinterland und überprüfen jeden Ziegenstall auf seine Ausbau- oder Wohnfähigkeit.

Richtig <u>gewahr wurde</u> der Deutsche seiner Liebe zur eigenen Finca, als der Finanzminister anfing, in den Konten <u>herumzuschnüffeln</u> und eine Steuer auf Zinseinkünfte zu erheben. Da beschloss so man-

Kapitel 2–A   *Nähe und Ferne*

cher, sein Geld besser woanders anzulegen.

Die Zeit des Tourismus begann auf Mallorca bereits im 19. Jahrhundert, als prominente Europäer wie der Komponist Frédéric Chopin mit seiner Geliebten, der französischen Schriftstellerin George Sand, der Habsburger Erzherzog Ludwig Salvator und die österreichische Kaiserin Sissi auf Mallorca ihre Zeit verbrachten und von der Landschaft schwärmten. Später kam die Insel besonders bei den Briten in Mode, Winston Churchill badete hier, englische Schriftsteller und Künstler siedelten sich an. In Adelskreisen längst bekannt, wurde Mallorca zur Insel der Reichen und Berühmten, es sei so wunderbar ruhig, hieß es damals.

1973 landeten die ersten Condor-Jumbojets aus Düsseldorf und es wurde Ernst mit dem Massentourismus. Heute starten und landen in Palma stündlich 42 Maschinen, mehr als in Paris oder Frankfurt. Ein- und Auschecken dauert nicht länger als eine Viertelstunde und neben den Urlaubern kommen immer mehr Deutsche, die nur ein Wochenende auf der Insel verbringen und Montag früh wieder nach München zur Arbeit fliegen.

Die Briten haben sich in der Zwischenzeit nach Menorca oder Ibiza zurückgezogen, Mallorca ist ihnen zu deutsch.

Aus: Der SPIEGEL (bearb.)

1 Rügen: Ostseeinsel

2. Fassen Sie den Inhalt des Textes mit eigenen Worten zusammen.

3. Beantworten Sie eine der folgenden Fragen.
   1. Welche Folgen könnte der Ansturm aus Deutschland Ihrer Meinung nach für die einheimischen Inselbewohner haben?
   2. Würden Sie auch auf Mallorca leben wollen? Begründen Sie Ihre Meinung.
   3. Welches Reiseziel ist für die Menschen Ihres Heimatlandes das beliebteste und warum?

4. Erklären Sie die Wörter nach ihrer Bedeutung im Text mit synonymen Wendungen
   1. etwas ins Herz schließen   ....
   2. schätzungsweise   ....
   3. Sonnenscheinasylanten   ....
   4. bevölkern   ....
   5. durchstreifen   ....
   6. gewahr werden   ....
   7. herumschnüffeln   ....
   8. schwärmen   ....

5. Ergänzen Sie die fehlenden Verben.
   1. Mallorca – der einzige Fleck Ausland, den die Deutschen wirklich in ihr Herz .... haben und deshalb liebevoll nach ihrem Bilde ....
   2. Man kann sogar bei einem deutschen Fußballstar Fußballkurse ....
   3. Dabei .... die Deutschen nicht nur die Strände, sondern .... sich auch ins Hinterland ein.

Nähe und Ferne   *Kapitel 2–A*

    4. Der Umsatz des größten Immobilienmaklers der Insel hat sich um 62 % ....

    5. Richtig gewahr wurde der Deutsche seiner Liebe zur eigenen Finca, als der Finanzminister ...., in den Konten .... und eine Steuer auf Zinseinkünfte zu ....

    6. Ein- und Auschecken .... nicht länger als eine Viertelstunde und neben den Urlaubern .... immer mehr Deutsche, die nur ein Wochenende auf der Insel .... und Montag früh wieder nach München zur Arbeit ....

6. Bilden Sie aus den vorgegebenen Wörtern Sätze.

    1. berühmt, Leute – Landschaft – Winter – Insel – schwärmen – verbringen – und

       ....

    2. Folge – Massentourismus – Müllberge – überfüllt, Strände – sein – und

       ....

    3. Inselbewohner – steigen, Preise – Häuser – Hinterland – nicht mehr – zahlen – können

       ....

    4. Düsseldorf, Flughafen – Billig-Tickets – weniger, 100 Mark – Volk – werfen

       ....

II. Das Europa-Haus

1. Lesen Sie den folgenden Text.

Das Europa-Haus – eine Architektur-Skizze

Von Hans-Magnus Enzensberger

Die Frage, ob es eine europäische Kultur gibt und, falls ja, wie sie zu definieren wäre, ist ein idealer Gegenstand für Tagungen, Podiumsdiskussionen und Symposien, und zwar aus zwei Gründen: Erstens gibt es darauf keine klare Antwort, so dass beliebig viele weitere Veranstaltungen darüber beraten können, weil alle diese Veranstaltungen folgenlos bleiben.

Ähnlich schwerelos stellen sich die Erörterungen darüber dar, ob es nicht an der Zeit wäre, eine gemeinsame europäische Kulturpolitik zu <u>entwerfen</u>. Die europäische Union war von Anfang an als ein reines Wirtschaftskartell konzipiert. Für kulturelle Zwecke sind dementsprechend im Budget der Union höchstens Zehntel-Promille-Anteile vorgesehen und die werden größtenteils für Prestigeprojekte ausgegeben.

<u>Pomp</u> und <u>Schäbigkeit</u> sind allerdings nicht allein der Brüssler Bürokratie <u>anzulasten</u>. Es liegt auch in der Sache selbst. Offenbar gibt es die europäische Kultur nur im Plural und vielleicht ist der Eigensinn, der sich hierin ausdrückt, sogar das Beste an ihr. Jeder Versuch, sie zu <u>vereinheitlichen</u>, wäre von vornherein zum Scheitern verurteilt. Die Lösung, falls es denn eine gibt, kann nur in einer ebenso intensiven wie flexiblen Kooperation zwischen den Teilnehmern am europäischen Spiel liegen.

Auf Dauer ist es ein witzloser Luxus, wenn sich die größten und reichsten Nationalstaaten, jeder für sich, Kulturinstitu-

Kapitel 2–A   *Nähe und Ferne*

te in Nairobi, Seoul oder Buenos Aires leisten. Das kostet viel Geld und führt nur zu überflüssigen Rivalitäten. Viel vernünftiger wäre es, in allen wichtigen Hauptstädten so etwas wie ein Europa-Haus einzurichten: die Deutschen, die Franzosen, die Italiener, Spanier, Briten – alle unter einem Dach. Dabei müsste jeder der Beteiligten souverän über sein eigenes Programm entscheiden. Von Fall zu Fall ließe sich, wenn die üblichen Animositäten es erlauben, auch etwas Gemeinsames machen.

Die Infrastrukturkosten für Mieten, Personal und technische Ausrüstung ließen sich teilen. Vielleicht könnte man sich sogar auf eine gemeinsame Bibliothek einigen. In erster Linie wäre damit dem Publikum gedient, das ja nicht nur aus Spezialisten besteht. Die Anziehungskraft der Institute könnte durch eine solche Lösung nur gewinnen und die Kosten würden sinken. Auch kleinere oder ärmere Länder könnten auf diese Weise in vielen Teilen der Welt kulturpolitisch aktiv werden: und wenn es nur zwei Zimmer wären, in denen die Ungarn und die Norweger, die Polen und die Griechen zeigen könnten, was sie zu bieten haben.

Natürlich ist ein solches Projekt viel zu einleuchtend, viel zu vernünftig, als dass es sich ohne weiteres verwirklichen ließe. Was würde die Bundesbaudirektion dazu sagen? Wie sollten die Vorschriften des Quai d'Orsay eingehalten werden? Würde die Abrechnung über die verbrauchten Bleistifte nicht unter solchem Arrangement leiden? Lassen das Haushalts-, das Tarif-, das Beamten-, das Arbeits-, das Verwaltungsrecht überhaupt eine solche Lösung zu? Immobilienfragen und Bestandsgarantien sind zu berücksichtigen, die Botschaften müssen befragt werden, es geht um Zuständigkeiten und um die Federführung – schwerwiegende Bedenken! Ganze Ministerien würden ins Grübeln geraten. Im Hickhack der Institutionen bleibt von einem Vorschlag, gerade dann, wenn er einfach ist, gewöhnlich wenig übrig.

Aus: Die ZEIT (gekürzt)

2. Fassen Sie den Inhalt des Textes mit eigenen Worten zusammen.

3. Beantworten Sie die folgende Frage.
 Sollte es Ihrer Meinung nach eine gemeinsame europäische Kulturpolitik geben und wenn ja, wie könnte sie aussehen? Machen Sie Vorschläge und begründen Sie Ihre Meinung.

4. Erklären Sie die Wörter nach ihrer Bedeutung im Text mit synonymen Wendungen.
 1. eine Kulturpolitik zu entwerfen ....
 2. Pomp ....
 3. Schäbigkeit ....
 4. jmdm. etwas anlasten ....
 5. etwas vereinheitlichen ....
 6. überflüssige Rivalitäten ....
 7. Animositäten ....
 8. dem Publikum wäre gedient ....
 9. einleuchtend sein ....
 10. etwas verwirklichen ....
 11. die Federführung ....

12. schwerwiegende Bedenken ....
13. ins Grübeln geraten ....
14. das Hickhack ....

5. Ergänzen Sie die fehlenden Präpositionen.
1. Die europäische Union war .... Anfang .... als ein reines Wirtschaftskartell konzipiert.
2. .... Fall .... Fall ließe sich auch etwas Gemeinsames machen.
3. .... erster Linie wäre damit dem Publikum gedient, das ja nicht nur .... Spezialisten besteht.
4. Würde die Abrechnung .... die verbrauchten Bleistifte nicht .... solchem Arrangement leiden?

6. Ergänzen Sie die fehlenden Verben.
1. Pomp und Schäbigkeit sind allerdings nicht allein der Brüssler Bürokratie .... Es .... auch in der Sache selbst.
2. Jeder Versuch, die Kulturpolitik zu vereinheitlichen, wäre von vornherein zum Scheitern ....
3. Vielleicht könnte man sich sogar auf eine gemeinsame Bibliothek ....
4. Die Anziehungskraft der Institute könnte durch eine solche Lösung nur .... und die Kosten würden ....
5. Was würde die Bundesbaudirektion dazu ....?
6. Ganze Ministerien würden ins Grübeln ....

7. Bilden Sie aus den vorgegebenen Wörtern Sätze.
1. Möglichkeit – Zukunft – Kulturpolitik – Einrichtung – Europa-Haus – sein (*Konjunktiv II*)
   ....
2. man – gemeinsam, Haus – Geld – kulturell, Angebot – und – sparen – erweitern – können (*Konjunktiv II*)
   ....
3. Verantwortliche – Ministerien – auftretend, Probleme – Lösungen – einfallen lassen – müssen (*Konjunktiv II*)
   ....

8. Wie heißt das Gegenteil?
1. das Angebot erweitern ....
2. Geld sparen ....
3. die Kosten steigen ....
4. etwas ist einleuchtend ....
5. Pomp ....
6. die Kosten werden gesteigert ....

III. Die Globalisierung des Kinos

1. Lesen Sie den folgenden Text.

Der Verlust der Liebe

Von Volker Schlöndorf

Spielfilme, die wir Europäer im Kino oder Fernsehen sehen, kommen zu drei Vierteln aus den USA. Ziehen wir ein paar Außenseiter ab, können wir diese „Mainstream"-Ware *das Globale* nennen. Auf dem amerikanischen Markt dagegen machen ausländische Filme insgesamt etwa zwei Prozent aus. Genauer gesagt sind es jährlich nur zwei bis drei Filme aus dem Rest der Welt, die in den USA überhaupt auf eine nennenswerte Zuschauerzahl kommen. Unbestreitbar können wir also den Rest der Weltproduktion als *das Regionale* betrachten. Dieser Trend scheint nicht umkehrbar, nicht in den USA und nicht im Rest der Welt. Denn überall heißt *ins Kino gehen* einen amerikanischen Film sehen. Das ist kein Werturteil, nur eine Feststellung von Marktanteilen.

Eine Erklärung dafür muss wohl sein, dass man mit der Kinokarte nicht nur einen Film, sondern auch zwei Stunden „American way of life" kauft.

Eine andere Erklärung liegt in den Filmen selbst. Bis in die fünfziger Jahre brachten die Exilanten aus Europa ihre Erzählweise nach Hollywood mit und gaben so dem amerikanischen Kino zusätzlichen Witz und kosmopolitischen Touch. Seit den siebziger Jahren ist der pazifische Einfluss dazugekommen: Japaner, Koreaner und Chinesen zählen heute zu den erfolgreichen Filmemachern von Hollywood. Und weiterhin strömen Regisseure aus aller Welt in die USA. Eine von so vielen geprägte Kultur schleift das allzu Spezifische einer Kultur ab und ist so leicht rückexportierbar.

Die Verführung dieses Globalen, das eine heile Welt vorspiegelt, ist so stark, dass wir darüber unsere Identität vergessen. Die Seele braucht aber immer noch das Vertraute, das Heimische. Deshalb produziert jedes europäische Land noch die Komödien des ihm eigenen Humors und ein paar kleine Dramen. Das meiste davon läuft im Fernsehen. Aber diese nationalen Filme schaffen den Sprung nicht einmal über die Grenze zum nächsten Nachbarn. Das war früher anders. Ungefähr von 1960 bis 1980 folgten wir Europäer einer ausgewogenen Diät, bestehend aus etwa einem Drittel amerikanischer Filme, einem Drittel nationaler Produktionen und einem Drittel Filme aus Nachbarländern. Wir wiegten uns in

Nähe und Ferne   *Kapitel 2–A*

der Sicherheit, dass Europa weiter zusammenwachsen werde und schließlich ein gemeinsamer Markt bei gleichzeitiger kultureller Vielfalt entstehen würde.

Doch: Während die Märkte sich geöffnet haben, scheinen die Kulturen sich abzukapseln. Dieses Paradox lässt sich auch in Asien und Südamerika, in Mittel- und Osteuropa und in den Ländern der ehemaligen Sowjetunion beobachten, wo die Flut amerikanischer Filme ganze nationale Kinematografien weggeschwemmt hat.

Auch die digitalen Technologien, die zur Vielfalt geradezu einladen, haben diesen Trend zum Globalen nicht aufgehalten, sondern noch verstärkt, nach dem Motto: auf immer mehr Kanälen immer weniger Filme – und zwar immer die gleichen. Heute bummeln wir nicht mehr mit Jeanne Moreau über die Champs-Elysées, dafür kennen wir detailgenau die Ausstattung einer Polizeistation in der Bronx.

Der Druck ist groß, sich dem globalen Entwurf des Menschen anzupassen. Wenn wir uns aber alle einander anpassen, können wir uns nicht mehr verlieben, meint der große ägyptische Filmemacher Youssef Chahine. Am anderen lieben wir gerade jene Fremdheit, Individualität und Besonderheit, die uns mehr und mehr abgeschliffen wird. Der Verlust der Liebe aber wäre ein hoher Preis für die Unterhaltungshegemonie des US-Kinos.

Ein paar Einzelfälle geben uns in letzter Zeit wieder Hoffnung. Briten und Dänen weisen mit ihren Erfolgen den Weg: In kleinen Filmen mit sozialen Inhalten und spezifischem Ambiente kann sich ein weltweites Publikum wieder finden. Es sind wohl kaum mehr als ein Dutzend regional verwurzelter Filme pro Jahr, die mit Hilfe der entsprechenden Marketing-Startrampe in die Umlaufbahn des Globalen geschossen werden, aber sie bieten einen Hoffnungsschimmer für die Zuschauer wie für die Filmemacher. Auch wenn die Rollenverteilung zwischen Globalem und Regionalem endgültig ist, sollten wir uns nicht für immer mit dem Regionalen bescheiden. Schließlich kamen auch die meisten Autos eine Zeit lang aus Detroit.

Volker Schlöndorf ist einer der international anerkanntesten deutschen Regisseure.

Aus: Der SPIEGEL (bearb.)

2.   Fassen Sie den Inhalt des Textes mit eigenen Worten zusammen.

3.   Sagen Sie etwas über die folgenden Themen.
       1. Berichten Sie über Filme aus Ihrem Heimatland, berühmte Regisseure und Schauspieler.
       2. Berichten Sie über den Anteil amerikanischer Filme im Kino- und Fernsehangebot Ihres Landes und stellen Sie Ihre eigene Meinung dazu dar.
       3. Unterbreiten Sie Vorschläge, wie die Regierung Ihres Heimatlandes die nationale Filmproduktion unterstützen könnte.

Kapitel 2–A   *Nähe und Ferne*

4. Erklären Sie die Wörter nach ihrer Bedeutung im Text mit synonymen Wendungen.
1. von vielen geprägte Kultur ....
2. heile Welt vorspiegelt ....
3. schließlich ....
4. sich abkapseln ....
5. ganze Kinematografien weggeschwemmt ....
6. über eine Straße bummeln ....
7. spezifisches Ambiente ....
8. Hoffnungsschimmer ....
9. sich bescheiden ....

5. Ergänzen Sie die fehlenden Verben.
1. Die meisten inländischen Filme .... im Fernsehen.
2. Wir .... uns in der Sicherheit, dass Europa weiter .... werde und schließlich ein gemeinsamer Markt .... würde.
3. Während die Märkte sich .... haben, scheinen die Kulturen sich ....
4. Dänen und Briten .... uns mit ihren Erfolgen den Weg.
5. Die neuen Filme .... einen Hoffnungsschimmer für die Zuschauer wie für die Filmemacher.

6. Ordnen Sie den Substantiven ein passendes Adjektiv zu: *ausgewogen, digital, nennenswert, sozial, kulturell, ausländisch, heil, weltweit*
1. .... Inhalte
2. .... Diät
3. .... Vielfalt
4. .... Technologien
5. .... Filme
6. .... Welt
7. .... Zuschauerzahl
8. .... Publikum

7. Bilden Sie aus den vorgegebenen Wörtern Sätze.
1. letzte Zeit – Filme – Großbritannien – Dänemark – Interesse – weltweit, Publikum – erwecken
   ....
2. digital, Technologien – Trend – das Globale – verstärken
   ....
3. europäisch, Regisseure – Einfluss – amerikanisch, Kino – Vergangenheit – ausüben
   ....

IV. Nachtgedanken

1. Lesen Sie das folgende Gedicht von *Heinrich Heine (1797–1856)*.

Nachtgedanken

Denk ich an Deutschland in der Nacht,
Dann bin ich um den Schlaf gebracht,
Ich kann nicht mehr die Augen schließen,
Und meine heißen Tränen fließen.

    Die Jahre kommen und vergehn!
    Seit ich die Mutter nicht gesehn,
    Zwölf Jahre sind schon hingegangen;
    Es wächst mein Sehnen und Verlangen.

Mein Sehnen und Verlangen wächst.
Die alte Frau hat mich behext,
Ich denke immer an die alte,
Die alte Frau, die Gott erhalte.

    Die alte Frau hat mich so lieb,
    Und in den Briefen, die sie schrieb,
    Seh ich, wie ihre Hand gezittert,
    Wie tief das Mutterherz erschüttert.

Die Mutter liegt mir stets im Sinn.
Zwölf lange Jahre flossen hin,
Zwölf lange Jahre sind verflossen,
Seit ich sie nicht ans Herz geschlossen.

    Deutschland hat ewigen Bestand,
    Es ist ein kerngesundes Land,
    Mit seinen Eichen, seinen Linden,
    Werd ich es immer wieder finden.

Nach Deutschland lechzt ich nicht so sehr,
Wenn nicht die Mutter dorten wär;
Das Vaterland wird nie verderben,
Jedoch die alte Frau kann sterben.

    Seit ich das Land verlassen hab,
    So viele sanken dort ins Grab,
    Die ich geliebt – wenn ich sie zähle,
    So will verbluten meine Seele.

Und zählen muss ich – Mit der Zahl
Schwillt immer höher meine Qual,
Mir ist, als wälzen sich die Leichen
Auf meine Brust – Gottlob! sie weichen!

    Gottlob! durch meine Fenster bricht
    Französisch heitres Tageslicht;
    Es kommt mein Weib, schön wie der Morgen,
    Und lächelt fort die deutschen Sorgen.

Kapitel 2–A   *Nähe und Ferne*

2. Erklären Sie mit anderen Worten.
1. Die alte Frau, die Gott erhalte. ....
2. Seit ich sie nicht ans Herz geschlossen. ....
3. Nach Deutschland lechzt ich nicht so sehr. ....

3. Beantworten Sie eine der folgenden Fragen.
1. Was bedeutet für Sie das Wort *Heimweh*?
2. Würden Sie für längere Zeit ins Ausland gehen und wenn ja, in welches Land? Begründen Sie Ihre Meinung.
3. Welche Empfehlungen geben Sie jemandem, der für längere Zeit in Ihr Heimatland kommt?

4. Finden Sie Wörter/Wendungen mit antonymer Bedeutung.
1. Heimweh   ....
2. sich <u>einsam</u> fühlen   ....
3. jmd. ist <u>erschüttert</u>   ....
4. ein <u>trauriges</u> Gemüt haben   ....
5. sich nach etwas <u>sehnen</u>   ....
6. sich seiner Umgebung <u>verschließen</u>   ....

5. Finden Sie die passende zweite Hälfte der Redewendungen und erklären Sie diese mit Ihren eigenen Worten.
1. Ob Osten oder Westen   a) mit Wasser gekocht.
2. Hinter den Bergen   b) führen nach Rom.
3. Andere Länder   c) zu Hause geht's am besten.
4. Ein guter Nachbar in der Not   d) nirgends weniger als in seinem Vaterland.
5. Der Prophet gilt   e) wohnen auch Menschen.
6. Reiche Leute   f) ist Goldes wert.
7. Wenn einer eine Reise tut   g) sieh das Gute liegt so nah.
8. Andere Städtchen   h) – andere Sitten.
9. Viele Wege   i) ist besser als ein ferner Freund.
10. Warum in die Ferne schweifen   j) sind überall daheim.
11. Überall wird nur   k) dann kann er viel erzählen.
12. Eigener Herd   l) – andere Mädchen.

Kapitel 2
Teil B

Nähe und Ferne
Hinweise zu Grammatik und Prüfungsaufgaben

1. Präpositionen zu Orts- und Richtungsangaben

Richtungsangaben (wohin?/woher?)	Ortsangaben (wo?)
an (A) *Wir fahren ans Meer.*	**an (D)** *Wien liegt an der Donau.*
auf (A) *Er stellte das Glas auf den Tisch.*	**auf (D)** *Das Glas steht auf dem Tisch.*
hinter (A) *Der Ball flog hinter das Tor.*	**hinter (D)** *Der Ball liegt hinter dem Tor.*
in (A) *Wir fahren in die Schweiz.*	**in (D)** *In der Suppe schwimmt eine Fliege.*
neben (A) *Er setzte sich neben mich.*	**neben (D)** *Er saß nicht neben seiner Frau.*
über (A) *Hänge nicht noch ein Bild über das Sofa!*	**über (D)** *Über dem Eingang hängt eine Fahne.*
unter (A) *Ich kroch unter die Abdeckung.*	**unter (D)** *Der Hund lag unter dem Tisch.*
vor (A) *Immer drängelt sich einer vor mich.*	**vor (D)** *Diesmal steht niemand vor mir.*
zwischen (A) *Er schob sich zwischen die Menschen.*	**zwischen (D)** *Er versteckte den Brief zwischen zwei Büchern.*
um (A) *Der Hund lief um den Baum.*	**um (A)** *Wir saßen um das Feuer (herum).*
entlang (G/D/A) 1. neben/parallel/längs *Entlang **dem Weg/des Weges** stehen schöne Villen.* (D/G) *Der Weg führt **den Bach** entlang.* (A) 2. auf/auf und ab/parallel (bei Bewegungsverben) *Die Kinder liefen **den Weg** entlang.* (A) 3. entlang + am *Der Dieb schlich <u>an</u> **der Mauer** <u>entlang</u>.* (D)	**bei (D)** *Sie ist bei ihrer Mutter. Der Baum steht bei dem alten Feuerturm.* **gegenüber (D)** (vor- und nachgestellt) *Das Haus ist dem Bahnhof gegenüber/ gegenüber dem Bahnhof.* **oberhalb/unterhalb (G)** *Unterhalb der 1000-Meter-Grenze liegt kein Schnee.*

45

Kapitel 2–B *Nähe und Ferne*

Richtungsangaben (wohin?/woher?)	Ortsangaben (wo?)
gegen (A) *Er fuhr gegen den Baum.* **durch (A)** *Der Weg führte durch den Wald.* **aus (D)** *Er trat aus dem Haus.* **von (D)** *Etwas fällt vom Dach.* **nach (D)** (ohne nachfolgenden Artikel) *Wir fahren nach Italien.* **zu (D)** *Sie fährt zu ihrer Mutter.*	**innerhalb/außerhalb (G)** *Innerhalb des Landes gibt es scharfe Kontrollen.* **abseits/jenseits (G)** *Abseits der Touristengebiete gibt es eine blühende Vegetation.* **längs/längsseits (G)** *Längsseits der Autobahn entstehen große Einkaufszentren.*

2. Unterscheidung zwischen Präposition – Adverb – Adjektiv

Präposition	Adverb	Adjektiv
über	oben	ober- *(die obere Schublade)*
unter	unten	unter-
hinter	hinten	hinter-
vor	vorn	vorder-
in/innerhalb	innen/drinnen	inner-
Das Bild hängt über dem Sofa. *Ich hänge das Bild über das Sofa.*	*Er ist oben, in der ersten Etage.* *Er geht nach oben (hinauf), in die erste Etage.*	*Der Brief liegt in der oberen Schublade.* *Ich habe den Brief in die obere Schublade gelegt.*

Nähe und Ferne — *Kapitel 2–C*

Kapitel 2 *Teil C* — **Nähe und Ferne** *Übungen*

1. Rekonstruieren Sie den folgenden Text von *Franz Hohler*. Ergänzen Sie die Präpositionen und die Endungen der bestimmten und unbestimmten Artikel. *(Den Originaltext finden Sie im Lösungsschlüssel.)*

Made .... Hongkong

Von Franz Hohler

„Made .... Hongkong" – das habt ihr sicher schon .... ein..... eu..... Spielzeuge gelesen. Aber wisst ihr auch, was es heißt? Also, ich will es euch erklären.

Was Maden sind, wisst ihr, so nennt man Käfer, wenn sie noch so klein sind, dass sie wie winzige Würmer aussehen.

.... ein..... Garten lebte einmal eine ganze Schar solcher Maden. Eine davon war besonders klein und wurde .... den anderen ständig ausgelacht. „Du bringst es nie zu etwas!" sagten sie immer wieder, bis die kleine Made so wütend wurde, dass sie sagte: „Ich bringe es weiter als ihr alle. Ich komme .... Hongkong!" und schnell davonkroch.

„Viele Grüße!" riefen ihr die anderen nach, „und lass es uns wissen, wenn du .... Hongkong angekommen bist!"

Die Made kroch .... Flughafen und konnte sich dort .... Spalt ein..... großen Kiste verstecken. Der Zufall wollte es, dass diese Kiste .... Hongkong geflogen wurde, aber das war noch nicht alles. Die Kiste war nämlich voll Gold und deshalb wurde sie .... Hongkong .... d..... Flughafen .... Räubern gestohlen, die damit davonfuhren und sie .... ein..... Keller versteckten. Nachher wollten sie eine zweite solche Kiste rauben, wurden aber dabei .... d..... Polizei erschossen.

Jetzt wusste niemand mehr, wo die Kiste .... d..... Gold war, ... unser..... Made. Die überlegte sich, wie sie ihren Maden .... Hause mitteilen konnte, dass sie .... Hongkong angekommen war. Dabei kam ihr .... d..... Sinn, dass .... Garten, wo sie lebten, ein großer Sandhaufen war, ... d..... viele Kinder spielten. Deshalb kaufte sie .... ihr..... Gold alle Spielzeugfabriken .... ganz Hongkong und befahl sofort, dass man .... jed..... Spielzeug, das .... Europa verkauft wurde, die Nachricht draufdrucken musste: „Made in Hongkong."

Ich kann euch sagen, die Maden machten große Augen, als sich die Kinder .... Sandhaufen laut vorlasen, was .... ihr..... Spielzeug stand. „Habt ihr das gehört?" flüsterten sich die Maden untereinander zu, „die ist tatsächlich angekommen."

Viele .... ihnen versuchten daraufhin auch, die Reise zu machen, aber keiner gelang es, die eine flog .... ein..... Penduhr .... Amsterdam, die andere versteckte sich .... ein..... Sandwich und wurde unterwegs aufgegessen und die meisten kamen nicht einmal .... Flughafen, weil sie ihn entweder nicht fanden oder vorher .... einem Vogel aufgepickt wurden.

Klein sein allein genügt eben nicht, es gehört auch noch etwas Glück dazu.

Kapitel 2–C   *Nähe und Ferne*

2. Ergänzen Sie die fehlenden Präpositionen und, wenn angegeben, die Artikelendungen.
1. Wir fuhren diese prachtvolle Allee ....
2. Die Kinder liefen immer .... das Schwimmbecken ....
3. Er kam gestern .... d..... Münchner Flughafen an.
4. Ich fliege nicht .... d..... Schweiz, sondern .... d..... Antillen.
5. Die Kneipe befand sich seinem Wohnhaus ....
6. .... der großen Städte liegen idyllische kleine Dörfer .... grünen Hängen.
7. .... des Zentrums schließen die meisten Lokale vor 24.00 Uhr.
8. Alle sahen, wie die Rakete .... d..... Wolken verschwand.
9. Könnten Sie mir das Frühstück .... Zimmer bringen?
10. Wenn man das Diapositiv .... d..... Licht hält, kann man etwas erkennen.
11. Er fährt .... d..... Urlaub.
12. Er ist schon seit 2 Wochen .... Urlaub.
13. Ich bin ihm erst kürzlich .... d..... Automobilmesse begegnet.
14. Wir waren heute .... Strand.
15. Der Dieb ist .... d..... Grenze festgenommen worden.
16. Tut mir Leid. Herr Meier ist nicht .... Hause. Er ist .... ein..... Kongress.
17. Ich komme gerade .... Augenarzt und muss jetzt noch .... Zahnarzt.
18. Das Bild hängt .... d..... Fernseher nicht gut. Lass es uns lieber .... d..... Sofa hängen.
19. Wann kommt er .... d..... Urlaub zurück?
20. Der Präsident mischte sich .... d..... Volk. Er nahm sozusagen ein Bad .... d..... Menge.
21. .... des Sees liegt eine wunderbare Insel.
22. Die Katze verkroch sich .... d..... Bett.

3. Bilden Sie Sätze im Präteritum.
0. Jugendliche – Lagerfeuer – herumsitzen
   Die Jugendlichen saßen um das Lagerfeuer herum.
1. Sturm – Ziegel – Dach – herunterwehen
   ....
2. Katze – Zaun – kriechen
   ....
3. Hund – Fahrradfahrer – herlaufen
   ....
4. wir – Post – vorbeikommen – nicht
   ....
5. er – Fluss – jeden Morgen – entlanglaufen
   ....

Nähe und Ferne *Kapitel 2–C*

    6. sie – Strand – täglich – 2 Stunden – sich sonnen
    ....

    7. Ausstellung – alte Kirche – stattfinden
    ....

    8. Weg – Wald – alt, Pfarrhaus – führen
    ....

4. Ergänzen Sie *her* oder *hin*, wenn nötig.
    0. Wo kommst du denn plötzlich *her*?
    1. Setzen Sie sich zu mir, hier......... .
    2. Warst du in der Ausstellung? – Nein, ich bin nicht ....gegangen.
    3. Als wir vor 30 Jahren hier......... gekommen sind, gab es noch nicht so viele chinesische Restaurants.
    4. Wo hast du das Buch ....gelegt?
    5. Uns gefällt es hier......... wirklich gut.
    6. Was für ein wunderschönes Bild. Wo hast du das .... ?
    7. Warum stellst du den Tisch nicht dort........., wo er immer stand?
    8. Wo nimmt die Frau diese Kraft .... ?

5. Ergänzen Sie *her-* oder *hin-* in Zusammensetzung mit einer Präposition oder die entsprechende Kurzform.
    0. Könntest du mit dem Hund ein bisschen *hinaus-/raus*gehen?
    1. Sie schaute zum Fenster ....
    2. Meine Nachbarin wollte ein bisschen Zucker von mir. Ich bringe ihn mal schnell ....
    3. Wenn du noch mal .... in den Keller gehst, bring bitte noch eine Flasche Wein mit.
    4. Was für eine tolle Aussicht! Komm mal .... !
    5. Guten Tag, Herr Meier. Bitte kommen Sie ....
    6. Ich weiß nicht, warum die Vase kaputtgegangen ist. Ich habe Sie sehr vorsichtig aus der Kiste ....genommen.
    7. Das Tier lugte vorsichtig unter dem Bett ....
    8. Du musst noch näher ....gehen, sonst siehst du nichts.

6. Bilden Sie Sätze.
    0. Brief – ober-, Schublade – liegen
       Der Brief liegt in der oberen Schublade.
    1. Verkaufsabteilung – erste Etage – sich befinden – oben
    ....

    2. Sarg – Grabkammer – Wissenschaftler – fanden – innerst-
    ....

    3. Kopierapparat – Keller – Ecke – stehen – unten – hinterst-
    ....

Kapitel 2–C *Nähe und Ferne*

    4. Kind – Bett – sich verstecken – unter
    ....

    5. Zimmer, Sekretärin – Zimmer, Chef – liegen – hinter
    ....

    6. er – Wettkämpfe – Plätze – belegen – immer – vorder-
    ....

    7. Dokument – Schrank – möglicherweise – rutschen – hinter
    ....

    8. Portier – Eingangstür – stehen – vor
    ....

7. Nennen Sie die Einwohner (maskulin/feminin/Plural) der folgenden Länder.

0.	Spanien	*der Spanier*	*die Spanierin*	*die Spanier*
1.	Portugal	....	....	....
2.	Argentinien	....	....	....
3.	China	....	....	....
4.	der Sudan	....	....	....
5.	Deutschland	....	....	....
6.	Irland	....	....	....
7.	Israel	....	....	....
8.	Pakistan	....	....	....
9.	Chile	....	....	....
10.	Brasilien	....	....	....

8. Bilden Sie aus den vorgegebenen Wörtern Sätze.

    1. er – sie – Messe – Schweiz – kennen lernen
    ....

    2. Sudan – langjährig, Bürgerkrieg – herrschen
    ....

    3 er – Wintermonate – Kanarische Inseln – verbringen
    ....

    4. Autor – Niederlande – geboren – und jetzt – Antillen – leben
    ....

    5. er – 18 – USA – auswandern
    ....

    6. wir – Auto – französisch, Küste – Spanien *(Ziel)* – fahren
    ....

9. Rekonstruieren Sie den folgenden Textausschnitt aus *Christoph Heins Erzählung „Von allem Anfang an"*. Ergänzen Sie die Präpositionen und die fehlenden Artikelendungen. *(Den Originaltext finden Sie im Lösungsschlüssel.)*

Christoph Hein
Von allem Anfang an (Auszug)

Tante Magdalena wohnte über d..... Bäckerei Theuring .... d..... Mühlenstraße, wo wir unser Brot kauften und die Brötchen und manchmal auch ein paar Plunderstücke¹. Der Eingang .... ihrer Wohnung war aber nicht .... d..... Mühlenstraße, man musste .... die Ecke gehen, ... d..... Molkengasse, zu d..... großen Holztor, das im Unterschied zu allen anderen Toren .... d..... Stadt nie offen stand und .... das eine Tür hineingeschnitten war. Wenn man diese öffnete, bewegten sich die beiden mächtigen Torflügel .... den Angeln und man musste einen Moment warten, bis sie wieder stillstanden und man .... den Fußteil des eisernen Türrahmens treten konnte. .... einen breiten Torgang gelangte man .... d..... Hof, dort waren die Karnickelställe des Bäckers und ein Drahtverschlag für die Hühner. Es gab auch einen winzigen, mit Draht geschützten Garten, ... d..... Tante Magdalena Kräuter anbaute.

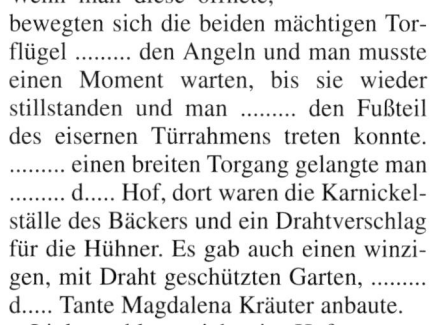

Links schloss sich ein Hofgang an, ... dem man .... den Hintertüren der anderen Häuser in der Molkengasse gelangte und der .... Anger² reichte, wo die Garagen standen. Am Ende des Torgangs rechter Hand führten drei Steinstufen .... einer Tür, ... der sich ein Treppenhaus und der Eingang .... Backstube von Herrn Theuring befanden.

.... eine gewundene, sehr schmale Treppe gelangte man .... d..... ersten Stock .... Wohnung von Tante Magdalena. Wenn man die Tür öffnete, war man .... ihr..... Wohnküche, in der .... dem Eingang ein Gaskocher .... ein..... mit bunten Stoffgardinen verhängten Regal stand .... dem Fenster und der nächsten Tür waren der Eisschrank, ein Schränkchen, ein ausziehbarer Tisch .... d..... Küchensofa und zwei Stühle. .... die Küche schloss sich das gute Zimmer an. .... d..... runden Tisch mit den Intarsien lag stets eine feine, durchbrochene Decke. Sie war so fein, dass sie eher wie ein kostbares Netz wirkte und die Einlegearbeiten der Tischplatte nicht verhüllte, sondern hervorhob. .... den Tisch standen sechs Stühle mit hohen geschnitzten Lehnen und dunklen Samtpolstern. .... d..... Fenster, das .... Hof ging, war eine Vitrine. Der obere Teil hatte Glastüren, ... denen farbige Kelche zu sehen waren und Blumenvasen, ... d..... Tante Magdalena aber nie Blumen stellte.

© Aufbau-Verlag GmbH Berlin

---

1 Plunderstücke: Gebäck aus Plunderteig
2 Anger: freier Grasplatz in einem Dorf, meist im Dorfzentrum

Kapitel 2   **Nähe und Ferne**
Teil D   *Themen für Vortrag und Aufsatz*

Tourismus

1. Beschreiben Sie die Folgen des Massentourismus. Nennen Sie Vor- und Nachteile und äußern Sie Ihre eigene Meinung.

2. Wenn Sie verantwortlich für den Tourismus Ihres Landes wären, wo würden Sie Schwerpunkte setzen und was würden Sie an der derzeitigen Situation verändern? Begründen Sie Ihre Meinung.

Kulturpolitik

3. Welchen Stellenwert hat Ihrer Meinung nach Kulturpolitik im Gesamtrahmen der Politik? Wie viel Geld sollte für Kulturpolitik zur Verfügung gestellt werden? Begründen Sie Ihre Meinung.

4. Wenn Sie Kulturminister Ihres Landes wären, was oder wen würden Sie besonders fördern, welche Projekte würden Sie unterstützen? Begründen Sie Ihre Ausführungen.

Kinofilme

5. „Überall heißt ins Kino gehen: einen amerikanischen Film sehen. Dieser Trend scheint nicht umkehrbar, nicht in den USA und nicht im Rest der Welt." Nehmen Sie zu diesem Ausspruch von Volker Schlöndorf Stellung und berichten Sie über aktuelle Kinotendenzen in Ihrem Heimatland.

Leben im Ausland

6. Welche positiven und welche negativen Erfahrungen kann man Ihrer Meinung nach bei einem jahrelangen Auslandsaufenthalt machen? Belegen Sie Ihre Ausführungen mit Beispielen.

7. Kann ein freiwilliger oder unfreiwilliger langer Auslandsaufenthalt das Verhältnis zum eigenen Land und zur eigenen Sprache verändern?

Vermutungen und Empfehlungen *Kapitel 3–A*

Kapitel 3   **Vermutungen und Empfehlungen**
Teil A   *Texte und Textarbeit*

I. Lachen

1. Lesen Sie den folgenden Text.

Bitte lachen!

Die Bedeutung des Lachens im Leben der Menschen wurde viele Jahre <u>unterschätzt</u>, offensichtlich besonders von den Deutschen. In letzter Zeit aber wird *Lachen und Humor* endlich der notwendige Ernst geschenkt und eine Reihe von Veröffentlichungen <u>widmen sich</u> diesem Thema.

In Frauenzeitschriften, die sich monatlich um das Wohlbefinden der weiblichen Bevölkerung sorgen, kann man z. B. nachlesen, dass Lachen die Durchblutung des Körpers anregt, den Sauerstofftransport verbessert, die Immunabwehr erhöht und das zentrale Nervensystem stärkt. Diese von Wissenschaftlern <u>belegten</u> Erkenntnisse versuchen neuerdings auch Manager zum Wohle ihrer Firma zu nutzen. Denn Mitarbeiter, die körperlich fit sind, sind leistungsfähiger, stressbeständiger, motivierter und zufriedener als andere. Eine Studie des Instituts für Rationelle Psychologie zeigt, das in Betrieben, in denen häufig gelacht wird, sich die Innovationsrate durchschnittlich um 86 % steigert, die Mobbing-Rate um 56 % sinkt, sich die Fehlerquote um 47 % reduziert und die Leistungsbereitschaft im ganzen Unternehmen um 14 % ansteigt.

Dass man mit Humor auch bei internationalen Verhandlungspartnern <u>weiterkommt</u>, hat der Kommunikationsexperte Heinz Goldmann festgestellt, der den Deutschen bescheinigte, bei Verhandlungen auf Grund fehlenden Humors höchstens Sachakzeptanz, aber selten Gefühlsakzeptanz zu erzielen – und das könnte sich negativ auf das Geschäft auswirken.

Ist das Problem einmal erkannt, sind Anbieter von Lösungen nicht weit. Man kann jetzt in „Humaerobics-Seminaren" Humor trainieren, unter anderem mit Hilfe folgender Übungen:

– Lassen Sie mal einen Freudenschrei heraus!
– Machen Sie Fotos von sich und Ihren Kollegen beim Grimassenschneiden und hängen Sie diese auf.
– Machen Sie <u>alberne</u> Geräusche.
– Erstellen Sie eine Liste von komischen Erinnerungen, die Sie zum Lachen bringen.

Ob das wohl hilft?

---

2. Fassen Sie den Text mit eigenen Worten zusammen.

Kapitel 3–A   *Vermutungen und Empfehlungen*

3. Beantworten Sie eine der folgenden Fragen.
1. Welche Bedeutung haben Lachen und Humor für Sie selbst?
2. Welche Rolle spielt der Humor im gesellschaftlichen Leben Ihres Landes? Schildern Sie das anhand einiger Beispiele.
3. Glauben Sie an eine medizinische Kraft des Lachens?

4. Erklären Sie die Wörter nach ihrer Bedeutung im Text mit synonymen Wendungen.
1. etwas wird <u>unterschätzt</u> ....
2. sich einem Thema <u>widmen</u> ....
3. <u>belegte</u> Erkenntnisse ....
4. <u>weiterkommen</u> ....
5. <u>alberne</u> Geräusche ....

5. Ergänzen Sie die fehlenden Verben.
1. In letzter Zeit wird *Lachen und Humor* endlich der notwendige Ernst .... und eine Reihe von Veröffentlichungen .... sich diesem Thema.
2. Diese von Wissenschaftlern belegten Erkenntnisse versuchen neuerdings auch Manager zum Wohle ihrer Firma zu ....
3. Eine Studie des Instituts für Rationelle Psychologie ...., das in Betrieben, in denen häufig gelacht wird, sich die Innovationsrate durchschnittlich um 86 % ...., die Mobbing-Rate um 56 % ...., sich die Fehlerquote um 47 % .... und die Leistungsbereitschaft im ganzen Unternehmen um 14 % ....

6. Ergänzen Sie die richtigen Präpositionen.
1. sich ärgern ....
2. sich freuen ..../............
3. sich erfreuen ....
4. wütend sein ..../............
5. erbost sein ....
6. böse sein ..../............
7. sich amüsieren ..../............
8. sich lustig machen ....
9. beunruhigt sein ..../............
10. glücklich sein ....

7. Bei diesen Wörtern sind die Buchstaben durcheinander geraten. Ordnen Sie sie.

0. beteisegrt	*begeistert*	täusntchte	*enttäuscht*
1. eitrhe		trigaur	....
2. verngtüg		verossendr	....
3. übergümti		kervollumm	....
4. frlichöh		misstigmu	....
5. aufräugemt		becktdrü	....
6. entckütz		vergertär	....

54

Vermutungen und Empfehlungen *Kapitel 3–A*

8. Bilden Sie aus den vorgegebenen Wörtern Sätze.
   1. Lachen – spezifisch menschlich, Fähigkeit – gelten
   ....
   2. medizinisch, Kraft – Humor – menschlich, Bewusstsein – immer mehr – rücken
   ....
   3. Forscher – positiv, Reaktion – Körper – Lachen – nachweisen
   ....
   4. eine Minute – Lachen – 15 Minuten – Entspannungstraining – genauso gut sein
   ....
   5. Wut und Stress – Herz und Immunsystem – negativ, Auswirkungen – haben
   ....

II. Lust auf „lebenslänglich"

1. Lesen Sie den folgenden Text.

Die neue Lust auf „lebenslänglich"

Auf der Rückseite des Sportzentrums nähern sich Menschen in Zweiergrüppchen einem roten Backsteinhaus. Sie sind meist weniger jung und weniger muskulös als die Cracks von gegenüber. Ihr Ziel ist auch ein Trainingszentrum der anderen Sorte, Christoph-Dornier-Stiftung heißt es. Die Ehepaare üben sich an diesem Abend in einem nichtolympischen Fünfkampf: im Zuhören, Ausredenlassen, Ruhigbleiben, Loben und Komplimente machen. Das Geheimnis der guten Ehe ist einfach, glaubt man Kurt Hahlweg, dem wissenschaftlichen Leiter des ungewöhnlichen Fitnesscenters: Es heißt „positive Kommunikation und Interaktion". Der Professor für Klinische Psychologie und Psychotherapie an der Technischen Universität Braunschweig ist der profilierteste deutsche Vertreter der internationalen Scheidungs-<u>Präventionsforschung</u>. Er kämpft für ein Ziel, das auf den ersten Blick utopisch erscheint: die Erziehung der Weltbevölkerung zur guten Eheführung und die Reduktion der allerorts steigenden Scheidungsraten. Die Wunderrezeptur dafür ist ein Kommunikationstraining: „Ein Partnerschaftliches Lernprogramm" = EPL. Das Angebot ist allerdings nicht für Katastrophen-Ehen, sondern ein Präventionsprogramm für frischverliebte bis ältere Normalpaare. Hier einige Tipps:

Kapitel 3–A   *Vermutungen und Empfehlungen*

So schimpfen Sie Ihre Ehe kaputt:

- **Die Du-Anklage**
  „Das hast du einfach falsch gemacht!"
- **Die Verallgemeinerung**
  „Du fragst mich bei solchen Sachen nie, niemals!"
- **Die Übertreibung**
  „Tausendmal muss man den gnädigen Herrn bitten."
- **Die Etikettierung**
  „Diese unendliche Trägheit ist typisch für dich!"
- **Die Schuldzuschreibung**
  „Du bist schuld, dass ich nicht an die Brötchen gedacht habe."
- **Die negative Interpretation**
  „Das tust du doch nur, weil deine Eltern zu Besuch kommen."
- **Die verletzende Andeutung**
  „Du weißt doch genau, was dir damals beim Einparken passiert ist!"
- **Die Rechtfertigung**
  „Das stimmt doch gar nicht!"
- **Die Drohung**
  „Wenn du nicht endlich mit mir in Urlaub fährst, verlasse ich dich!"
- **Die ironische Bemerkung**
  „Das ist ja wirklich großartig! Ich gebe dir meinen Lieblingspulli zum Waschen und kriege einen Putzlappen dafür."
- **Die sarkastische Bemerkung**
  „Wenn das so weitergeht, können wir uns auch gleich scheiden lassen, nicht wahr, mein Schatz?"
- **Das *angebliche* Zitat**
  „Meine Mutter hat immer schon gesagt, dass aus dir nichts wird."
- **Die Beleidigung**
  „Du bist auch zu nichts nutze, du Stümper."

Und so machen Sie es besser:

- **Ich-Statement**
  (statt Du-Anklage)
  „Ich war durch dein Verhalten irritiert, weil ich etwas völlig anderes erwartet habe."
- **Konkrete Situation ansprechen**
  (statt Verallgemeinerungen)
  „Ich hätte mir vorhin gewünscht, dass du mich gefragt hättest."
- **Konkretes Verhalten ansprechen**
  (statt Etikettierung)
  „Mich ärgert es, dass du heute Abend nicht ins Kino mitkommen willst."
- **Beim Thema bleiben**
  (keine Gesamtabrechnung)
  „Ich möchte herausfinden, warum wir am Wochenende immer wieder Streit bekommen."
- **Sich öffnen** (statt Vorwürfe machen)
  „Dass wir für dieses Problem keine Lösung finden können, macht mir Sorge."

Aus: Focus

2. Erklären Sie die Wörter nach ihrer Bedeutung im Text mit synonymen Wendungen.
   1. Präventionsforschung   ....
   2. das angebliche Zitat   ....
   3. zu nichts nutze sein   ....
   4. Stümper   ....

Vermutungen und Empfehlungen   *Kapitel 3–A*

    5. irritiert   ....
    6. völlig   ....

3. Finden Sie Antonyme.
    1. jemanden <u>ausreden lassen</u>   ....
    2. jemanden <u>loben</u>   ....
    3. immer <u>ruhig bleiben</u>   ....
    4. <u>übertreiben</u>   ....
    5. <u>konkrete Situationen ansprechen</u>   ....
    6. jemanden <u>beleidigen</u>   ....
    7. <u>normales</u> Fitnesscenter   ....

4. Beantworten Sie die folgende Frage.
Welche Chancen geben Sie Kommunikationstraining zur Rettung einer Ehe? Ist das für Sie ein richtiger Lösungsansatz?

5. Ergänzen Sie die fehlenden Präpositionen.
    1. .... der Rückseite des Sportzentrums nähern sich Menschen .... Zweiergrüppchen einem roten Backsteinhaus.
    2. Die Ehepaare üben sich .... diesem Abend .... einem nichtolympischen Fünfkampf: .... Zuhören, Ausredenlassen, Ruhigbleiben, Loben und Komplimente machen.
    3. Der Professor .... Klinische Psychologie und Psychotherapie .... der Technischen Universität Braunschweig kämpft .... ein Ziel, das .... den ersten Blick utopisch erscheint: die Erziehung der Weltbevölkerung .... guten Eheführung und die Reduktion der allerorts steigenden Scheidungsraten.

III. Teure Langeweile

1. Lesen Sie den folgenden Text.

Teure Langeweile

Teambesprechungen und Konferenzen kosten bereits über die Hälfte der Arbeitszeit – doch nur selten sind die Zusammenkünfte effektiv.

Während in der Produktion um Minuten <u>gefeilscht</u> wird und in der Logistik Lagerbestände und Materialfluss peinlich genau <u>ausgeklügelt</u> werden, gelten für Besprechungen offenbar andere Maßstäbe. Bei einer Befragung von rund 200 Führungskräften in Deutschland, der Schweiz und Österreich stellte sich heraus, dass rund 80 % der Führungskräfte rund 60 % ihrer Zeit auf Sitzungen und Konferenzen verbringen. 65 % der Befragten gaben zu, sich während der Besprechungen nicht richtig zu konzentrieren, 60 % bekannten, sich auf ihre Sitzungen kaum vorzubereiten. „Teuer bezahlte Langeweile", so ließe sich das Befragungsresultat beschreiben, dabei könnten Effizienz und Nutzen der Sitzungen durch das <u>Beherzigen</u> einiger schlichter Regeln ohne große Anstrengung <u>erheblich</u> gesteigert werden.

Hier ein paar klassische Sitzungsfehler und wie man sie vermeidet:

FALSCH	**RICHTIG**
Zu viele Sitzungen	Überlegen Sie, ob die Sitzung tatsächlich erforderlich ist und welche Resultate Sie erwarten.
Gar keine oder mangelnde Vorbereitung	Besprechungen sind eine gute Gelegenheit, Führungsqualitäten unter Beweis zu stellen – aber auch, um sich zu blamieren. Bereiten Sie Ihre Sitzungen deshalb gründlich vor und planen Sie genügend Zeit dafür ein. Überlegen Sie sich Regieanweisungen zu den einzelnen Tagesordnungspunkten und halten Sie die erforderlichen Unterlagen für jedes Thema wohlgeordnet bereit.
Unvollständige oder zu lange Tagesordnungen; Themen, die nicht zusammengehören	Lassen Sie sich von den Teilnehmern im Vorfeld Vorschläge zur Tagesordnung machen – mit Begründung. Nehmen Sie nur Punkte auf, die sinnvoll zusammenpassen. Halten Sie unterschiedliche Themen auseinander. Ordnen Sie die Tagesordnungspunkte nach Wichtigkeit.
Zu viele Teilnehmer	Denken Sie darüber nach, für wen die Themen der Sitzung tatsächlich von Belang sind und wer die Diskussion vorantreiben kann – sonst droht unnötiger Zeitverlust.
Keine effiziente Zeitplanung; Anfangs- und Endzeiten, die lediglich als Orientierungspunkte gelten. Ebenfalls riskant: Tagesordnungspunkte ohne Zeitlimits.	Beginnen Sie die Sitzung pünktlich – und zwar auch, wenn noch nicht alle Teilnehmer da sind. Stellen Sie entschuldigt und unentschuldigt Abwesende fest, prüfen Sie Beschlussfähigkeit. Achten Sie auf den Zeitplan Ihrer Tagesordnung. Beenden Sie die Sitzung möglichst pünktlich.
Keine Pausen	Planen Sie für Sitzungen über eine Stunde immer Pausen ein. Legen Sie die Dauer der Unterbrechungen vorher fest.
Sitzungen, wo die Sachprobleme in den Hintergrund gedrängt werden	Leiten Sie die Sitzungen straff, machen Sie die Ziele deutlich. Unterbrechen Sie, wenn die Diskussion vom Thema wegführt. Wirksame Sitzungen sind harte Arbeit und kein Profilierungsforum.
Übertriebenes Harmoniebestreben	Konsens ist wichtig – bloßes Harmoniebestreben bringt aber nicht weiter. Einen tragfähigen Konsens erreichen Sie nur durch offen ausgetragenen Dissens.
Sitzungen ohne Folgen; Besprechungen, deren Beschlüsse nicht umgesetzt werden.	Fassen Sie den Stand der Diskussion zusammen. Legen Sie Ziele direkt auf der Sitzung fest. Verpflichten Sie, wenn möglich, einen persönlich Verantwortlichen und vereinbaren Sie einen Zieltermin.
Unzureichende oder unvollständige Protokolle.	Schaffen Sie Verbindlichkeit mit Hilfe von Protokollen. Besonders wichtige Angelegenheiten sollten noch während der Diskussion sofort und ausdrücklich ins Protokoll aufgenommen werden.

Aus: Manager-Magazin

Vermutungen und Empfehlungen   *Kapitel 3–A*

2. Berichten Sie über Ihre Erfahrungen in Besprechungen oder Konferenzen.

3. Erklären Sie die Wörter nach ihrer Bedeutung im Text mit synonymen Wendungen.
1. um Minuten <u>feilschen</u> ....
2. etwas <u>ausklügeln</u> ....
3. das <u>Beherzigen</u> der Regeln ....
4. <u>erheblich</u> gesteigert ....
5. <u>erforderliche</u> Unterlagen ....
6. im <u>Vorfeld</u> der Sitzung ....
7. <u>von Belang</u> sein ....
8. <u>straff</u> leiten ....
9. <u>Konsens</u> ....
10. etwas <u>ausdrücklich</u> aufnehmen ....

4. Ergänzen Sie die fehlenden Verben.
1. Teambesprechungen .... bereits über die Hälfte der Arbeitszeit.
2. Für Besprechungen .... offenbar andere Maßstäbe als für die Produktion.
3. Bei einer Umfrage .... 65 % der Befragten zu, sich während der Besprechungen nicht richtig zu konzentrieren, 60 % ...., sich auf ihre Sitzungen kaum vorzubereiten.
4. Um Sitzungen effektiver zu ...., sollte man einige schlichte Regeln ....
5. Bei Besprechungen kann man Führungsqualitäten unter Beweis ....
6. .... Sie Ziele fest und .... Sie einen Zieltermin.
7. Unterbrechen Sie, wenn die Diskussion vom Thema ....
8. Beschlüsse und Maßnahmen müssen ins Protokoll .... werden.

5. Ergänzen Sie die fehlenden Präpositionen.
1. Während .... der Produktion .... Minuten gefeilscht und in der Logistik Lagerbestände und Materialfluss peinlich genau ausgeklügelt werden, gelten .... Besprechungen offenbar andere Maßstäbe.
2. .... einer Befragung von rund 200 Führungskräften .... Deutschland, der Schweiz und Österreich stellte sich heraus, dass rund 80 % der Führungskräfte rund 60 % ihrer Zeit .... Sitzungen und Konferenzen verbringen.
3. 65 % der Befragten gaben zu, sich .... der Besprechungen nicht richtig zu konzentrieren, 60 % bekannten, sich .... ihre Sitzungen kaum vorzubereiten.
4. Effizienz und Nutzen der Sitzungen könnten .... das Beherzigen einiger schlichter Regeln .... große Anstrengung erheblich gesteigert werden.

59

Kapitel 3–A   *Vermutungen und Empfehlungen*

    5. Lassen Sie sich .... den Teilnehmern .... Vorfeld Vorschläge .... Tagesordnung machen.
    6. Ordnen Sie die Tagesordnungspunkte .... Wichtigkeit.
    7. Denken Sie darüber nach, ... wen die Themen der Sitzung tatsächlich .... Belang sind.
    8. Achten Sie .... den Zeitplan Ihrer Tagesordnung.
    9. Planen Sie .... Sitzungen .... eine Stunde immer Pausen ein.
    10. Unterbrechen Sie, wenn die Diskussion .... Thema wegführt.

6. Ergänzen Sie *Sie* oder *Ihnen*.
    0. Könnten *Sie* mir das bitte genauer erklären?
    1. Ich möchte mich .... kurz vorstellen, ...
    2. Darf ich .... mal kurz unterbrechen?
    3. Da gebe ich .... vollkommen Recht.
    4. Da haben .... möglicherweise Unrecht.
    5. Herr Dr. Grünkern, darf ich .... jetzt das Wort erteilen?
    6. Ich heiße .... zu unserer heutigen Sitzung recht herzlich willkommen.
    7. Entschuldigen ...., dass ich .... ins Wort falle, aber ich muss .... an dieser Stelle widersprechen.
    8. Was halten .... von diesem Vorschlag?
    9. Dürfte ich .... daran erinnern, dass wir das Thema schon abgeschlossen haben.
    10. Erinnern .... mich bitte daran, dass ich .... nach der Sitzung das Protokoll zusende.

7. Ergänzen Sie das zum Substantiv gehörende Verb und formulieren Sie Sätze. Beginnen Sie mit: *Meines Erachtens/Meiner Meinung nach ...*
    0. sofort – Maßnahmen – müssen – *treffen*
       Meiner Meinung nach müssen sofort Maßnahmen getroffen werden.
    1. Betriebsrat – Vorschlag – Vorstand – Stellung – sollten – ....
       ....
    2. heutige Sitzung – Thema – untergeordnete Rolle – sollten – ....
       ....
    3. Wir – Erhöhung, Werbeetat – Erwägung – sollten – ....
       ....
    4. Transportprobleme – nächste Besprechung – Diskussion – müssen – unbedingt – ....
       ....
    5. Wir – Firma Simpex – neues Angebot – sollten – ....
       ....
    6. Kosten – gesamter Schaden – Versicherung – müssen – ....
       ....

Vermutungen und Empfehlungen *Kapitel 3–A*

IV. Sollen

1. Lesen Sie den folgenden Text mindestens zweimal. Der Text ist ziemlich schwer, geben Sie nicht gleich auf.

2. Beantworten Sie die folgenden Fragen.
   1. Über welche Bedeutung des Verbs *sollen* macht sich der Autor lustig?
   2. Beschreiben Sie den Bedeutungsunterschied zwischen *sollen* und *müssen*.
   3. Beschreiben Sie den Bedeutungsunterschied zwischen *sollen* und *wollen*.
   4. Beschreiben Sie die Bedeutungen von *nicht sollen* und *nicht dürfen*.
   5. Beschreiben sie den Bedeutungsunterschied zwischen *sollen* und *sollten*.
   6. Was bedeutet: „Das Paradies war *sollfrei*."?
   7. Was bedeutet: „Das Soll hatte in Ostdeutschland einst Heimat."?
   8. Können Sie den Satz von Karl Valentin mit anderen Worten erklären?

3. Formen Sie die Sätze so um, dass Sie kein Modalverb mehr verwenden.
   1. Wenn man etwas lernen <u>will</u>, <u>muss</u> man viel üben.

      ....

      ....

   2. Man <u>darf</u> auch Fehler machen.

      ....

      ....

   3. Man <u>sollte</u> wichtige Dinge nicht auf Morgen verschieben.

      ....

      ....

   4. Er <u>soll</u> der beste Schüler seines Jahrgangs gewesen sein.

      ....

      ....

Sollen

Heute habe ich noch nicht *sollen* müssen. Es ist noch zu früh am Samstag. Nicht einmal aufstehen habe ich *sollen*. Das Paradies muss vor dem *Sollen* gelegen haben. Das Paradies war *sollfrei*. Halt! Nicht ganz. Da war doch noch etwas mit einem Apfel und der Eva. Wen von den beiden hat man(n) denn nun nicht *sollen* dürfen? Richtig: Der Apfel war's. Kein unschuldiges Obst aus biologischem Anbau, sondern eine Frucht vom Baum der Erkenntnis. Was lehrt uns das über die Erkenntnis? Sie ist gefährlich.

„Kein Mensch muss müssen", sagt der Jude Nathan. Aber vielleicht „*sollen*" und „nicht dürfen"?

In der Schule beispielsweise müssen die Schüler immer *sollen*, nicht nur in Ostdeutschland, wo das *Soll* einst Heimat hatte. In der Schule *sollen* die Schülerinnen und Schüler erkennen, sie *sollen* schlussfolgern, *sollen* problematisieren, *sollen* ... Egal. Jedenfalls *sollen* sie *sollen*, ob sie wollen oder nicht. Eigentlich *sollen* sie natürlich wollen, sozusagen fast freiwillig *sollen*. Das wäre optimal. Karl Valentin hätte allerdings eingewandt: „Wollen hätten wir schon mögen, aber trauen haben wir uns nicht dürfen."

Angehende Lehrerinnen und Lehrer *sollen* in ihren Stundenentwürfen[1] immer schreiben: Die Schülerinnen und Schüler *sollen* ... immerhin müssen sie ja nicht. Vielleicht aber *sollte* man es mal mit „*sollten*" versuchen. Da bliebe Spielraum für ein bisschen Wollen.

Aus: Grafschafter Nachrichten (gekürzt)

[1] Stundenentwürfe: Pläne für die didaktische, inhaltliche und zeitliche Einteilung von Unterrichtsstunden

61

Kapitel 3
Teil B

Vermutungen und Empfehlungen
Hinweise zu Grammatik und Prüfungsaufgaben

1. Modalverben und *werden* in sprecherbezogener (subjektiver) Bedeutung und ihre Synonyme

Der Sprecher weiß etwas nicht hundertprozentig:		
Das **mag** stimmen. Da **mögen** Sie Recht haben.	Vermutung	eventuell/möglicherweise/vielleicht
Er **kann/könnte** noch auf dem Sportplatz sein.	Vermutung	möglicherweise/vielleicht/vermutlich/es ist denkbar/es ist möglich
Das Ereignis **dürfte/wird** 10 Jahre zurückliegen.	Vermutung	wahrscheinlich/vieles spricht dafür/sicherlich
Die Angaben **müssten** stimmen.	Vermutung	höchstwahrscheinlich/ich bin mir ziemlich sicher
Er **muss** an der Besprechung teilgenommen haben.	Schlussfolgerung	sicher/zweifellos/ganz bestimmt/für mich steht fest
Er **kann** das **nicht** gewusst haben.	Schlussfolgerung	sicher nicht/mir scheint unmöglich/es ist unvorstellbar
Der Sprecher gibt mit einer gewissen Distanz wieder, was er gehört/gelesen oder eine andere Person gesagt hat:		
Die Steuern **sollen** erhöht werden.	Weitergabe einer Information	ich habe gehört/gelesen/in der Zeitung stand/nach einer Meldung
Der Schauspieler **soll** sehr krank sein.	Weitergabe eines Gerüchts	man sagt/behauptet/jemand hat mir erzählt/angeblich/Gerüchten zufolge
Er **will** den Überfall nicht begangen haben.	Weitergabe einer Behauptung	er sagt über sich selbst/er gibt vor/angeblich hat er
Der Sprecher hält etwas für ratsam, empfehlenswert oder ein anderes Verhalten für angebracht:		
Du **solltest** einen Arzt konsultieren.	Empfehlung	es wäre empfehlenswert/ratsam/besser, wenn du .../ich an deiner Stelle würde ...

2. Zeitformen

Vermutungen und Schlussfolgerungen		
Aktiv	*Gegenwart* Wo ist sie? Sie **müsste** noch im Büro **sein**.	*Vergangenheit* Wo war sie gestern gegen 15.00 Uhr? Sie **müsste** im Büro **gewesen sein**.
Passiv	*Gegenwart* Achte auf deine Brieftasche, sonst **könnte** sie **gestohlen werden**.	*Vergangenheit* Die Brieftasche ist weg. Sie **könnte gestohlen worden sein**.

Vermutungen und Empfehlungen *Kapitel 3–B*

Weitergabe einer Information/Meinung/Behauptung

Aktiv *Gegenwart* *Vergangenheit*
Ich habe gehört:
Der Schauspieler **soll** schwer Der Schauspieler **soll** sehr **krank**
krank sein. **gewesen sein.**

Passiv *Gegenwart* *Vergangenheit*
Das Bild **soll** für 1 Million Mark Das Bild **soll** für eine Million Mark
verkauft werden. **verkauft worden sein.**

Empfehlung

Aktiv *Gegenwart* *Vergangenheit*
Du **solltest** einen Arzt **konsultieren.** Du **hättest** einen Arzt **konsultieren**
sollen.

Passiv *Gegenwart* *Vergangenheit*
Die Ware **sollte** vor dem Transport Die Ware **hätte** vor dem Transport
kontrolliert werden. **kontrolliert werden sollen/müssen.**

---

3. Umformungen von Sätzen mit modalen Wendungen in Sätze mit Modalverben

---

Umzuformende Sätze:
a) Wahrscheinlich kommt er heute nicht mehr.
b) Es würde sich lohnen, diese Gelegenheit zu nutzen.
c) Ich habe gelesen, dass der Bundesrat den Vertrag noch diese Woche ratifizieren will.

1. Suchen Sie das Schlüsselwort/die Schlüsselwörter:

   a) wahrscheinlich; b) es würde sich lohnen; c) Ich habe gelesen, dass

2. Suchen Sie zu den Schlüsselwörtern das passende Modalverb:
   a) wahrscheinlich = *dürfte/wird*
   b) es würde sich lohnen = ?
   Finden Sie kein Modalverb, versuchen Sie, die Schlüsselwörter durch eine synonyme Wendung zu ersetzen:
   es würde sich lohnen = es wäre positiv, es wäre gut, ich würde empfehlen = *sollten*
   c) Ich habe gelesen, dass = *sollen*

3. Streichen Sie die Schlüsselwörter und fügen Sie in den Rest des Satzes das Modalverb ein. Achten Sie darauf, dass
   – das bisherige finite Verb dann in den Infinitiv kommt,
   – das *zu* des „Infinitivs mit zu" entfällt,
   – bei Sätzen, die eine Absicht, einen Willen wiedergeben, eine Passivstruktur günstiger ist.

Umgeformte Sätze:
a) Er *dürfte* heute nicht mehr *kommen*.
b) Man *sollte* diese Gelegenheit *nutzen*.
c) Der Vertrag *soll* (vom Bundesrat) noch diese Woche *ratifiziert werden*.

Kapitel 3–C Vermutungen und Empfehlungen

Kapitel 3 — Vermutungen und Empfehlungen
Teil C — *Übungen*

1. Suchen Sie für die angegebene Wendung das entsprechende Modalverb bzw. die entsprechenden Modalverben.

0. es ist unvorstellbar   *kann nicht*
1. vieles spricht dafür   ....
2. vielleicht   ....
3. sicher   ....
4. ich habe in der Zeitung gelesen   ....
5. ich empfehle dir   ....
6. es ist denkbar   ....
7. angeblich   ....
8. er sagt über sich selbst   ....
9. es wäre besser gewesen, wenn   ....
10. sicher nicht   ....
11. höchstwahrscheinlich   ....
12. ich an deiner Stelle würde   ....
13. jemand hat mir erzählt   ....
14. vermutlich   ....

2. Bilden Sie Sätze mit Vermutungsbedeutung.

0. Gefäß – ca. 2000 Jahre
   Das Gefäß dürfte ca. 2000 Jahre alt sein.
1. Fahrrad – entwendet worden
   ....
2. er – gleich kommen
   ....
3. 2100 – erste Häuser – Mars – gebaut werden
   ....
4. Klaus – Unterlagen verloren haben
   ....
5. Kunstwerk – noch nicht verkauft worden
   ....
6. sie – Andreas – verliebt haben
   ....
7. alte Möbel – schon abgeholt worden
   ....

Vermutungen und Empfehlungen   *Kapitel 3–C*

    8. er – Geld – gestohlen haben

    9. sie – Vorsitzende – gewählt werden

   10. Tür – Nachschlüssel – geöffnet worden

3. Geben Sie folgende Informationen, Gerüchte und Behauptungen mit Hilfe eines Modalverbs weiter.
    0. Meine Nachbarin hat erzählt, dass der Stadtrat in diesem Sommer das Freibad schließen will.
       Das Freibad soll in diesem Sommer vom Stadtrat geschlossen werden.
    1. Ich habe gehört, dass Frau Meier ihren Mann verlassen hat.

    2. Der Wetterbericht teilte mit, dass es morgen regnen wird.

    3. Er behauptet, die Rechnung schon lange bezahlt zu haben.

    4. Sie sagt, sie sei nie in Rom gewesen.

    5. Presseberichten zufolge wurde der Ex-Terrorist wegen guter Führung vorzeitig aus dem Gefängnis entlassen.

    6. Mir ist zu Ohren gekommen, dass die Konkurrenz bereits an einem ähnlichen Projekt arbeitet.

    7. Angeblich hat er uns vor eventuell auftretenden Schwierigkeiten gewarnt.

    8. Im Supermarkt habe ich gehört, dass diese Bank schon dreimal ausgeraubt wurde.

4. Geben Sie nachträgliche Empfehlungen.
    0. Er sieht müde und abgespannt aus. (weniger arbeiten)
       a) Es wäre besser gewesen, wenn er weniger gearbeitet hätte.
       b) Er hätte weniger arbeiten sollen.
    1. Er hat seine Arbeit mal wieder nicht geschafft. (Arbeit – effektiver organisieren)
       a) ....
       b) ....
    2. Sie fühlte sich im Krankenhaus einsam. (Du – öfter besuchen)
       a) ....
       b) ....

Kapitel 3–C   *Vermutungen und Empfehlungen*

   3. Er baute mit dem neuen Wagen einen Unfall. (vorsichtiger fahren)
      a) ....
      b) ....
   4. Die Preise sind zu schnell angehoben worden. (man – Preiserhöhung – langsamer vornehmen)
      a) ....
      b) ....
   5. Die Untersuchungsergebnisse wurden verheimlicht. (veröffentlicht werden)
      a) ....
      b) ....
   6. Die Subventionen für das Projekt wurden gestrichen. (1 Jahr – verlängert werden)
      a) ....
      b) ....
   7. Das selbst zusammengebaute Regal brach wieder zusammen. (du – Anleitung – genau lesen)
      a) ....
      b) ....
   8. Sie ist immer pleite. (lernen – vorsichtiger – Geld umgehen)
      a) ....
      b) ....

5. Formen Sie die Sätze so um, dass Sie ein Modalverb verwenden.
   0. <u>Wahrscheinlich</u> kommt er heute nicht mehr.
     Er dürfte heute nicht mehr kommen.
   1. Er hat den Termin <u>sicherlich</u> vergessen.
     ....
   2. <u>Jeder behauptet, er</u> sei es nicht gewesen.
     ....
   3. <u>Es ist damit zu rechnen</u>, dass er jeden Moment erscheint.
     ....
   4. An wen denkt er jetzt <u>wohl</u>?
     ....
   5. Ich habe mich <u>möglicherweise</u> geirrt.
     ....
   6. <u>Es wäre besser gewesen, wenn</u> du den Brief gleich beantwortet hättest.
     ....
   7. <u>Es heißt</u>, die Diamanten wurden gestohlen.
     ....
   8. <u>Sicher</u> hat er davon gewusst.
     ....

Vermutungen und Empfehlungen *Kapitel 3–C*

9. <u>Es ist ausgeschlossen, dass</u> er der Täter war.
   ....

10. Es <u>hätte nicht geschadet</u>, wenn du den Rasen gemäht hättest.
    ....

11. Die Außenminister haben wegen der Krise <u>höchstwahrscheinlich</u> schon Kontakt aufgenommen.
    ....

12. <u>Er meint, er</u> sei der beste Torwart der Bundesliga.
    ....

13. <u>Vielleicht</u> hat sie das Buch noch gar nicht gelesen.
    ....

14. Bei seinem Wissen besteht er die Prüfung <u>ohne Zweifel</u>.
    ....

15. <u>Angeblich</u> hat sich die berühmte Sängerin von ihrem Ehemann getrennt.
    ....

16. <u>Ich empfehle dir</u>, in Zukunft auf eine gesündere Ernährung zu achten.
    ....

6. Suchen Sie für die angegebene Wendung das entsprechende Modalverb (Grundbedeutung der Modalverben).

0. ich bin leider nicht in der Lage   *kann nicht*
1. es ist notwendig   ....
2. Peter hat den Auftrag   ....
3. mir wurde verboten   ....
4. ich habe heute die Gelegenheit   ....
5. sie beherrscht   ....
6. die Regierung hat die Absicht   ....
7. würden Sie mir erlauben   ....
8. jemand hat keine Sympathie für   ....
9. es ist nicht erforderlich   ....
10. man hat die Pflicht   ....
11. es ist nicht notwendig   ....

7. Erklären Sie die Bedeutung der Sätze und setzen Sie sie in die Vergangenheit.

0. Du sollst unbedingt Frau Schneeweis zurückrufen.   *(Auftrag)*
   Du **solltest** unbedingt Frau Schneeweis **zurückrufen**.
   Er soll die Firma um viel Geld betrügen.   *(Weitergabe eines Gerüchts)*
   *Er **soll** die Firma um viel Geld **betrogen haben**.*

1. Fritzchen darf jeden Abend bis 22.00 Uhr fernsehen.   ....
   ....

Kapitel 3–C   *Vermutungen und Empfehlungen*

   2. Diese Angaben dürften nicht stimmen. ....
....

   3. Er muss noch viel lernen. ....
....

   4. Er muss sich irren. ....
....

   5. Sie will diesen Fehler nicht noch einmal machen. ....
....

   6. Sie will eine schlechte Lügnerin sein. ....
....

   7. Sie kann diese schwierigen Aufgaben ohne Probleme lösen. ....
....

   8. In diesem Fall können Sie Recht haben. ....
....

8. Formen Sie die Sätze so um, dass Sie ein Modalverb verwenden.
   0. <u>Es ist uns nicht gestattet</u>, vertrauliche Informationen weiterzugeben.
       Wir dürfen keine vertraulichen Informationen weitergeben.
   1. <u>Es war notwendig</u>, dass der Betrieb umstrukturiert wurde.
....

   2. Die Stadt <u>beabsichtigt</u>, die alte Kirche abzureißen.
....

   3. Es ist <u>mit Sicherheit anzunehmen</u>, dass der Beschluss Proteste hervorruft.
....

   4. Eine Wiederholung der Aufgaben <u>ist nicht notwendig</u>.
....

   5. <u>Wahrscheinlich</u> wurde das Bild gestohlen.
....

   6. Die Leuchtkraft der Farben des Originals <u>ist nicht zu</u> beschreiben.
....

   7. <u>Es wird empfohlen</u>, in den Räumen eine Schutzkleidung zu tragen.
....

   8. <u>Er hatte den Auftrag</u>, die neuen Produkte vorzustellen.
....

   9. <u>Es wäre besser gewesen</u>, wenn du auf seinen Rat gehört hättest.
....

  10. Sie hat es <u>zweifellos</u> mal wieder verschlafen.
....

  11. <u>Würden Sie mir erlauben</u> Ihr Telefon zu benutzen?
....

Vermutungen und Empfehlungen   *Kapitel 3–C*

12. <u>Angeblich hat er</u> den Kunden rechtzeitig benachrichtigt.
    ....

13. <u>In der Zeitung stand</u>, dass die Benzinpreise im nächsten Monat wieder erhöht werden.
    ....

14. <u>Es ist nicht unwahrscheinlich</u>, dass es zwischen den zerstrittenen Parteien doch noch zu einer gütlichen Einigung kommt.
    ....

9. Formen Sie die Sätze um, indem Sie das Modalverb durch ein synonymes Verb ersetzen: *erlauben, berechtigt sein, bedürfen, übrig bleiben, raten, schätzen, benötigen, bitten, ausgeschlossen sein*

0. Er fährt schon so gut, er <u>kann nicht</u> durch die Fahrprüfung fallen.
   Es *ist ausgeschlossen*, dass er durch die Fahrprüfung fällt.
1. Der Mann <u>wird</u> 50 Jahre <u>alt sein</u>.
   Ich .... des Mannes .... 50 Jahre.
2. Ich <u>brauche</u> deine Hilfe nicht mehr.
   Ich .... deine Hilfe nicht mehr.
3. Wenn er seine Noten verbessern will, <u>muss</u> er sich viel mehr <u>anstrengen</u>.
   Eine Verbesserung seiner Noten .... größerer ....
4. Wir <u>dürfen</u> pro Jahr 10 Stipendien <u>vergeben</u>.
   Wir sind pro Jahr zur .... von 10 Stipendien ....
5. <u>Dürfte</u> ich mich setzen?
   .... Sie, dass ich mich setze?
6. Sie <u>sollen</u> noch heute Herrn Schneeweiß <u>zurückrufen</u>.
   Herr Schneeweiß .... Sie, ihn noch heute ....
7. Du <u>solltest</u> mit den gefährlichen Chemikalien viel <u>vorsichtiger umgehen</u>!
   Ich .... dir zur .... beim .... mit den gefährlichen Chemikalien.
8. Du <u>musst</u> die Strafe für das Falschparken bezahlen.
   Es .... dir nichts anderes ...., als die Strafe für das Falschparken zu bezahlen.

10. Formen Sie die Sätze so um, dass Sie kein Modalverb mehr verwenden.

0. Er <u>will</u> mich nicht gesehen haben.
   Er behauptet, dass er mich nicht gesehen hätte.
1. Er <u>will</u> dieses Jahr noch befördert werden.
   ....
2. Sie <u>muss</u> die Tiere täglich mit Wasser und Nahrung versorgen.
   ....
3. Diese Abrechnung <u>kann nicht</u> stimmen.
   ....
4. Es <u>soll</u> morgen schon wieder regnen!
   ....

Kapitel 3–C   *Vermutungen und Empfehlungen*

5. Er <u>dürfte</u> diese Nachricht noch nicht erhalten haben.
   ....

6. Der Chef <u>sollte</u> über den Vorfall informiert werden.
   ....

7. <u>Können</u> Sie den gesamten Betrag sofort und bar zahlen?
   ....

8. Nach langer Wartezeit <u>durften</u> sie endlich das Land verlassen.
   ....

Anmerkung:
Erkennen Sie einen stilistischen Unterschied zwischen den folgenden Sätzen?
a) Wir wollen dieses Jahr nach Spanien fahren.
b) Wir beabsichtigen, dieses Jahr nach Spanien zu fahren.
a) Hier darf man nicht rauchen.
b) Hier ist rauchen nicht gestattet.

Wenn man Modalverben in der Grundbedeutung durch synonyme Ausdrücke ersetzt, bekommt der Satz einen formalen, offiziellen Stil. Im privaten Sprachgebrauch würde man deshalb die Verwendung der Modalverben bevorzugen.

Im zweiten Beispiel würde man, wenn man jemanden persönlich anspricht, Satz a) verwenden. Auf einem Schild allerdings, das z. B. in einem Krankenhaus hängt, wäre *Rauchen nicht gestattet* oder *Rauchen verboten* zu lesen.

---

11. Bilden Sie Adjektive, die Möglichkeiten bzw. Nichtmöglichkeiten ausdrücken.

a) 0. Material, das leicht brennt   *leicht brennbares* Material
     1. Altstoffe, die wieder verwendet werden können .... Altstoffe
     2. Ziele, die erreicht werden können .... Ziele
     3. Gedanken, die man nachvollziehen kann .... Gedanken
     4. Kinder, die schwer zu erziehen sind .... Kinder
     5. ein Risiko, das vermieden werden kann .... Risiko
     6. Schwierigkeiten, die man vorhersehen kann .... Schwierigkeiten
     7. Zeichen, die der Computer erkennen kann .... Zeichen
     8. ein Auto, was ich nicht bezahlen kann .... Auto
     9. ein Vorschlag, den man nicht umsetzen kann .... Vorschlag
    10. ein Ton, den man kaum hören kann .... Ton

b) 0. Ich kann mir diesen Vorgang nicht erklären. Er ist mir *unerklärlich*.
     1. Diese Schrift kann kein Mensch lesen. Sie ist ....
     2. Sie war so schön, das kann man nicht beschreiben. Sie war .... schön.
     3. Er dachte, er würde niemals sterben. Er hielt sich für ....
     4. Das Bild verkaufe ich unter gar keinen Umständen. Es ist ....
     5. Dieser Beamte ließ sich für Gefälligkeiten Geld geben. Er war ....

6. Die getroffene Entscheidung kann ich nicht verstehen. Sie ist mir ....
7. Bei dem Geschäft kann man viel Geld verdienen. Es ist ein *ein..................* Geschäft.
8. Diesen Krach jede Nacht kann ich nicht mehr ertragen. Er ist mir ....

12. Lesen Sie zum Abschluss dieses Kapitels das folgende Gedicht von Friedrich Rückert.

Aus der Weisheit des Brahmanen

Sechs Wörter nehmen mich in Anspruch jeden Tag:
Ich soll, ich muss, ich kann, ich will, ich darf, ich mag.

Ich soll, ist das Gesetz, von Gott ins Herz geschrieben,
das Ziel, nach welchem ich bin von mir selbst getrieben.

Ich muss, das ist die Schranke, in welcher mich die Welt
Von einer, die Natur von andrer Seite hält.

Ich kann, das ist das Maß der mir verliehnen Kraft,
Der Tat, der Fertigkeit, der Kunst und Wissenschaft.

Ich will, die höchste Kron ist dieses, die mich schmückt,
Der Freiheit Siegel, das mein Geist sich aufgedrückt.

Ich darf, das ist zugleich die Inschrift bei dem Siegel,
Beim aufgetanen Tor der Freiheit auch ein Riegel.

Ich mag, das endlich ist, was zwischen allen schwimmt,
Ein Unbestimmtes, das der Augenblick bestimmt.

Ich soll, ich muss, ich kann, ich will, ich darf, ich mag,
Die sechse nehmen mich in Anspruch jeden Tag.

Nur wenn du stets mich lehrst, weiß ich, was jeden Tag
Ich soll, ich muss, ich kann, ich will, ich mag.

Friedrich Rückert (1788–1866)

Brahmane: indischer Priester
Kron = Krone

Kapitel 3 — Vermutungen und Empfehlungen
Teil D — *Themen für Vortrag und Aufsatz*

Positive Kommunikation

1. „Positive Kommunikation und Interaktion" werden in letzter Zeit immer häufiger als Wundermittel für Problemlösungen aller Art ins Gespräch gebracht. Erläutern Sie, was Sie darunter verstehen und in welchen Bereichen man damit Probleme lösen könnte.

Besprechungen

2. Berichten Sie über Besprechungen in Ihrem Betrieb/Ihrer Institution und machen Sie Vorschläge, wie man diese noch effektiver gestalten könnte.

Sollen und Leistung

3. Welche Rolle spielt das „Sollen" im Sinne von Auftrag in Ihrem Leben? Wollen Sie auch immer das tun, was Sie tun sollen? Erläutern Sie das anhand von Beispielen.
4. Welche Rolle spielt nach Ihrer Meinung das „Sollen" in der Erziehung? Sollte es bestimmte Dinge geben, die einfach angeordnet werden, oder sollte man auf das „Wollen" des Einzelnen mehr Rücksicht nehmen?
5. Sollten Ihrer Meinung nach bereits in der Grundschule Leistungen benotet werden? Auf welche Weise werden Leistungen in ihrem Land beurteilt? Haben Sie selbst Vorschläge für ein Beurteilungssystem?

Kapitel 4
Teil A

Gründe und Folgen
Texte und Textarbeit

I. Katz und Maus

1. Lesen Sie den folgenden Text.

Katz und Maus

Er pflegte dazustehen, bleich und starr, wie eine Bildsäule mit der Aufschrift „Der stille Vorwurf". Sie warf mit Blicken um sich, in denen geschrieben stand: „Habe ich das verdient?" Stumm sammelte das Ehepaar Kränkung auf Kränkung. Dann, kurz nach dem dritten Hochzeitstag, kam es zu einem großen Krach. Der Hausrat lag in Trümmern und das Paar im Krankenhaus. Die anschließende Scheidung war reine Routinesache. Trotzdem war es eine besondere Scheidung, denn das Scheitern dieser Ehe wurde von Wissenschaftlern vorher prognostiziert. Die Eheleute hatten sich vor einigen Jahren zusammen mit anderen frisch verheirateten Paaren dem amerikanischen Psychologen Dr. Gottman und seinem Team als Testgut anvertraut. Die Arbeitsgruppe versuchte in einem Doppeltest aus Rollenspiel und Fragen zu ermitteln, ob die Ehe die Kandidaten auf das Exerzierfeld der menschlichen Gemeinheiten führen wird oder ob vielleicht doch Hoffnung auf eine von Harmonie und Glück erfüllte Häuslichkeit besteht. Mit dieser Methode erreichten die Wissenschaftler immerhin eine Trefferquote von 93,6 Prozent. Das Fazit der Forscher ist allerdings ernüchternd:

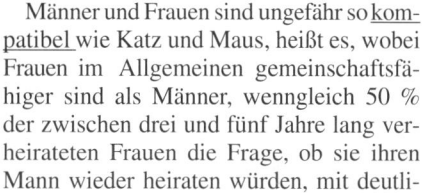

Männer und Frauen sind ungefähr so kompatibel wie Katz und Maus, heißt es, wobei Frauen im Allgemeinen gemeinschaftsfähiger sind als Männer, wenngleich 50 % der zwischen drei und fünf Jahre lang verheirateten Frauen die Frage, ob sie ihren Mann wieder heiraten würden, mit deutlicher Reserve beantworten. Männer hingegen neigen, nach Gottmans Langzeitstudie, im ehelichen Miteinander dazu, beschränkte Einsicht mit großem Widerspruchsgeist zu verbinden, und 65 % von ihnen scheinen eine stupende Unfähigkeit zu besitzen, sich des Hochzeitstages zu erinnern.

Verallgemeinernd kann man sagen, dass es angesichts der zwischen Männern und Frauen erheblich auseinander strebenden Erwartungen an eine eheliche Gemeinschaft und deren Bewältigung an ein Wunder grenzt, dass es nicht noch mehr Scheidungen gibt. Die besten Chancen auf eine dauerhafte Ehe, so der positive Ausblick, haben Paare, bei denen die Frau und der Mann früh genug begriffen haben, dass die Ehe nicht der Erfüllungsort romantischer Gefühle ist. Über Gelingen und Misslingen einer Ehe entscheidet nicht die Liebe, sondern der in die Beziehung investierte Pragmatismus.

Aus: Der SPIEGEL (gekürzt)

Kapitel 4–A *Gründe und Folgen*

2. Fassen Sie den Text mit eigenen Worten zusammen.

3. Beantworten Sie eine der folgenden Fragen.
   1. Welche Erwartungen stellen Sie an eine eheliche Gemeinschaft?
   2. Welche Eigenschaften sollte Ihr Partner unbedingt haben und welche nicht?
   3. In Deutschland wird inzwischen jede zweite Ehe geschieden. Welche Gründe könnte es Ihrer Meinung nach dafür geben?

4. Erklären Sie die Wörter nach ihrer Bedeutung im Text mit synonymen Wendungen.
   1. pflegte dazustehen   ....
   2. stumm   ....
   3. Kränkung   ....
   4. großer Krach   ....
   5. prognostiziert   ....
   6. Trefferquote   ....
   7. Fazit   ....
   8. ernüchternd   ....
   9. kompatibel   ....
   10. deutliche Reserve   ....
   11. beschränkte Einsicht   ....
   12. stupende Unfähigkeit   ....
   13. erheblich   ....

5. Ergänzen Sie die fehlenden Präpositionen und Fügewörter.
   1. Stumm sammelte das Ehepaar Kränkung .... Kränkung.
   2. Der Hausrat lag .... Trümmern und das Paar .... Krankenhaus.
   3. Die Arbeitsgruppe versuchte .... einem Test .... Rollenspiel und Fragen zu ermitteln, ob für die Kandidaten vielleicht doch Hoffnung .... eine .... Harmonie und Glück erfüllte Häuslichkeit besteht.
   4. Männer und Frauen sind ungefähr so kompatibel .... Katz und Maus, wobei Frauen .... Gottmans Langzeitstudie .... Allgemeinen gemeinschaftsfähiger sind .... Männer, die .... ehelichen Miteinander dazu neigen, beschränkte Einsicht .... großem Widerspruchsgeist zu verbinden.

6. Ergänzen Sie die fehlenden Verben.
   1. Er .... dazustehen wie eine Bildsäule mit der Aufschrift „Der stille Vorwurf". Sie .... mit Blicken um sich, in denen .... stand: „Habe ich das ....?"
   2. Die Eheleute hatten zusammen mit anderen frisch verheirateten Paaren dem amerikanischen Psychologen Dr. Gottman und seinem Team als Testgut ....
   3. Die besten Chancen auf eine dauerhafte Ehe haben Paare, bei denen die Frau und der Mann früh genug .... haben, dass die Ehe nicht der Erfüllungsort romantischer Gefühle ....

Gründe und Folgen *Kapitel 4–A*

7. Bilden Sie aus den vorgegebenen Wörtern Sätze.
1. Gefühle – Ehe – Erfüllungsort – romantisch – noch – viele – glauben

   ....
2. Harmonie – Glück – Hoffnung – sie – hegen

   ....
3. Männer – Frauen – Gemeinschaft – Erwartungen – erheblich – auseinander strebend – ehelich – haben

   ....

8. Suchen Sie Wörter/Wendungen mit antonymer Bedeutung.
1. heiraten ....
2. harmonische Beziehung ....
3. Erfüllung finden ....
4. sich einsam fühlen ....
5. von jemandem schwärmen ....
6. beschränkt ....

II. Kriminalität in Deutschland

1. Lesen Sie den folgenden Text.

Eine Welle der Kriminalität ist in den letzten Jahren über Deutschland hereingebrochen und seither noch nicht wieder abgeebbt. So könnte man die Zahlen der polizeilichen Kriminalstatistik interpretieren, die jährlich über die Kriminalitätsentwicklung Auskunft gibt. Die Statistik umfasst alle Straftaten, die der Polizei bekannt geworden sind, mit Ausnahme der Verkehrs- und Staatsschutzdelikte. Als Straftaten gelten **Verbrechen**, die mit wenigstens einjähriger Freiheitsstrafe bedroht sind, und **Vergehen**, für die kürzere Freiheitsstrafen oder Geldstrafen ausgesprochen werden können.

1996 z. B. wurden in Deutschland rund 6,65 Millionen kriminelle Handlungen registriert, davon 5,25 Millionen im alten Bundesgebiet (einschließlich Berlin), 1,39 Millionen in den fünf neuen Bundesländern. Die Verbrechensrate lag bundesweit bei 8 125 Straftaten je 100 000 Einwohner.

In den Bundesländern verzeichneten die Stadtstaaten die höchste Kriminalitätsbelastung: Berlin (17 122 Fälle je 100 000 Einwohner), Hamburg (15 938) und Bremen (14 910). Von den übrigen Bundesländern waren Brandenburg (11 697), Mecklenburg-Vorpommern (11 666) und Sachsen-Anhalt (11 155) – alles neue Bundesländer – am stärksten betroffen, am wenigsten Bayern (5 770) und Baden-Württemberg (5 718).

Kapitel 4–A   *Gründe und Folgen*

> Das Schwergewicht des kriminellen Geschehens lag unverändert bei den **Eigentumsdelikten**:
> In drei von fünf Fällen handelt es sich um einen Diebstahl, und zwar meist um einen Diebstahl „rund ums Kraftfahrzeug" oder um einen Kaufhaus- oder Ladendiebstahl.
> Weitere 13 % aller Straftaten entfielen auf Vermögens- und Fälschungsdelikte wie Betrug, Veruntreuung oder Unterschlagung.
> Die in der Gesellschaft geltenden Leitwerte – Besitz, Verbrauch und Mobilität – prägen also in hohem Maße auch das Erscheinungsbild kriminellen Handelns.
> Ein erschreckendes Ausmaß erreichte daneben die **Gewaltkriminalität**. Die Neigung, Gewalt anzuwenden oder sich gewalttätig abzureagieren, ist heute weit stärker ausgeprägt als früher.
> 1996 fielen Gewaltdelikten mehr als 200 000 Menschen zum Opfer, darunter 101 900 Fälle von schwerer Körperverletzung, 67 600 Raubdelikte, 6 200 Vergewaltigungen und 3 500 Fälle von Mord oder Totschlag.
> Die Ermittlungen der Polizei richteten sich gegen 2,21 Millionen Tatverdächtige, darunter allein 131 000 Kinder im Alter von unter 14 Jahren (diese Zahl ist um die Hälfte höher als noch zu Beginn der 90er Jahre). Aufgeklärt wurden 1996 rund 3,26 Millionen Fälle. Die Aufklärungsquote verbesserte sich dadurch auf 49 % der registrierten Straftaten.

Aus: Zahlenbilder, Erich Schmidt Verlag

2. Ergänzen Sie die fehlenden Verben.
    1. Allein 131 000 Kinder .... 1996 eine Straftat.
    2. Die Polizei bemüht sich, die Verbrechen ....
    3. Rund 200 000 Menschen .... Gewaltverbrechen zum Opfer.
    4. Die Ermittlungen .... sich gegen rund 2 Millionen Tatverdächtige.
    5. Die Kriminalität unter Jugendlichen .... ein erschreckendes Ausmaß.
    6. Die höchste Kriminalitätsbelastung .... Berlin, ... von Hamburg und Bremen.
    7. Vergehen sind Straftaten, für die kürzere Freiheitsstrafen oder Geldstrafen .... werden können.
    8. Die in den letzten Jahren über Deutschland hereingebrochene Kriminalitätswelle ist seitdem nicht mehr ....

3. Beantworten Sie (wenn Sie möchten) eine der folgenden Fragen?
    Wie hoch ist die Kriminalitätsbelastung in Ihrem Heimatland?
    Waren Sie schon einmal Opfer einer kriminellen Handlung?

4. Nehmen Sie zu der folgenden in der „Hannoverschen Allgemeinen Zeitung" erschienenen Meldung Stellung.
    „Wie in vielen Städten hat auch in Berlin die Kriminalität dramatisch zugenommen. Politik und Polizei reagieren darauf mit der Strategie „Null Toleranz", die seit einigen Jahren in New York erfolgreich praktiziert wird.
    Das heißt, in Zukunft werden auch geringfügige Verstöße wie z. B. das Sprühen von Graffitis oder Schwarzfahren nicht mehr geduldet. Außerdem soll eine stärkere Polizeipräsenz für mehr Ordnung sorgen."

Gründe und Folgen   Kapitel 4–A

5. Ergänzen Sie die Verben: *entwenden – überführen – verhören – verdächtigen – gestehen – erheben – anzeigen* in der richtigen Form.
   1. Der Verdächtige Peter M. wurde von der Polizei stundenlang ....
   2. Seine Nachbarin hatte ihn bei der Polizei ...., weil sie ihn ...., bei ihr nachts eingebrochen und ihren wertvollen Schmuck .... zu haben.
   3. Während des Verhörs .... Peter M. die Tat und konnte so des Einbruchs und Diebstahls .... werden.
   4. Die Staatsanwaltschaft .... gegen Peter M. Anklage.

6. Aus dem Gerichtssaal
   Ergänzen Sie die Verben: *einlegen – bezeugen – ausräumen – verkünden – tagen – überführen – stehlen – anklagen – nennen – verweigern – haben – erhärten – treten – aussagen – stehen* in der richtigen Form.
   0. Gestern *stand* der 35-jährige Buchhalter August M. vor Gericht.
   1. August M. wurde des schweren Betrugs ....
   2. Verhandlungsgegenstand waren unter anderem 3 Millionen Mark, die der Angeklagte aus der Firmenkasse .... haben soll.
   3. Das Gericht bat den 35-Jährigen, den Aufbewahrungsort des Geldes zu ....
   4. August M. sagte dazu nichts. Er .... die Aussage.
   5. Kollegen .... in dem Prozess als Zeugen auf. Sie ...., dass August M. Abrechnungen gefälscht habe.
   6. Dadurch .... sich der Verdacht.
   7. Die Verteidigung konnte mit ihrer Strategie die Verdachtsmomente nicht ....
   8. Sie .... am Ende der Verhandlung aufgrund der erdrückenden Beweislast keine Einwände mehr.
   9. Nachdem insgesamt 10 Mitarbeiter vor Gericht ...., konnte der Beschuldigte des schweren Betruges .... werden.
   10. Das Gericht .... nach Abschluss der Verhandlung ca. 1 Stunde und .... anschließend ein mildes Urteil: 10 Monate auf Bewährung und die Rückerstattung der 3 Millionen Mark.
   11. Die Staatsanwaltschaft wird gegen dieses Urteil Berufung ....

7. Suchen Sie Wörter/Wendungen mit antonymer Bedeutung.
   1. Täter   ....
   2. Der Angeklagte <u>leugnet</u> die Tat.   ....
   3. Verbrechen <u>bekämpfen</u>   ....
   4. Der Angeklagte wurde <u>verurteilt</u>.   ....
   5. Der Täter <u>ging</u> der Polizei <u>ins Netz</u>.   ....

8. Ordnen Sie die Adjektive und Partizipien: *schwer – mild – erdrückend – erbeutet – sich erhärtend – aufgeklärt – siegreich – mutmaßlich – überführt – hoch – gepeinigt* den passenden Substantiven zu.

   0. Opfer (Pl)   *gepeinigte Opfer*
   1. Täter
   2. Verteidigung
   3. Kriminalitätsrate
   4. Betrug
   5. Beweislast
   6. Verdachtsmomente
   7. Urteil
   8. Bankräuber
   9. Geld
   10. Verbrechen

9. Erläutern Sie die Statistik.

III. Unternehmenserfolg

1. Lesen Sie den folgenden Text.

Aldi: Vom Billigladen zum Kultobjekt

Klappern gehört zum Handwerk, sagen sich viele Essener Unternehmen und zeigen dies auch gerne im öffentlichen Telefonbuch. Großformatige Einträge sind die Regel. Anders die *Aldi GmbH & Co. KG*. Der Zentrale des wohl umsatzstärksten Lebensmittel-Discounters der Welt genügt wie jedem x-beliebigen Bürger eine einzige Zeile in unauffälliger Normalschrift. Fett gedruckt kostet extra und dafür gibt *Aldi* kein Geld aus.

Eine Randnotiz, die beispielhaft steht für die Sparphilosophie eines Unternehmens, von dem man bislang nicht viel wusste: keine Bilanzen, keine Pressekonferenzen, keine Image-Anzeigen und erst recht keine medienwirksamen Auftritte der Chefs. Dieser *Aldi*-typische Minimalismus, der Versuch, sich auf Preis und Qualität zu konzentrieren – scheint anzukommen. Neben den treuen Stammkunden, die sparen müssen, kommen durchaus auch solche, die sparen wollen. Einkaufen bei Aldi scheint sogar regelrecht „trendy" geworden zu sein, denn so mancher, der früher um die Läden mit der kargen Einrichtung einen Bogen machte, serviert heute auf seiner Party selbstbewusst *Aldi*-Champagner (knapp 16 Mark die Flasche). Inzwischen trägt man T-Shirts mit dem *Aldi*-Logo, es gibt *Aldi*-Fanklubs und ein *Aldi*-Kochbuch („Aldidente"). Und dass *Aldi* trotz vergleichsweise niedriger Preise gute Qualität bietet, ist mehr als eine geschickte Werbelegende. Immer wieder schneiden *Aldi*-Produkte bei den Tests der „Stiftung Warentest" gut bis sehr gut ab.

Was ist nun – neben den Preisen – das Erfolgsrezept der *Aldi*-Gründer Theo und Karl Albrecht, die 1997 mit einem Jahresumsatz von rund 34 Milliarden Mark andere weit hinter sich ließen und einen in der Branche geradezu sensationell hohen Gewinn von drei Prozent des Umsatzes erzielten?

Das Geheimnis, so schreibt Dieter Brandes in seinem Buch „Konsequent einfach" über den Erfolg des Unternehmens, ist die Orientierung an den Wünschen des Kunden. Staunend stellte vor Jahren ein unerkannt recherchierender „Stern"-Reporter fest, dass Aldi nicht nur anstandslos einen Beutel Orangen zurücknahm, obwohl nur eine einzige Frucht Schimmelbefall zeigte. Es gab noch eine Packung Kaffee im fünffachen Wert der Orangen als Entschuldigung dazu.

Eine weitere Stärke ist die konsequent einfache Organisation: Klare Verantwortlichkeiten statt Managementstellen-Inflation; delegieren und dezentralisieren statt Geld für teure Wasserkopf-Verwaltungen; Neues einfach ausprobieren statt endlose

Kapitel 4–A *Gründe und Folgen*

> Strategie-Debatten führen; simple Lösungen finden statt Kreativität mit Zahlen-Kolonnen ersticken; Bescheidenheit auch in der Chefetage statt Skandale und Wichtigtuerei. Wenn *Aldi* all dies weiter <u>beherzigt</u>, braucht das Unternehmen sich auch in Zukunft vor <u>ehrgeizigen</u> Konkurrenten nicht zu fürchten.

Aus: Neue Ruhr Zeitung (NRZ)

2. Fassen Sie den Text mit eigenen Worten zusammen.

3. Beantworten Sie die folgende Frage.

Gibt es in Ihrem Heimatland ein Unternehmen, das auf ähnliche Weise wie Aldi erfolgreich ist? Berichten Sie darüber.

4. Erklären Sie die Wörter nach ihrer Bedeutung im Text mit synonymen Wendungen.

1. <u>Klappern gehört zum Handwerk</u> ....
2. (beim Kunden) <u>ankommen</u> ....
3. <u>karge</u> Einrichtungen ....
4. <u>einen Bogen um</u> (die Läden) <u>machen</u> ....
5. <u>knapp</u> 16 Mark ....
6. <u>anstandslos</u> zurücknehmen ....
7. <u>Wasserkopf</u>-Verwaltungen ....
8. <u>beherzigt</u> ....
9. <u>ehrgeizige</u> Konkurrenten ....

5. Ergänzen Sie die fehlenden Präpositionen.

1. Eine Randnotiz, die beispielhaft steht .... die Sparphilosophie eines Unternehmens, ... dem man bislang nicht viel wusste.
2. Einkaufen .... Aldi scheint sogar regelrecht „trendy" geworden zu sein, denn so mancher, der früher .... die Läden .... der kargen Einrichtung einen Bogen machte, serviert heute .... seiner Party selbstbewusst *Aldi*-Champagner.

6. Ergänzen Sie die fehlenden Verben.

1. Klappern .... zum Handwerk
2. Der Zentrale des Lebensmittel-Discounters .... eine einzige Zeile in unauffälliger Normalschrift.
3. Dass *Aldi* trotz vergleichsweise niedriger Preise gute Qualität ...., ist mehr als eine geschickte Werbelegende.
4. Immer wieder .... *Aldi*-Produkte bei Tests gut bis sehr gut ab.
5. Was ist nun das Erfolgsrezept der *Aldi*-Gründer, die mit einem Jahresumsatz von rund 34 Milliarden Mark andere weit hinter sich .... und einen sensationell hohen Gewinn von drei Prozent des Umsatzes ....?
6. Wenn *Aldi* all dies weiter ...., braucht das Unternehmen sich auch in Zukunft vor ehrgeizigen Konkurrenten nicht zu ....

Gründe und Folgen *Kapitel 4–A*

7. Finden Sie Antonyme.
1. <u>knapp</u> 16 Mark ....
2. ein <u>ehrgeiziger</u> Mensch ....
3. <u>selbstbewusste</u> Kunden ....
4. ein hoher <u>Gewinn</u> ....
5. Geld <u>sparen</u> ....
6. einen Rat <u>beherzigen</u> ....
7. ein <u>karg</u> eingerichtetes Geschäft ....

8. Bilden Sie aus den vorgegebenen Wörtern Sätze.
1. Qualität und Preis – Produkte – Konzentration – Publikum – Management – ankommen – scheinen
   ....
2. Erfolg – Grund – Orientierung – Wünsche – Kunde – sein
   ....
3. Jahresumsatz – 34 Milliarden Mark – Unternehmen – Branche – Gewinne – hoch – erzielen – sehr
   ....

IV. Koedukation

1. Lesen Sie den folgenden Text.

Ende der Koedukation?

Nachdem <u>sich</u> in den 70er Jahren der gemeinsame Unterricht von Jungen und Mädchen (Koedukation) an den deutschen Schulen <u>durchgesetzt</u> hat, ist die Koedukation jetzt, ein Viertel Jahrhundert später, in die Kritik geraten.

Untersuchungen an den Schulen haben ergeben, dass die Mädchen <u>unterm Strich</u> die Verliererinnen des gemeinsamen Unterrichts sind. Weil sie z. B. in den naturwissenschaftlichen Fächern seltener <u>zu Wort kommen</u> oder häufiger unterbrochen werden als ihre männlichen Mitschüler, verlieren Mädchen früh das Interesse und das Selbstbewusstsein. Die Folgen liegen auf der Hand: nur wenige

Kapitel 4–A *Gründe und Folgen*

> Mädchen ergreifen später einen der zukunftsträchtigen Berufe in Bereichen der Informatik, Mathematik oder Physik.
>
> In der Zwischenzeit geben einige Schulen in einzelnen Fächern aus pädagogischen Gründen nach Geschlechtern getrennten Unterricht. Schleswig-Holstein war 1990 das erste Bundesland, das diese Geschlechtertrennung gesetzlich ermöglichte, andere Bundesländer folgten diesem Beispiel. Die Ergebnisse des zeitweise getrennten Unterrichts sind erstaunlich: Die Mädchen wurden selbstbewusster und beteiligten sich stärker am Unterricht, die Jungen arbeiteten sachorientierter und ruhiger. Außerdem kam es zu deutlich weniger Gewalttätigkeiten. Eine Ursache der Probleme des gemeinsamen Unterrichts ist das klassische Rollenverhalten, bei dem zu beobachten ist, dass sich Jungen öfter in den Mittelpunkt spielen und in Imponiergebärden verfallen, während die Mädchen sich eher zurücknehmen.
>
> Die Debatte über getrennten oder gemeinsamen Unterricht wird nicht nur in Deutschland und nicht nur an Schulen geführt. In Norwegen und Schweden z. B. laufen ähnliche Diskussionen, ebenfalls an den Hochschulen. Nach dem Vorbild der amerikanischen *Women's Colleges* wird in Bonn die erste Frauenuniversität geplant. Ayla Neusel, Professorin für Hochschulforschung an der Gesamthochschule Kassel, hat ihr Fazit bereits gezogen: „Die Frauenuniversität ist ein unbescheidenes Resümee aus den Erfahrungen mit unzähligen Reparaturversuchen an der bestehenden Hochschule."

2. Fassen Sie den Text mit eigenen Worten zusammen.

3. Beantworten Sie eine der folgenden Fragen.
   1. Wie beurteilen Sie die im Text beschriebenen Erfahrungen in Deutschland?
   2. Welche Vorschläge würden Sie unterbreiten, wenn Sie ein Unterrichtskonzept vorlegen müssten, das beiden Geschlechtern gerecht wird. Begründen Sie Ihre Vorschläge.

4. Erklären Sie die Wörter nach ihrer Bedeutung im Text mit synonymen Wendungen.
   1. sich durchsetzen   ....
   2. unterm Strich   ....
   3. zu Wort kommen   ....
   4. ein zukunftsträchtiger Beruf ....
   5. sich zurücknehmen   ....

5. Ergänzen Sie die fehlenden Präpositionen.
   1. Untersuchungen .... den Schulen haben ergeben, dass die Mädchen .... Strich die Verliererinnen des gemeinsamen Unterrichts sind.
   2. Weil sie z. B. .... den naturwissenschaftlichen Fächern seltener .... Wort kommen als ihre männlichen Mitschüler, verlieren Mädchen früh das Interesse .... Fach.
   3. .... der Zwischenzeit geben einige Schulen .... einzelnen Fächern .... pädagogischen Gründen .... Geschlechtern getrennten Unterricht.
   4. Die Debatte .... getrennten oder gemeinsamen Unterricht wird nicht nur .... Deutschland und nicht nur .... Schulen geführt.

Gründe und Folgen *Kapitel 4–A*

    5. .... Norwegen und Schweden z. B. laufen ähnliche Diskussionen, ebenfalls .... den Hochschulen.
    6. .... dem Vorbild der amerikanischen *Women's Colleges* wird .... Bonn die erste Frauenuniversität geplant.

6. Ergänzen Sie die fehlenden Verben.
    1. Nachdem sich in den 70er Jahren der gemeinsame Unterricht von Jungen und Mädchen an den deutschen Schulen .... hat, ist die Koedukation jetzt in die Kritik ....
    2. Die Folgen .... auf der Hand: nur wenige Mädchen .... später einen der zukunftsträchtigen Berufe in Bereichen der Informatik, Mathematik oder Physik.
    3. Schleswig-Holstein war 1990 das erste Bundesland, das diese Geschlechtertrennung gesetzlich ...., andere Bundesländer .... diesem Beispiel.
    4. Eine Ursache der Probleme des gemeinsamen Unterrichts ist das klassische Rollenverhalten, bei dem zu .... ist, dass sich Jungen deutlicher in den Mittelpunkt .... und in Imponiergebärden ....

7. Ergänzen Sie die fehlenden Verben (frei).
    1. Ende der 60er Jahre wurden auch Mädchen in Jungenschulen ....
    2. Man sollte die Klassen nicht nach Geschlechtern ....
    3. Früher wurden Mädchen zur höheren Töchterschule ....
    4. Die Koedukation hat sich als Bumerang ....
    5. Eine Säule der Erziehung ist ins Wanken ....
    6. Die Menschheit .... nun einmal aus zwei Geschlechtern. Sollten sie daher nicht gemeinsam .... werden?
    7. Das .... jedoch großes pädagogisches Geschick.

8. Finden Sie Antonyme.
    1. Sie unterrichten Jungen und Mädchen nicht <u>gemeinsam</u>, sondern ....
    2. Das hat <u>Nachteile</u>, aber auch ....
    3. Die Koedukation sollte nicht <u>abgeschafft</u>, sondern .... werden.
    4. Das wäre kein <u>Fortschritt</u>, sondern ein ....
    5. Er ist kein <u>Gegner</u>, sondern ein .... dieser Forderung.
    6. Das Selbstbewusstsein soll nicht <u>geschwächt</u> werden, sondern ....

9. Bilden Sie aus den vorgegebenen Wörtern Sätze.
    1. Mädchen – Erziehung – nicht – benachteiligen – sollten
       ....
    2. Frauenuniversitäten – größer, Beliebtheit – immer – erfreuen
       ....
    3. Geschlechtertrennung – Fächer – Leistung – Schüler – einige – können – stimulieren
       ....

Kapitel 4   **Gründe und Folgen**
Teil B   *Hinweise zu Grammatik und Prüfungsaufgaben*

1. Präpositionen und Konjunktionen

Präpositionen	*Konjunktionen*
Angaben des Grundes (Kausalangaben)	
wegen (G) *seines Fleißes*	weil (Nebensatz) *Weil er fleißig **war**, ...*
aufgrund (G) *plötzlicher Veränderungen*	da (Nebensatz)
infolge (G) *verheerender Stürme*	denn (Hauptsatz) *..., denn er **war** fleißig.*
dank (G) *seiner Hilfe*	
aus (D) *Mitleid*	
vor (D) *Freude*	
anlässlich (G)/zu (D) *unserer Hochzeit*	
Angaben der Folge (Konsekutivangaben)	
	weshalb/weswegen (Nebensatz)
	warum (Nebensatz)
	so dass (Nebensatz)
	deswegen/deshalb (Hauptsatz)
	*..., deshalb **bestand** er die Prüfung.*
	darum (Hauptsatz)
	infolgedessen/folglich (Hauptsatz)
Angaben einer Bedingung (Konditionalangaben)	
bei (D) *schlechtem Wetter*	wenn (Nebensatz)
unter (D) *diesen Bedingungen*	falls (Nebensatz)
nur bei (D) *einer Änderung*	sofern (Nebensatz)
im Falle (G) *einer Verspätung*	
ohne (A) *Fleiß*	wenn ... nicht + Konjunktiv
Angaben der Einschränkung (Konzessivangaben)	
trotz (G) *aller Schwierigkeiten*	obwohl/obgleich/obschon (Nebensatz)
ungeachtet (G) *seiner Fehler*	trotzdem (Hauptsatz)
zwar ... aber (Hauptsatz/Hauptsatz)	
<u>Gegensätze:</u>	
im Unterschied zu (D)	während (Nebensatz)

Gründe und Folgen *Kapitel 4–B*

Angaben der Absicht/des Ziels (Finalangaben)

zu (D) *(zum) Öffnen des Fensters*
für (A) *ein besseres Verständnis*
zwecks (G) *Fehlerverbesserung*

damit (Nebensatz)
um ... zu (Infinitivkonstruktion)
Um seine Fehler zu verbessern, ...

Angaben der Art und Weise (Modalangaben)

nach (D) *Aussage des Ministers*
laut (G) *den Bestimmungen*
Mittel/Weg:
durch (A) *Austausch der Teile*
mit (D) *einem Schraubenzieher*
Fehlender Umstand:
ohne (A) *gültige Dokumente*
statt/anstatt (G) *ihres Koffers*

wie (Nebensatz)
so weit/so viel (Nebensatz)

indem (Nebensatz)
dadurch, dass ... (Nebensatz)

ohne ... zu (Infinitivkonstruktion)
statt/anstatt dass (Nebensatz)
statt/anstatt ... zu (Infinitivkonstruktion)

---

2. Schritte für Umformungen von Präpositionalgruppen in Nebensätze (wie in Kapitel 1)

Umzuformende Sätze:
a) *Wegen des schlechten Wetters* kam es zu mehreren Verkehrsunfällen.
b) *Trotz mangelnden Fleißes* bestand sie die Prüfung.
c) *Durch ständiges Wiederholen der Vokabeln* festigt sich der Wortschatz.

1. Suchen Sie für die präpositionalen Wendungen die entsprechenden Konjunktionen, die einen Nebensatz einleiten:

    wegen – *weil;* trotz – *obwohl;* durch – *indem*

2. Finden Sie ein Verb, das zu dem Substantiv passt, oder formen Sie das Substantiv in ein Verb um: *Wetter – Wetter sein (war)*
    Fleiß – fleißig sein (war)
    das Wiederholen – wiederholen

3. Finden Sie ein Subjekt: *a) Wetter*
    b) sie (aus dem Hauptsatz)
    c) das unpersönliche **man**

4. Formen Sie aus Konjunktion, Verb und Subjekt den Nebensatz. Passen Sie die anderen Wörter der Satzstruktur an.

Umgeformte Sätze:
a) *Weil schlechtes Wetter war,* kam es zu mehreren Verkehrsunfällen.
b) *Obwohl sie nicht fleißig war,* bestand sie die Prüfung.
c) *Indem man Vokabeln ständig wiederholt,* festigt sich der Wortschatz.

3. Schritte für Umformungen von Präpositionalgruppen in teilweise vorgegebene Strukturen

---

Beispiel 1

Umzuformender Satz:
Zu ihrem 50. Geburtstag gratulierte ihr die ganze Belegschaft.
Vorgegebene Struktur:
..., wurde .... beglückwünscht.

– Achten Sie auf die in der Struktur vorgegebenen Verben. Manchmal ändert sich der Fall: *gratulieren – Dativ, beglückwünschen – Akkusativ.*
Ist eine Passivstruktur vorgegeben, wird das Subjekt mit *von* oder *durch* in den Satz eingefügt: *die ganze Belegschaft – von der ganzen Belegschaft.*

Umgeformter Satz:
Weil sie ihren 50. Geburtstag feierte, wurde *sie von der ganzen Belegschaft* beglückwünscht.

Beispiel 2

Umzuformender Satz:
Dank der sofortigen Hilfe der Rettungsmannschaften konnte das Ausmaß der Katastrophe begrenzt werden.
Vorgegebene Struktur:
... nicht sofort Hilfe ..., wäre das Ausmaß der Katastrophe ... .

Achten Sie auf :
– eventuell vorgegebene Konjunktivstrukturen: *(wäre)*
– Nomen-Verb-Verbindungen: *Hilfe leisten*

Umgeformter Satz:
Wenn die Rettungsmannschaften nicht sofort Hilfe geleistet hätten, wäre das Ausmaß der Katastrophe *noch größer geworden.*

Beispiel 3

Umzuformender Satz:
Trotz seiner schweren Krankheit ging er regelmäßig zur Arbeit.
Vorgegebene Struktur:
Er ..., ... ging er regelmäßig zur Arbeit.

Achten Sie auf vorgegebene Satzstrukturen. In diesem Fall leitet die Konjunktion nicht den umzuformenden Satz mit der Präpositionalgruppe ein, sondern den darauf folgenden Hauptsatz.

Umgeformter Satz:
Er *war sehr krank, trotzdem* ging er regelmäßig zur Arbeit.

Gründe und Folgen   *Kapitel 4–C*

Kapitel 4   **Gründe und Folgen**
Teil C   *Übungen*

1. Verbinden Sie die Sätze miteinander und verwenden Sie dabei Konjunktionen, die Nebensätze einleiten.

   0. Die japanische Delegation verspätete sich. Der Beginn der Konferenz wurde um zwei Stunden verschoben.
      Die japanische Delegation verspätete sich, weshalb der Beginn der Konferenz um zwei Stunden verschoben wurde.
   1. Sie war sehr warm angezogen. Sie fror.
      ....
   2. Bei dem Unfall gab es mehrere Verletzte. Das teilte die Polizei mit.
      ....
   3. Man muss auf die grüne Taste drücken. Dann lässt sich das Gerät anschalten.
      ....
   4. Die Ladenöffnungszeiten wurden verlängert. Jetzt kann man auch abends noch einkaufen.
      ....
   5. Er hatte die besten Abschlussnoten. Er ist noch immer arbeitslos.
      ....
   6. Sie hat zwei Töchter. Die eine ist klein und zierlich. Die andere ist groß und kräftig.
      ....
   7. Wir übernachteten im Auto. Wir wollten Geld sparen.
      ....
   8. Die Familie hat jahrelang keine Miete bezahlt. Die Wohnung wird jetzt zwangsgeräumt.
      ....
   9. Sie sollte Hausaufgaben machen. Sie hat die ganze Zeit ferngesehen.
      ....
   10. Wir haben die hohen Produktionskosten verringert. Jetzt geht es dem Betrieb wirtschaftlich wieder besser.
       ....
   11. Sie hatte die Prüfung mit sehr gut bestanden. Sie war mit sich selbst unzufrieden.
       ....
   12. Auf der Autobahn gab es einen schweren Unfall. Sie wurde für mehrere Stunden gesperrt.
       ....

2. Ergänzen Sie die fehlenden koordinierenden oder subordinierenden Konjunktionen.
   1. Sie lernt Deutsch, ... sie in Deutschland studieren will.
   2. Sie lernt Deutsch, ... sie es schon perfekt beherrscht.

Kapitel 4–C   *Gründe und Folgen*

    3. Sie lernt Deutsch, ... ihre Sprechfertigkeit .... verbessern.
    4. Sie lernt Deutsch, ... sie braucht es für ihren Beruf.
    5. Sie lernt Deutsch, ... ihre Briefe fehlerfreier werden.
    6. Sie will .... in Berlin .... in München studieren.
    7. Sie will nicht schreiben, ... sprechen lernen.
    8. Er will .... schreiben .... sprechen lernen.
    9. Sie spricht .... Spanisch .... Französisch, nur Englisch und Deutsch.
  10. .... sie aus der Schule ist, hat sie nicht mehr Deutsch gesprochen.
  11. .... man viel übt, lernt man schneller.
  12. .... mehr man übt, ... schneller lernt man.
  13. .... Sie sich für die Prüfung anmelden, sollten Sie eine Probeprüfung machen.
  14. Wie lange wird es dauern, ... er fehlerfrei spricht?
  15. .... sie ihr Abitur bestanden hatte, warf sie alle Schulbücher weg.

3. Formen Sie die unterstrichenen Satzteile so um, dass sie einen Nebensatz bilden.
    0. <u>Wegen aufkommenden Regens</u> wurde der Start verschoben.
       Weil Regen aufkam, wurde der Start verschoben.
       oder: *Der Start wurde verschoben, weil Regen aufkam.*

a)   Kausalangaben
    1. <u>Wegen ihrer Verschwendungssucht</u> geriet sie in große Geldprobleme.
       ....
    2. Er tat das alles nur <u>aus Liebe zu ihr</u>.
       ....
    3. Er bekam <u>zum bestandenen Abitur</u> einen neuen Computer.
       ....
    4. Es kam zu einem Freispruch <u>aufgrund mangelnder Beweise</u>.
       ....
    5. <u>Wegen seines gebrochenen Fußes</u> konnte er am Waldlauf nicht teilnehmen.
       ....

b)   Konditionalangaben
    1. <u>Bei stärkerem Druck</u> wäre die Anlage explodiert.
       ....
    2. <u>Im Falle eines Feueralarms</u> muss das gesamte Gebäude sofort geräumt werden.
       ....
    3. Wir erreichen das Ziel <u>nur bei Einhaltung der Vorgaben</u>.
       ....
    4. <u>Ohne hartes Training</u> wäre er nicht Olympiasieger geworden.
       ....
    5. <u>Nur bei Änderung des Vertrages</u> kommt es zu einer weiteren Zusammenarbeit.
       ....

Gründe und Folgen *Kapitel 4–C*

c) Konzessivangaben
1. Trotz seiner Abscheu gegen Gewalt sah er mit ihr einen Krimi.
   ....
2. Ungeachtet des Verbots betraten sie das abgesperrte Gelände.
   ....
3. Am Vormittag schien die Sonne, am Nachmittag regnete es in Strömen. *(adversativ)*
   ....
4. Trotz ihrer guten Spanischkenntnisse hatte sie Angst auf Spanisch zu telefonieren.
   ....
5. Ungeachtet der Vorschrift schnallt sie sich im Auto nicht an.
   ....

d) Finalangaben
1. Zur Verbesserung seiner Noten lernte er Tag und Nacht.
   ....
2. Mit dem Ziel einer Lohnerhöhung im öffentlichen Dienst um 5 % verhandelten die Gewerkschaftsführer zum dritten Mal mit der Regierung.
   ....
3. Sie fährt zur Erholung nach Griechenland.
   ....
4. Der Detektiv verlangte zwecks Ermittlung weiterer Zeugen bei der Staatsanwaltschaft Akteneinsicht.
   ....
5. Für eine einfachere Bedienung des Geräts wurde die Anleitung neu überarbeitet.
   ....

e) Modalangaben
1. Nach Angaben der Polizei gibt es keine weiteren Verdächtigen.
   ....
2. Laut Gesetz ist Stehlen verboten.
   ....
3. Meines Wissens ist die Arbeit an dem Projekt schon beendet.
   ....
4. Die Waren werden mit einer elektronischen Markierung vor Diebstahl geschützt.
   ....
5. Durch Verringerung der Temperatur kann der Vorgang unterbrochen werden.
   ....
6. Mit der Eingabe eines Passwortes kann man die gespeicherten Daten sichern.
   ....

Kapitel 4–C *Gründe und Folgen*

7. Die Eiskunstläuferin konnte <u>mit einer fehlerfreien Kür</u> die Meisterschaft gewinnen.
   ....

8. <u>Durch ständige Diäten</u> wird man nicht schlanker.
   ....

9. <u>Ohne genaue Landeskenntnisse</u> werden Sie sich dort nur schwer zurechtfinden.
   ....

10. Die Sitzung endete <u>ohne eine Lösung des Problems</u>.
    ....

4. Angaben, bei denen etwas Erwartetes nicht eintrifft: *weder – noch; nicht einmal; geschweige denn*

   Beispiele:
   Er hatte eine Zahnoperation. Jetzt kann er *weder* sprechen *noch* essen.
   Er hatte eine Zahnoperation. Jetzt kann er nicht essen, *nicht einmal* sprechen.
   Er hatte eine Zahnoperation. Jetzt kann er nicht sprechen, *geschweige denn* essen.
   (In den beiden letzten Sätzen wird betont, dass „essen" und „sprechen" unterschiedliche Schwierigkeitsgrade haben und dass das Subjekt auch die am ehesten erwartete Tätigkeit „sprechen" nicht bewältigen kann.)

   Differenzieren Sie die Aussagen durch *nicht einmal* oder *geschweige denn* wie im oben genannten Beispiel.

   1. Im Abspann des Films wurde weder der Titel noch der Autor des dem Film zu Grunde liegenden Romans genannt.
      ....

   2. Mit dieser schlechten Vorbereitung kommt der Schwimmer bei den Meisterschaften nicht in den Endlauf und nicht unter die ersten drei.
      ....

   3. Sie hinterließ ihren Schreibtisch weder sauber noch aufgeräumt.
      ....

   4. Sie hat momentan weder für mich noch für ihren Freund Zeit.
      ....

   5. Susanne kann Peter weder 1000 Euro noch 10 Euro borgen.
      ....

   6. Er hat mit Sicherheit kein großes Auto und auch keine Segeljacht.
      ....

5. Angaben mit sich widersprechenden Aussagen: *trotzdem – dennoch – dessen ungeachtet – ungeachtet der Tatsache – nichtsdestoweniger* (selten) – *nichtsdestotrotz* (selten)

   Beispiele:
   Sie fühlte sich krank, *trotzdem* kam sie mit ins Konzert.
   Es regnete in Strömen, *dessen ungeachtet* wurde das Spiel fortgesetzt.
   Er hatte keine Chance, *nichtsdestotrotz* versuchte er es erneut.

Gründe und Folgen *Kapitel 4–C*

Formen Sie die Konzessivsätze um und verwenden Sie die oben genannten koordinierenden Konjunktionen. Achten Sie auf den Satzbau.
1. Obwohl die Meteorologen vor einer Lawinengefahr warnten, machte sich eine Gruppe von Bergsteigern früh auf den Weg.
   ....
2. Obwohl sie den Film sehr spannend fand, schlief sie ein.
   ....
3. Obwohl sofort Maßnahmen ergriffen wurden, verbesserte sich die Lage nicht.
   ....
4. Obwohl an dem Zaun ein Verbotsschild befestigt war, betraten sie das Militärgelände.
   ....
5. Obwohl die Rettungsmannschaft sofort zur Stelle war, konnte sie keine Lebenden mehr bergen.
   ....
6. Obwohl er den Hauseingang die ganze Nacht überwachen sollte, fuhr er nach Hause, um sich umzuziehen.
   ....

6. Angaben einer Gegenbedingung: *es sei denn*

Beispiel:
Wenn wir nicht jeden Abend bis Mitternacht arbeiten, schaffen wir die Arbeit nicht bis zum Wochenende. *(Bedingung)*
Wir schaffen die Arbeit nicht bis zum Wochenende, *es sei denn*, wir arbeiten jeden Abend bis Mitternacht. (Nach *es sei denn* folgt die Bedingung, die die vorher angegebene Aussage widerruft.)

Formen Sie die Sätze um und verwenden Sie *es sei denn*.
1. Wenn du dich nicht ein bisschen beeilst, kommen wir mal wieder zu spät.
   ....
2. Wenn er sich nicht besser vorbereitet, wird er durch die Prüfung fallen.
   ....
3. Wenn sich das Wetter nicht noch ändert, wird das Openair-Konzert verschoben.
   ....
4. Wenn Herr Kunz seine Arbeitseinstellung nicht entscheidend verbessert, wird er entlassen.
   ....
5. Klaus kann uns nicht abholen. Sein Auto ist noch in der Werkstatt.
   ....
6. Wenn kein Wunder geschieht, kann den Opfern im Katastrophengebiet nicht mehr geholfen werden.
   ....

Kapitel 4–C   *Gründe und Folgen*

7. Angaben eines Gegensatzes: *während – wohingegen – jedoch – dagegen – im Gegensatz dazu – demgegenüber*

Beispiele:
Heike ist eine fleißige Schülerin, *während/wohingegen* ihr Bruder Heinz sehr faul ist. (*Nebensatz*)
Heike ist eine fleißige Schülerin, ihr Bruder Heinz *jedoch/dagegen* ist sehr faul. (*Hauptsatz*)
Heike ist eine fleißige Schülerin, *im Gegensatz dazu/demgegenüber* ist ihr Bruder Heinz sehr faul. (*Hauptsatz*)

Bilden Sie Sätze mit den oben genannten Konjunktionen.

1. Georg ist ein guter Tennisspieler. Sein Freund kann überhaupt nicht Tennis spielen.
   ....
2. Bei Herrn Meier haben die Abrechnungen immer gestimmt. Bei seinem Nachfolger treten immer wieder Fehler auf.
   ....
3. Früher schrieben viele Romanautoren ihre Bücher auf der Schreibmaschine. Heute schreiben sie sie auf dem Computer.
   ....
4. Noch vor zwei Jahren brauchte ich 20 Minuten mit dem Auto zur Arbeit. Heute stehe ich 40 Minuten im Stau und brauche eine Stunde.
   ....
5. Letztes Jahr war das Konzert der Popgruppe ausverkauft. Dieses Jahr war die Hälfte des Saales leer.
   ....
6. Er achtet auf das Geld und lebt sehr sparsam. Seine Frau kann an keinem Modegeschäft vorbeigehen.
   ....

8. Umformungen
Formen Sie die Sätze um. Achten Sie dabei auf die vorgegebenen Strukturen.

1. Zur besseren Wiederverwertung muss der Müll getrennt werden.
   ...., muss .... trennen.
2. Trotz des Wunsches nach Verbesserung der Umwelt wollen viele auf ein Auto nicht verzichten.
   Viele wünschen sich ...., wollen
   .... verzichten.
3. Mit der Einführung von Ökosteuern könnte man einen Teil der Unkosten finanzieren.
   Man könnte eine Finanzierung .... sichern,
   ....

92

Gründe und Folgen   *Kapitel 4–C*

    4. Die Verteuerung des Benzins wäre eine weitere Möglichkeit zur Finanzierung der Unkosten.
       .... den Benzinpreis ....,
könnte man eine weitere Möglichkeit schaffen, ...

    5. Bei geringerem Verkehrsaufkommen sinkt der Schadstoffausstoß.
       ...., kann man ....

    6. Wegen der Erwärmung der Erde steigt der Wasserspiegel.
       Es ist ein Anstieg des Wasserspiegels ....,
.... die Erde erwärmt sich.

    7. Aufgrund der Armut in den Dörfern suchen die Menschen ihr Glück in der Stadt.
       In den Dörfern .... große Armut,
.... die Menschen in die Stadt.

    8. Auf der einen Seite werden die Dörfer immer menschenleerer, auf der anderen Seite finden die Menschen in den Städten keine Wohnungen.
       .... die Dörfer immer menschenleerer werden,
.... die Menschen in den Städten Schwierigkeiten,
Wohnraum zu ....

9. Bilden Sie aus den vorgegeben Wörtern Sätze.

    0. Menschen – Umweltexperten – Wind – Warnungen – viele – schlagen
       Viele Menschen schlagen die Warnungen von Umweltexperten in den Wind.

    1. Einführung – Ökosteuern – Menschen – umweltbewusst, Handeln – erziehen – sollen
       ....

    2. Wissenschaftler – Hilfe – neu, Technologien – umweltfreundlich, Produkte – entwickeln
       ....

    3. stärker, Nutzung – Wind- und Sonnenenergie – Verbrauch – nicht erneuerbar, Ressourcen – senken – können (*Passiv*)
       ....

    4. Menschen – Notwendigkeit – Beitrag – Verbesserung – Umwelt – selbst – leisten – einsehen – müssen
       ....

    5. Wiederverwertung – Abfällen – Mittel – Bekämpfung – wachsend, Müllberge – sein
       ....

    6. Unterstützung – Landwirtschaft – Staat – viele Menschen – Verlassen/verlassen – Dörfer – hindern – können
       ....

Kapitel 4 — Gründe und Folgen
Teil D — *Themen für Vortrag und Aufsatz*

Ehe

1. Wie hoch ist die Scheidungsrate in Ihrem Land? Was gibt es Ihrer Meinung nach für Gründe für das Scheitern vieler Ehen? Welche Lösungen schlagen Sie vor?
2. Berichten Sie über Konventionen und Traditionen bei einer Eheschließung und der Ehe selbst in Ihrem Heimatland. Ist in Ihrem Heimatland eine Ehe ohne Trauschein möglich? Wie stehen Sie selbst dazu?

Gewalt und Kriminalität

3. „Es liegt an der fehlenden Konditionierung (Loben und Strafen), dass viele Länder große Probleme mit Jugendkriminalität haben. Eltern, Lehrer und Staat versagen." (Hans-Jürgen Eysenck, Professor für Psychologie)
Nehmen Sie Stellung zu diesem Zitat und erläutern Sie, was Ihrer Meinung nach Eltern, Lehrer und Staat tun können, um die Jugendkriminalität einzudämmen.
4. „Jugendliche Straftäter müssen sofort hart bestraft werden. Selbst vor Prügelstrafe würde ich nicht zurückschrecken, denn körperliche Bestrafung hinterlässt erfahrungsgemäß den stärksten Eindruck." (Hans-Jürgen Eysenck, Professor für Psychologie)
Nehmen Sie Stellung zu diesem Zitat und erörtern Sie, welche Bedeutung die Strafe in der Kindererziehung für Sie hat.
5. „Auge um Auge – Zahn um Zahn".
Nehmen Sie zu diesem Zitat aus der Bibel Stellung und belegen Sie Ihre Ausführungen anhand von Beispielen.

Unternehmenserfolg

6. Was müsste Ihrer Meinung nach ein Unternehmen berücksichtigen, wenn es erfolgreich sein will? Welche Faktoren sind für die erfolgreiche Zukunft eines Unternehmens ausschlaggebend? Begründen Sie Ihre Meinung.
7. Vergleichen Sie unternehmerische Strategien von früher und heute. Gibt es Unterschiede und/oder Gemeinsamkeiten? Erläutern Sie das anhand von Beispielen.

Schule und Ausbildung

8. Berichten Sie über das Schulsystem in Ihrem Heimatland. Welche Rolle spielt in Ihren Traditionen und für Sie selbst Koedukation?
9. Welche soziale Stellung haben Lehrer in Ihrem Heimatland? Welche Berufe haben ein höheres bzw. ein niedrigeres Ansehen? Begründen Sie Ihre Ausführungen.

Beschreibungen und Vergleiche *Kapitel 5–A*

Kapitel 5
Teil A

Beschreibungen und Vergleiche
Texte und Textarbeit

I. Eigenschaften und Verhaltensweisen

1. Lesen Sie den folgenden Text.

Krieg der Geschwister

Der eine, ein Mann von fanatischer Frömmigkeit, weihte sein Leben Gott und der Obrigkeit. Schon als Teenager <u>übte er sich in</u> Pflichtbewusstsein und Sittenstrenge. Nichts <u>lag ihm ferner</u> als Frivolität oder <u>ungezügelte</u> Lebensfreude. Der andere, ein Spötter und Freigeist, zeigte weder vor weltlichen noch vor geistigen Autoritäten Respekt. Elf Monate saß er in der Bastille, zeitlebens attackierte er mit Witz die katholische Kirche. Mit dem ungleichen Geschwisterpaar Armand und François Arouet, François wurde bekannt unter dem Schriftstellernamen Voltaire, beschäftigen sich Historiker und Psychologen seit mehr als zwei Jahrhunderten.

Frank Sulloway, Wissenschaftler am MIT (Massachusetts Institute of Technology), glaubt das Rätsel gelöst zu haben. Schon in der Kinderstube, heißt es, hätten sich die feindlichen Geschwister konsequent auseinander entwickelt. Im erbitterten, lebenslang fortgesetzten Widerstand gegen Armand, den Erstgeborenen, sei der kleine François nach und nach zu dem großen Voltaire herangereift.

Der Wissenschaftler untersuchte anhand von 10 000 Lebensläufen aus 500 Jahren den Einfluss des Ranges in der Geburtenfolge auf die Charakterentwicklung des Menschen. Nichts, so ist das eindeutige Ergebnis der Untersuchungen des <u>eingefleischten</u> Darwinisten, <u>prägt</u> den menschlichen Charakter ähnlich nachhaltig wie das stets von Rivalität bestimmte Verhältnis zu den eigenen Geschwistern.

Wie die Jungen im Tierreich, für die der Kampf um elterliche Fürsorge oft über Leben und Tod entscheidet, so streiten auch die Menschenkinder um die Gunst der Alten, wobei sich Erstgeborene und Nach- züglger unterschiedlicher Methoden bedienen. Erstgeborene entwickeln nach der Ankunft von Geschwistern, begünstigt durch den Altersvorsprung, ein autoritäres <u>Machtgehabe</u>. Da sie, einst im Alleinbesitz der Elternliebe, nun mit Jüngeren konkurrieren müssen, neigen sie zu Eifersucht, Rachegelüsten und plötzlichen Gewaltausbrü-

95

Kapitel 5–A *Beschreibungen und Vergleiche*

chen, entwickeln aber gleichzeitig Eigenschaften wie Disziplin und Verantwortungsbewusstsein.

Spät geborene müssen im Wettstreit um die Zuwendung der Eltern Talente entfalten, mit denen die älteren Geschwister bis dahin nicht <u>aufwarten</u> konnten. Das macht sie kreativ und geneigt, sich stets auf neue Experimente einzulassen. Dabei bleiben sie meist freundlich und friedlich, denn als die körperlich schwächsten in der Familie haben sie gelernt, gewaltsame Konfrontationen zu meiden. Sie ziehen Kompromisse vor und tendieren im Streit zum persönlichen Ausgleich. Andererseits entwickeln sie einen hoch empfindlichen Gerechtigkeitssinn, der sie leicht in die Rebellion treibt und zu sanften Widerständlern macht, die sich vor allem in der Politik nicht selten zwischen den Fronten wieder finden.

Ein Rüstungswettlauf der Evolution tobt also im Schoß der Familie und die jeweils angewandte Taktik im Geschwisterkampf modelliert und festigt das Persönlichkeitsprofil.

Aus: Der SPIEGEL (gekürzt)

2. Fassen Sie den Inhalt des Textes mit eigenen Worten zusammen.

3. Erklären Sie die Wörter nach ihrer Bedeutung im Text mit synonymen Wendungen.
    1. <u>übte sich in</u>   ....
    2. nichts <u>lag ihm ferner</u>   ....
    3. <u>ungezügelte</u> Lebensfreude ....
    4. <u>eingefleischter</u> Darwinist ....
    5. <u>prägt</u> den Charakter   ....
    6. <u>Machtgehabe</u>   ....
    7. mit etwas <u>aufwarten</u>   ....

4. Ergänzen Sie die fehlenden Präpositionen
    1. .... erbitterten, lebenslang fortgesetzten Widerstand .... Armand, den Erstgeborenen, sei der kleine François nach und nach .... dem großen Voltaire herangereift.
    2. Wie die Jungen .... Tierreich, ... die der Kampf .... elterliche Fürsorge oft .... Leben und Tod entscheidet, so streiten auch die Menschenkinder .... die Gunst der Alten, wobei sich Erstgeborene und Nachzügler unterschiedlicher Methoden bedienen.
    3. Sie ziehen Kompromisse vor und tendieren .... Streit .... persönlichen Ausgleich.

5. Ergänzen Sie die fehlenden Verben
    1. Schon als Teenager .... er sich in Pflichtbewusstsein und Sittenstrenge.
    2. Nichts .... ihm ferner als Frivolität oder ungezügelte Lebensfreude.
    3. Der andere, ein Spötter und Freigeist, ... weder vor weltlichen noch vor geistigen Autoritäten Respekt.
    4. Erstgeborene .... nach der Ankunft von Geschwistern ein autoritäres Machtgehabe.

Beschreibungen und Vergleiche   *Kapitel 5–A*

5. Da sie, einst im Alleinbesitz der Elternliebe, nun mit jüngeren .... müssen, ... sie zu Eifersucht und Rachegelüsten.

6. Ein Rüstungswettlauf der Evolution .... also im Schoß der Familie und die jeweils angewandte Taktik im Geschwisterkampf .... das Persönlichkeitsprofil.

Welche Eigenschaften verbessern die Einstellungschancen junger Volks- und Betriebswirte?

Eigenschaft	Wert
Teamfähigkeit/Kooperationsbereitschaft	87
Mobilität	62
Kontakt-/Kommunikationsfähigkeit	60
Analytische und konzeptionelle Fähigkeiten	51
Eigeninitiative	50
Einsatzbereitschaft/Engagement	46
Persönlichkeitsbild/Selbstdarstellung	46
Kreativität/Innovationsfähigkeit	42
Flexibilität	41
Soziale Kompetenz	37
Lern-/Leistungsorientierung	34
Unternehmerisches Denken	31
Sicheres Auftreten	25
Zielstrebigkeit	23

Quelle: Staufenbiehl-Studie, 1999, zit. nach: Die Zeit, 12.11.98

6. Nehmen Sie Stellung zum Fazit des Artikels:
„Ein Rüstungswettlauf der Evolution tobt im Schoß der Familie und die jeweils angewandte Taktik im Geschwisterkampf modelliert und festigt das Persönlichkeitsprofil."
Begründen Sie Ihre Meinung.

7. Wie beurteilen Sie das Ergebnis der nebenstehenden Umfrage unter 177 Unternehmen, die auf die Frage: „Welche Eigenschaften verbessern die Einstellungschancen junger Volks- und Betriebswirte?" antworteten?

8. Welche Eigenschaften sind in Ihrem Beruf wichtig? Begründen Sie Ihre Darlegungen.

9. Erklären Sie die folgenden Verhaltensweisen mit Ihren eigenen Worten.

Chef-Knigge:
Zehn Verhaltensweisen, die Mitarbeiter bei ihren Chefs besonders nerven:
1. Bevormundung   ....
2. Geheimniskrämerei   ....
3. Entscheidungsschwäche   ....
4. Unberechenbarkeit   ....
5. Sprunghaftigkeit   ....
6. Taube Ohren   ....
7. Innovationsscheue   ....
8. Misstrauen   ....
9. Besserwisserei   ....
10. Selbstbeweihräucherung   ....

Freiherr von Knigge (1752–1796) stellte eine Sammlung von Verhaltensweisen zusammen, die später zur Norm für gutes Benehmen wurden.

10. Nennen Sie positive Verhaltensweisen, die Ihrer Meinung nach einen guten Chef auszeichnen.

II. Antipathie

1. Lesen Sie den folgenden Text.

Wenn die Chemie nicht stimmt

Sie hatte ein schiefes Grinsen und Kuhaugen. Ihre Stimme war schrill, ihre Kleidung bunt. Sie kam aus der Provinz und demonstrierte jeden Tag voller Naivität ihr Glück, endlich bei einer richtigen Zeitung zu sein. Es <u>ging mir auf die Nerven</u>, wie sie telefonierte, wie sie dabei lachte und schwadronierte[1]. Ich mochte nicht, wie sie ihr Brötchen kaute und in ihre Unterlagen krümelte. Anderen machte das nichts aus, sie fanden die neue Kollegin sogar richtig nett. Aber für mich war ihre bloße Anwesenheit eine Attacke auf mein psychisches und physisches Wohlbefinden.

Spontane Abneigung trifft uns genau so unschuldig wie Liebe auf den ersten Blick. Der Krieg der Gefühle tobt an allen Plätzen, an denen zusammen gelebt und gearbeitet wird. Da fliegen unsichtbare Giftwölkchen durch Büros und ungreifbare Pfeile durch Flure und Kantinen, da erstickt imaginäres Reizgas Nachbarschaft und Familientreffen.

„Oft hassen wir an anderen, was wir an uns selbst nicht mögen", sagt Matthias Burisch vom Psychologischen Institut der Hamburger Universität. Wer sich mühevoll zusammenreißen muss, nicht in der eigenen Unordnung zu versinken, <u>verübelt</u> anderen ihre Nonchalance. Der Geizhals, der sich zwingt, über seinen Schatten zu springen und auch mal einen Kaffee <u>ausgibt</u>, verachtet grimmig, wenn andere ungeniert ihr Portemonnaie zuhalten.

Andere Gründe für kühle Zurückhaltung können in der Vergangenheit eines Menschen liegen. Maria, eine <u>gestandene</u> Werbefachfrau, die die Lehrerin ihrer Tochter zum Hausbesuch empfängt, erzählt: „Schon als die Frau in der Tür stand, hatte ich den Impuls, sie sofort wieder zuzuschlagen. Das war diese Sorte Frau, die ich noch nie <u>vertragen</u> konnte – dieser siegesgewisse, <u>selbstherrliche</u> Typ, der immer alles besser weiß." Ihre aufrechte Haltung und ihr <u>forscher</u> Blick erinnerten Maria an eine strenge, herrschsüchtige Lehrerin, unter der sie als Kind gelitten hatte. Und ihre Wut über Demütigungen und Verletzungen trafen ein ahnungsloses Opfer.

Ist der Hassprozess erst einmal entfacht, gibt es kaum noch ein Zurück zu fairem Umgang. Die Kommunikation ist massiv gestört, sinnvolle Zusammenarbeit blockiert.

Seitdem klar ist, dass Erregungszustände wie Liebe und Stress im Speichel, im Blut und im Schweiß nachweisbar sind, werden <u>Animositäten</u> zwischen Menschen gern mit chemischer Unverträglichkeit verglichen, mit Elementen, die sich je nach Beschaffenheit abstoßen, explodieren oder eine friedliche Verbindung miteinander eingehen.

„Die Auslöser für scheinbar unerklärliche Abneigung liegen meist in unseren Erinnerungen vergraben", sagt Dr. Eva Wodlarek. Wir übertragen einmal Empfundenes, Gehörtes, Gesehenes auf eine neue Person, ohne dass es uns bewusst ist. Ein Sprachfehler, der Körpergeruch, die Form der Ohren – Winzigkeiten, die etwas in uns ansprechen und die dazugehörigen <u>schlummernden</u> Gefühle aufwecken.

Das Bild „Die Chemie stimmt nicht" hilft zu umschreiben, dass da irgendetwas nicht gut läuft, ohne dass man es genau erklären könnte. Begegnungen dieser Art <u>lauern</u> jederzeit und überall.

Aus: Brigitte (gekürzt u. bearb.)

1 schwadronieren = wortreich prahlen

Beschreibungen und Vergleiche   Kapitel 5–A

2. Fassen Sie den Text mit eigenen Worten zusammen.

3. Beantworten Sie die folgenden Fragen.
Kann man Ihrer Meinung nach persönliche Antipathien bei sich selbst oder bei anderen beeinflussen? Wie gehen Sie selbst damit um? Begründen Sie Ihre Meinung und nennen Sie Beispiele.

4. Erklären Sie die Wörter nach ihrer Bedeutung im Text mit synonymen Wendungen.
  1. jemandem <u>auf die Nerven gehen</u> ....
  2. jemandem etwas <u>verübeln</u> ....
  3. einen Kaffee <u>ausgeben</u> ....
  4. eine <u>gestandene</u> Werbefachfrau ....
  5. jemanden nicht <u>vertragen</u> können ....
  6. ein <u>selbstherrlicher</u> Typ ....
  7. ein <u>forscher</u> Blick ....
  8. <u>Animositäten</u> ....
  9. <u>schlummernde</u> Gefühle ....
  10. <u>lauern</u> ....

5. Ergänzen Sie die richtigen Präpositionen.
  1. Sie kam .... der Provinz und demonstrierte ihr Glück, ... der richtigen Zeitung zu sein.
  2. Es ging mir .... die Nerven, wie sie telefonierte.
  3. Ihre bloße Anwesenheit war eine Attacke .... mein Wohlbefinden.
  4. Oft hassen wir .... anderen, was wir .... uns selbst nicht mögen.
  5. Andere Gründe .... kühle Zurückhaltung können .... der Vergangenheit des Menschen liegen.
  6. Ihr forscher Blick erinnerte Maria .... eine Lehrerin, ... der sie als Kind gelitten hatte.
  7. Animositäten .... Menschen werden gern .... chemischer Unverträglichkeit verglichen.
  8. Die Auslöser .... unerklärliche Abneigung liegen .... unseren Erinnerungen vergraben.

6. Ergänzen Sie die richtigen Verben.
  1. Ich .... nicht, wie sie ihr Brötchen kaute.
  2. Die anderen .... die neue Kollegin richtig nett.
  3. Spontane Abneigung .... uns wie Liebe auf den ersten Blick.
  4. Man muss über seinen eigenen Schatten ....
  5. Ist der Hassprozess einmal ...., ... es kaum noch ein Zurück.
  6. Das sind Winzigkeiten, die in uns etwas ansprechen und schlummernde Gefühle ....

99

Kapitel 5–A   *Beschreibungen und Vergleiche*

7. Bilden Sie aus den vorgegebenen Wörtern Sätze.
   1. Ursachen – spontan, Abneigungen – Menschen – unser, eigen, Vergangenheit – oft – finden – lassen
      ....
   2. negativ, Gefühle – Kollegen – Arbeitsklima – schlecht – auswirken
      ....

III. Lyrik im Immobilienteil

1. Lesen Sie den folgenden Text.

> **„Immobilienpoesie"**
>
> Immobilienangebote, Lieblingslektüre des Erfolgsmenschen, seien <u>mit höchster Vorsicht zu genießen</u>, denn ihr Wahrheitsgehalt sei äußerst zweifelhaft – das stellte der in Düsseldorf ansässige Zentralverband der Deutschen Haus-, Wohnungs-, und Grundstückseigentümer (Haus und Grund Deutschland) fest.
>
> Wer in Deutschland ein Haus kaufen will, muss sich in die Geheimsprache der Immobilienpoesie einarbeiten, die oft nur für Fachleute, nicht aber für Laien verständlich ist. Die Gesellschaft hat deshalb ein Wörterbuch mit dem Titel „<u>Augen auf</u> beim Hauskauf" herausgegeben, um potenziellen Käufern zum Verständnis des Werbejargons zu verhelfen. So muss man z. B. „seriöses Umfeld" mit „ totes Bankviertel" übersetzen, „zentrale Lage" mit „laut und schmutzig" und „lebhafte Umgebung" bedeutet, das Schlaf erst im Morgengrauen möglich ist. „Wenige Autominuten von der City" besagt nichts anderes als „Stadtrandlage ohne Bahn- und Busanbindung" und bei „in unberührter Natur" wohnt man gar auf dem „Ackerland". Aber das ist noch längst nicht alles. Zur Lage der Wohnung oder des Hauses gibt es noch „stilvolles jugendliches Ambiente", was ein Kneipenviertel <u>verheißt</u>, und „Nähe Stadtpark" ist die Gegend, die selbst Mitglieder des örtlichen Boxklubs nach Einbruch der Dunkelheit meiden.
>
> Auch bei der Immobilie selbst ist Achtsamkeit geboten. „Gut erhalten" darf man mit renovierungsbedürftig gleichsetzen, „individuelle Bauweise" bezeichnet einen <u>verkorksten</u> Wohnungszuschnitt, was nur noch vom „experimentellen Wohnungsbau" <u>übertroffen wird</u>, wohinter sich regelmäßig eine Planungskatastrophe verbirgt. Mutigen, die sich nach dieser Lektüre doch noch für den Erwerb eines Eigenheims interessieren sollten, wird empfohlen, das in Betracht gezogene Objekt nur bei schlechtem Wetter zu besichtigen, denn bei gutem Wetter haben die meisten Menschen auch gute Laune und sind daher weniger kritisch.

2. Fassen Sie den Text mit eigenen Worten zusammen.
3. Berichten Sie über Immobilienangebote und deren Erwerb in Ihrem Heimatland.
4. Erklären Sie die Wörter nach ihrer Bedeutung im Text mit synonymen Wendungen.
   1. etwas <u>mit höchster Vorsicht genießen</u> ....
   2. <u>Augen auf</u> beim Hauskauf ....
   3. <u>verheißen</u> ....

Beschreibungen und Vergleiche Kapitel 5–A

    4. <u>verkorkster</u> Wohnungszuschnitt   ....
    5. <u>übertroffen werden</u>   ....

5. Ergänzen Sie die fehlenden Verben.
    1. Immobilienangebote sind mit höchster Vorsicht zu ....
    2. Auch bei der Immobilie selbst ist Achtsamkeit ....
    3. „Gut erhalten" darf man mit renovierungsbedürftig ...., „individuelle Bauweise" .... einen verkorksten Wohnungszuschnitt.
    4. Hinter „experimenteller Wohnungsbau" .... sich regelmäßig eine Planungskatastrophe.
    5. Mutigen wird ...., das in Betracht gezogene Objekt nur bei schlechtem Wetter zu ....

6. Bilden Sie aus den vorgegebenen Wörtern Sätze.
    1. Laie – Geheimsprache – Immobilienpoesie – erst – mühsam – einarbeiten – müssen
    ....
    2. Wohnviertel – Mitglieder – Boxverein – Einbruch – Dunkelheit – selbst – meiden – geben – es
    ....
    3. wenn – jemand – Kauf – Haus – Betracht – ziehen – er – es – genau ansehen – sollten
    ....

7. Beschreiben Sie Ihre Traumstadt (einschließlich Lage, Infrastruktur, Menschen, Architektur) und Ihre Traumwohnung/Ihr Traumhaus.

IV. Bauhaus und Design

1. Lesen Sie den folgenden Text.

Bauhaus und Design

Das 1919 von Walter Gropius gegründete *Bauhaus* war eine *Hochschule für Gestaltung*, die sich mit allen Bereichen des menschlichen Bedarfs auseinander setzte. Das betraf industrielle Serien-Produkte des Alltags ebenso wie Architektur, Vorstellungen von zeitgemäßer Bekleidung und Wohnen und schließlich die Darstellung in Grafik und Fotografie, die Gestaltung der Medien.

Im *Bauhaus* wird heute oft der Ursprung einer ausschließlich technisch-rationalen, „funktionalistischen" Gestaltung gesehen, doch die *Bauhäusler* waren keine in sich geschlossenen Gruppe mit einheitlichen Vorstellungen von „richtiger Form" und „richtigem Inhalt" – sie wirkten vielmehr in einer sehr lebendigen Experimentierwerkstatt, in der Ansätze zu fast allen heute gängigen Design-Vorstellungen entwickelt wurden. Die unmittelbare Auseinandersetzung mit den Tendenzen der bildenden Künste tat dazu das Ihre: Wassily Kandinsky, Paul Klee und andere waren *Bauhaus*-Lehrer.

1933 kam, wie für viele andere Kunstrichtungen, auch das Ende das *Bauhauses*. Freiheit des Denkens entsprach nicht dem totalen Gestaltungsanspruch und der programmatischen Selbstdarstellung des Nationalsozialismus. Walter Gropius und andere gingen in die Emigration und wirkten am *New Bauhaus* in Chicago.

1955 wurde in Ulm die *Hochschule für Gestaltung* gegründet, die an die durchaus noch moderne Tradition des *Bauhauses* anschloss. Das Wort *Design* begann sich damals auch im deutschen Sprachraum durchzusetzen, zunächst nur für technische Industrieprodukte und erst später in dem heute gebräuchlichen breiten Bedeutungsspektrum.

Die Auffassungen vom „richtigen Verständnis" des Designs haben sich bis zum heutigen Tag sehr differenziert entwickelt: Von streng sachlicher Gestaltung bei innovativen Produkten bis zu verspielten Formen der Selbstdarstellung im persönlichen Bereich sind alle Varianten denkbar und legitim geworden. Design ist so vielfältig wie die Vorstellung der Menschen vom Richtigen und Wichtigen.

Als Mitarbeiter in einem Team kann sich der Designer naturgemäß nicht nur auf subjektive Gefühle verlassen. Er muss sich mit technischen und wirtschaftlichen Rahmenbedingungen auseinander setzen. Mehr Freiheit des Spiels hat er bei Produkten, die für den persönlichen Bereich bestimmt sind. Hier kann er Gestaltungsexperimente riskieren, die schon eher dem Bereich der bildenden Kunst zuzuordnen sind. Und mit der zunehmenden Normierung und Nivellierung technischer Standards wächst ein Bedürfnis nach ungewöhnlichem und exzentrischem Design. Was früher in der Schublade blieb, wirbt heute für Ideenreichtum und Originalität.

Aus: Kulturelles Leben in der BRD

2. Fassen Sie den Text mit eigenen Worten zusammen.

3. Erklären Sie die Wörter nach ihrer Bedeutung im Text mit synonymen Wendungen.
   1. heute gängige Design-Vorstellungen   ....
   2. zunächst   ....
   3. legitim geworden   ....
   4. Entwürfe, die in der Schublade blieben   ....

Beschreibungen und Vergleiche   *Kapitel 5–A*

4. Ergänzen Sie die fehlenden Präpositionen.
1. Das 1919 .... W. Gropius gegründete Bauhaus war eine Hochschule .... Gesamtgestaltung, die sich .... allen Bereichen des menschlichen Bedarfs auseinander setzte.
2. Die Bauhäusler waren keine .... sich geschlossene Gruppe .... einheitlichen Vorstellungen .... „richtiger Form" und „richtigem Inhalt".
3. Sie wirkten in einer Experimentier-Werkstatt, ... der Ansätze .... allen gängigen Design-Vorstellungen entwickelt wurden.
4. Die 1955 gegründete Hochschule schloss .... die noch moderne Tradition des Bauhauses an.
5. Die Auffassungen .... „richtigen Verständnis" des Designs haben sich .... heutigen Tag differenziert entwickelt: .... streng sachlicher Gestaltung .... innovativen Produkten .... verspielten Formen der Selbstdarstellung .... persönlichen Bereich.
6. Als Mitarbeiter .... einem Team kann sich der Designer nicht nur .... subjektive Gefühle verlassen.
7. .... der zunehmenden Normierung technischer Standards wächst ein Bedürfnis .... exzentrischem Design.
8. Was früher .... der Schublade blieb, wirbt heute .... Ideenreichtum und Originalität.

5. Finden Sie Antonyme.
1. üppige Ausstattung   .... Ausstattung
2. moderne Möbel   .... Möbel
3. origineller Entwurf   .... Entwurf
4. schreiende Farben   .... Farben
5. schlichte Kleidung   .... Kleidung
6. verspielte Formen   .... Formen

6. Bilden Sie aus den unterstrichenen Satzteilen Relativsätze.
1. Das <u>1919 von W. Gropius gegründete</u> Bauhaus war eine Hochschule für Gestaltung.
   ....
2. Die Bauhäusler waren keine <u>in sich geschlossene</u> Gruppe.
   ....
3. Dort wurden Ansätze zu fast allen <u>heute gängigen</u> Design-Vorstellungen entwickelt.
   ....

7. Verkürzen Sie die Sätze, indem Sie die Relativsätze in Partizipialkonstruktionen umformen.
1. Die Hochschule für Gestaltung, <u>die 1955 in Ulm gegründet wurde</u>, schloss an die noch moderne Tradition des Bauhauses an.
   ....

Kapitel 5–A   *Beschreibungen und Vergleiche*

2. Das Wort *Design* setzte sich in dem breiten Bedeutungsspektrum durch, <u>das heute gebräuchlich ist</u>.

 ....

3. Mehr Gestaltungsfreiheit hat der Designer bei Produkten, <u>die für den persönlichen Bereich bestimmt sind</u>.

 ....

V. Eine Bildbeschreibung

1. Lesen Sie den folgenden Text.

Peter Härtling: **Für Ottla (Auszug)**

Vor einigen Wochen hängte ich an der Stirnwand meines Zimmers ein Bild auf, das ich seit mehr als einem Jahr besitze und das ständig vor Augen zu haben ich <u>mich scheute</u>. Es ist ein schlichtes, in aller Ruhe nacherzählendes Blatt. Als Vorlage diente ihm ein Foto, das der Wuppertaler Maler Gerd Aretz lithografisch vergrößerte, in seiner gespannten Mitteilungskraft verstärkte. Die Fotografie kannte ich seit langem. Ich habe mich vor ihr ein wenig gefürchtet. Sie hörte nie auf zu reden. Und es war – ich bin mir nicht sicher, ob Sie dieses Paradoxon begreifen – das Reden von Stummen.

Auf dem Bild stellen sich zwei Personen einem unbekannten Fotografen, ein junger Mann und eine junge Frau. Er hält sich etwas im Hintergrund, <u>lässig</u> und heiter. Es scheint, als halte er in einem Glücksmoment inne, dem er nicht trauen kann. Vielleicht hat er sich für den Fotografen so <u>nobel</u> gekleidet, mit einem gut geschnittenen Anzug und einer Weste, vielleicht ist der Anlass für die Aufnahme ein häusliches Fest gewesen. Sie gingen, als das Licht günstig war, kurz nach draußen.

Der junge Herr lehnt sich, seine Überlegenheit betonend, gegen eine Säule am Portal. Da er aber groß und <u>mager</u> ist, gerät die souveräne Attitüde etwas <u>unbeholfen</u>. Einen halben Schritt vor ihm steht die junge Frau. Sie trägt, festlich wie er, ein knöchellanges, weites, schwarzes Kleid, das am Hals von einem weißen Kragen gefasst ist. Der Fotograf hat sie mehr gesehen als ihn. Und zu Recht. Ihn wird, wie den nachträglichen Betrachter, die ungefügte Würde dieses Geschöpfs <u>gerührt</u> haben. Man schaut in das Gesicht eines Mädchens und weiß, wie es altern wird. Das Lächeln wird sich eingraben, die noch zarten Schatten werden neben Falten stehen. Doch nicht ihres Gesichts wegen zieht das Mädchen die Aufmerksamkeit so nachdrücklich auf sich. Es ist ihre Haltung. Und diese wiederum wird beredt[1] in den Armen, genau gesagt: in den Unterarmen, die von den Ärmeln frei sind. Sie wirken sonderbar entblößt, schwer. Die Hände sind geöffnet und man hat den Eindruck, sie erwarteten, von Nägeln oder Dornen verletzt zu werden. Es sind große, arbeitskundige Hände; als <u>tüchtige</u> Hände würde man sie beschreiben, <u>gäben</u> sie nicht ihre Hilflosigkeit so <u>preis</u>. Da die junge Frau auch noch andeutungsweise nach vorn geneigt steht, glaubt man ein unsichtbares Gewicht zu spüren, das sie mit unbezwingbarer Freundlichkeit <u>schleppt</u>.

Die beiden, die ich zu beschreiben versuche, sind Franz und Ottla Kafka. Aufgenommen wurde dieses Bild vermutlich 1914 vor dem Oppeltschen Haus in Prag, in dem die Familie Kafka wohnte. Franz war einunddreißig Jahre alt, Ottla zweiundzwanzig.

Radius-Verlag, Stuttgart

---

1 beredt = ausdrucksvoll/viel sagend

Beschreibungen und Vergleiche Kapitel 5–A

2. Erklären Sie die Wörter nach ihrer Bedeutung im Text mit synonymen Wendungen.
1. sich scheuen ....
2. lässig ....
3. nobel gekleidet ....
4. mager ....
5. unbeholfen ....
6. gerührt sein ....
7. tüchtig ....
8. etwas preisgeben ....
9. schleppen ....

3. Ergänzen Sie die fehlenden Verben.
1. Die Fotografie .... ich seit langem.
2. Ich habe mich vor ihr ein wenig ....
3. Als Vorlage .... dem Fotografen ein Foto, das der Wuppertaler Maler Gerd Aretz vergrößerte und in seiner Mitteilungskraft noch ....
4. Auf dem Bild .... sich zwei Personen einem unbekannten Fotografen.
5. Er .... sich etwas im Hintergrund.
6. Es scheint, als .... er in einem Glücksmoment inne.
7. Sie .... ein weites, schwarzes Kleid.
8. Die Arme .... sonderbar entblößt, schwer.
9. Man könnte Sie als tüchtige Hände ...., wenn sie nicht ihre Hilflosigkeit preis................ würden.

4. Finden Sie Antonyme zu den folgenden Adjektiven, die das Aussehen bzw. die Kleidung von Personen beschreiben.
1. untersetzt ....
2. bieder ....
3. schlampig ....
4. gepflegt ....
5. zierlich ....
6. schön ....
7. vornehm ....
8. auffällig ....

5. Beschreiben und interpretieren Sie das nebenstehende Bild oder ein Bild Ihrer Wahl.

Kapitel 5   **Beschreibungen und Vergleiche**
Teil B   *Hinweise zu Grammatik und Prüfungsaufgaben*

1. Attribute

Adjektiv	der *schöne* Hut
Partizipialattribut	der *ankommende* Zug (Partizip I: zur Bezeichnung aktiver Handlungen, Zustände oder Vorgänge, die meist gleichzeitig zur Haupthandlung laufen) der *eingebaute* Motor, der *angekommene* Zug, der *aufgeregte* Autofahrer (Partizip II: zur Bezeichnung passivischer Handlungen, Zustände und Vorgänge, bei denen das Geschehen in den meisten Fällen schon vergangen ist, und aktiver Handlungen bei intransitiven und reflexiven Verben, oft mit vorzeitiger oder abgeschlossener Handlung)
Genitivattribut	der Mantel *des kleinen Mädchens*
Gerundiv	ein *ernst zu nehmender* Vorwurf (sein + zu + Partizip I)
Apposition	Frau Müller, *die Leiterin der Abteilung*, ... (die Apposition steht immer im selben Kasus wie das Beziehungswort)
Relativsatz	Das Buch, *das du mir geschenkt hast*, gefällt mir sehr. (Das Relativpronomen richtet sich in Genus und Numerus nach dem Beziehungswort, im Kasus nach der Stellung im Relativsatz)

2. Schritte für Umformungen von Relativsätzen in Partizipialattribute und umgekehrt

Relativsatz – Partizipialattribut

Umzuformende Sätze:
a) Von den Kriminellen, *die gestern aus der Haftanstalt geflohen sind*, fehlt noch jede Spur.
b) Dem Mann, *der stark nach Alkohol roch*, wurde der Eintritt verwehrt.

1. Suchen Sie das Bezugswort: *a) Kriminellen; b) Mann*
2. Unmittelbar vor das Bezugswort kommt das Partizip mit einer Adjektivendung. Beachten Sie die Handlung/den Zustand. Ist er passivisch, gleichzeitig, schon vergangen usw.? Danach wählen Sie die Form des Attributs:

   a) *Partizip II: geflohen + en* (vergangenes Geschehen)
   b) *roch – Partizip I: riechend + en* (Geschehen läuft gleichzeitig zur Haupthandlung)

Beschreibungen und Vergleiche   *Kapitel 5–B*

---

3. Streichen Sie das Relativpronomen: a) *die;* b) *der*
   und das Hilfsverb: a) *sind;* b) –
4. Übernehmen Sie den Rest des Satzes unverändert:
   a) *gestern aus der Haftanstalt;* b) *stark nach Alkohol*

Umgeformte Sätze:
a) Von den *gestern aus der Haftanstalt geflohenen* Kriminellen fehlt noch jede Spur.
b) Dem *stark nach Alkohol riechenden* Mann wurde der Eintritt verwehrt. (Schriftsprache)

Partizipialattribut – Relativsatz

Umzuformender Satz:
Das *ins Schleudern geratene* Auto fuhr in den Straßengraben.

1. Hängen Sie das Bezugswort an den bestimmten Artikel und suchen Sie das Relativpronomen im richtigen Kasus (bestimmt von der Stellung im Relativsatz): *das Auto, das* (Nominativ) ...
2. Streichen Sie die Adjektivendung des Partizips und formen Sie den Prädikatsteil, eventuell mit einem Hilfsverb: *geraten ist*
3. Übernehmen Sie den Rest unverändert: *ins Schleudern*

Umgeformter Satz:
Das Auto, *das ins Schleudern geraten ist,* fuhr in den Straßengraben.

---

3. Vergleichssätze

Sie läuft **wie** eine Mondsüchtige.	Sie läuft, **als** *wäre/sei* sie mondsüchtig ..., **als ob** sie mondsüchtig *wäre/sei*.

Kapitel 5–C   *Beschreibungen und Vergleiche*

Kapitel 5   Beschreibungen und Vergleiche
Teil C   *Übungen*

1. Adjektivendungen
   Ergänzen Sie die Endungen der Artikel, Adjektive, Partizipien und substantivierten Adjektive, wenn nötig. (Das ist eine leichte Übung zur Einstimmung.)

   Ein..... Dümmer..... finden Sie kaum!
   Aus d..... Unfallprotokollen deutsch..... Versicherungsnehmer
   1. In d..... Faschingszeit zerrauft sich so manch..... Büttenredner die Haare auf d..... verzweifelt..... Suche nach Witz und Esprit. Dabei genügte für humorvoll..... Anregungen ein Blick auf d..... Wirklichkeit – zum Beispiel in d..... Unfallprotokolle d..... deutsch..... Versicherungen. D..... folgend..... Formulierungen stammen aus d..... Briefwechseln von Versicherten mit ihr..... Assekuranz.
      (Büttenredner = möglichst humorvoller Redner bei einer Faschingsveranstaltung)
   2. „Beim Heimkommen fuhr ich versehentlich in ein..... falsch..... Grundstücksauffahrt und rammte ein..... Baum, der bei mir dort nicht stand."
   3. „Ein..... unsichtbar..... Fahrzeug kam aus dem Nichts, stieß mit mir zusammen und verschwand dann spurlos."
   4. „An d..... Kreuzung hatte ich ein..... unvorhergesehen..... Anfall von Farbenblindheit."
   5. „Ich fuhr rückwärts ein..... steil..... Straße hinunter, durchbrach ein..... Grundstücksmauer und rammte ein..... Baum. Ich konnte mich einfach nicht mehr erinnern, wo d..... Bremspedal angebracht war."
   6. „Alle Rechnungen, die ich erhalte, bezahle ich niemals sofort. Die Rechnungen werden vielmehr in ein..... groß..... Trommel geschüttet, aus der ich am Anfang jed..... Monats drei Rechnungen mit verbunden..... Augen herausziehe. Diese Rechnungen bezahle ich dann sofort. Ich bitte Sie zu warten, bis d..... groß..... Los Sie getroffen hat."
   7. „Ihre Argumente sind wirklich schwach. Für solch..... faul..... Ausreden müssen Sie sich ein..... Dümmer..... suchen, aber den werden Sie kaum finden."
   8. „Ich habe so viel..... Formulare ausfüllen müssen, dass es mir bald lieber wäre, mein..... geliebt..... Mann wäre überhaupt nicht gestorben."

   Aus: Frankfurter Allgemeine Zeitung

2. Adjektivendungen
   Ergänzen Sie die Endungen der Artikel, Adjektive, Partizipien und substantivierten Adjektive. (Diese Übung ist etwas schwieriger.)

   R. K. verhaftet
   1. Während ein..... Feier mit viel..... alt..... Freunden anlässlich sein..... 50. Geburtstages wurde d..... mutmaßlich..... deutsch..... Drogenhändler R. K. von der Polizei festgenommen.
   2. R. K. gilt als Geschäftspartner einig..... groß..... niederländisch..... Drogenhändler.
   3. Alle anwesend..... Polizisten durchsuchten d..... dreistöckig..... Haus, stellten 50 kg Heroin sicher und befragten d..... meist..... d..... überrascht..... Gäste.

Beschreibungen und Vergleiche   *Kapitel 5–C*

   4. Einzeln..... anwesend..... Gäste behaupteten, den Gastgeber gar nicht zu kennen.
   5. R. K. schwieg während des Verhörs, aber ein..... sein..... Freunde belastete R. K. mit sein..... zu Protokoll gegeben..... Aussage schwer.
   6. Mehrer..... alt..... Vertraut..... des Festgenommen..... wurden in d..... nächst..... Tagen ebenfalls von der Polizei vernommen.
   7. Nach Aussagen ein..... d..... teuerst..... Anwälte der Stadt sei R. K. zu Unrecht verhaftet worden und das Heroin auf noch ungeklärt..... Weise in die Wohnung d..... reich..... Verdächtig..... gelangt.
   8. In der Zwischenzeit hat die Polizei mehrer..... sicher..... Beweise gegen R. K. und die Staatsanwaltschaft hat Anklage erhoben.

3. Genitivattribute/Adjektivendungen
Bilden Sie mit den vorgegebenen Wörtern Sätze im Präteritum.

   0. Mantel (klein, Mädchen) – finden *(Passiv)* – Polizei – Nähe (Bach)
Der Mantel des kleinen Mädchens wurde von der Polizei in der Nähe des Baches gefunden.

   1. Computer (japanisch, Vorgesetzter) – ersetzen *(Passiv)* – neueres Modell
....

   2. anhaltende Trockenheit – vernichten – Vegetation (ganz, Gebiet)
....

   3. Dieb – stehlen – Tasche (Frau Friedrich)
....

   4. Anzahl (tödlich, Autounfälle) – zurückgehen – letztes Jahr – 3 %
....

   5. Fischen – sein – früher – Hobby (viel, pensioniert, Beamte)
....

   6. Behandlung (krank, Junge) – kosten – Eltern – ein Vermögen
....

   7. Erfolg – sein – Ergebnis (ein, stark, Wille)
....

   8. militärisch, Auseinandersetzung (benachbart, Staaten) – bedeuten – Gefährdung (Weltfrieden)
....

   9. Glas (klar, Wasser) – helfen – Peter – Kopfschmerzen
....

   10. Empfang (französisch, Botschafter) – verlaufen – ohne befürchtet – Zwischenfälle
....

   11. Ansprache (Papst Paul II) – lauschen – Petersplatz – hunderttausend Gläubige
....

   12. bisher unbekannt – Fotografien (berühmt, Komponist) – finden *(Passiv)* – sein Nachlass
....

Kapitel 5–C   *Beschreibungen und Vergleiche*

    13. Entwurf (heute, anerkannt, Architekt) – keine Beachtung finden – damalig, Ausschreibung

        ....

4.   Bildung des Partizip I
     Bilden Sie Sätze mit einem Partizipialattribut.
    0. Einbrecher – (schlafen) Wachmann – überraschen
       Die Einbrecher überraschten den *schlafenden* Wachmann.
    1. er – (ankommen) Zug – warten

        ....

    2. Herr Meier – (in, gegenüberliegend, Wohnung, tanzen) Frau – beobachten

        ....

    3. (lärmen) Fußballfans – Kneipe – stürmen

        ....

    4. Autofahrer – (an, Straßenrand, spielen) Kinder – Acht geben – müssen

        ....

    5. Besatzung – (sinken) Schiff – verlassen

        ....

    6. (in, Schweiz, leben) Schriftsteller – Nobelpreis für Literatur – ausgezeichnet werden

        ....

    7. Publikum – Sänger – (anerkennen) Beifall – zollen

        ....

    8. (als Juristin, arbeiten) Ehefrau des Politikers – Rechte der Kinder – sich einsetzen

        ....

5.   Bildung des Partizip II
     Bilden Sie Sätze mit einem Partizipialattribut.
    0. (noch nicht, bezahlen) Rechnung – Papierkorb – er – schmeißen
       Er schmiss die *noch nicht bezahlte* Rechnung in den Papierkorb.
    1. (stehlen) Ware – nicht versichert sein

        ....

    2. (entfliehen) Täter – jede Spur – fehlen

        ....

    3. (neu erscheinen) Buch – kürzeste Zeit – Bestseller – werden

        ....

    4. (viel, anerkennen) Wissenschaftler – Kongress – teilnehmen

        ....

    5. (von, Eis, befreien) Straßen – weniger Unfälle – letzte Tage – geben

        ....

    6. (in Moskau, aufwachsen) Künstler – erstes Mal – Berlin – gastieren

        ....

Beschreibungen und Vergleiche   Kapitel 5–C

   7. (neu einbauen) Motor – Probleme – Rennwagen – verantwortlich sein
      ....

   8. (seit Jahren, suchen) Beutegeld – Banküberfall – Zürich – Polizei – sicherstellen können
      ....

6. Umformungen: Relativsätze – Partizipialkonstruktionen
Formen Sie die Relativsätze in Partizipialkonstruktionen um.

a)   0. Der Fußballer, <u>der vor zehn Wochen am Bein schwer verletzt wurde</u>, kann heute wieder spielen.
     Der *vor zehn Wochen am Bein schwer verletzte* Fußballer kann heute wieder spielen.

   1. Die Fehler, <u>die während des Versuchszeitraums immer wieder auftraten</u>, konnten beseitigt werden.
     ....
     ....

   2. Von den Menschen, <u>die bei dem Lawinenunglück verschüttet wurden</u>, hat keiner überlebt.
     ....
     ....

   3. Die Bedenken, <u>die von der Gewerkschaft auf der Betriebsversammlung vorgebracht wurden</u>, konnten vom Vorstand nicht vollständig ausgeräumt werden.
     ....
     ....

   4. Die Mitarbeiter, <u>die für den Erfolg verantwortlich sind</u>, bekamen hohe Prämien.
     ....
     ....

   5. Das Bild, <u>das vermutlich 1895 gemalt wurde und dann verschollen ist</u>, kann ab heute im Museum Ludwig bewundert werden.
     ....
     ....

   6. Dieses Gesetz ist durch einen Beschluss, <u>der am 07.09.1999 vom Parlament gefaßt wurde</u>, geändert worden.
     ....
     ....

b)   1. Die Kirche, <u>die im Krieg völlig zerstört wurde</u>, konnte dank zahlreicher Spenden wieder aufgebaut werden.
     ....
     ....

   2. Die Deckengemälde, <u>die originalgetreu restauriert wurden</u>, sind Meisterwerke des Barock.
     ....
     ....

Kapitel 5–C   *Beschreibungen und Vergleiche*

3. Auch einige Kunstwerke, <u>die von den Alliierten vor der Vernichtung gerettet wurden</u>, sind ab nächste Woche im Stadtmuseum zu bewundern.
   ....
   ....

4. Der Bürgermeister der Stadt, <u>der erst kürzlich zum dritten Mal wieder gewählt wurde</u>, eröffnet die Ausstellung.
   ....
   ....

5. Wenn man durch die Straßen läuft, <u>die während des Krieges von Bomben verschont geblieben waren</u>, bekommt man ein Gespür für den ehemaligen Glanz der Stadt.
   ....
   ....

6. Die Wohnungen, <u>die sich direkt im Zentrum befinden</u>, gehörten früher reichen Kaufleuten.
   ....
   ....

7. Die Wohnungseigentümer, <u>die vor, während oder nach dem Krieg aus der Stadt geflohen sind</u>, haben jetzt Anspruch auf ihr ehemaliges Eigentum.
   ....
   ....

8. Mit den Musiktagen, <u>die jedes Jahr stattfinden</u>, erreicht dieser Sommer seinen kulturellen Höhepunkt.
   ....
   ....

7. Bildung von Relativsätzen

a) Ergänzen Sie das Relativpronomen mit der richtigen Präposition.
   Das ist: 0. das Thema, *über das* wir gestern gesprochen haben.
               1. eine Prüfung, ... ich gar keine Angst habe.
               2. eine Sache, ... ich mich seit langem beschäftige.
               3. eine Aufgabe, ... ich noch Schwierigkeiten habe.
               4. ein Projekt, ... ich mich sehr interessiere.
               5. ein Angebot, ... ich abraten würde.
               6. eine Ungerechtigkeit, ... man sich wehren sollte.
               7. ein Argument, ... ich nachdenken werde.
               8. eine Entscheidung, ... ich nicht einverstanden bin.
   Das sind: 9. Dinge, ... ich nichts zu tun haben will.
               10. Vorschläge, ... ich dankbar bin.
               11. Fehler, ... ich mich entschuldige.
               12. Witze, ... niemand lachen kann.
               13. Freunde, ... ich gern diskutiere.
               14. Bücher, ... man reden sollte.
               15. leere Versprechungen, ... man verzichten kann.
               16. Erfolge, ... man nur staunen kann.

Beschreibungen und Vergleiche   Kapitel 5–C

b)   Bilden Sie Relativsätze.

Was ist das für ein Mann?   Das ist ein Mann,
0. Der Direktor geht gern mit ihm essen.   *mit dem der Direktor gern essen geht.*
1. Die Erfindung des Mannes wurde eine Sensation. ....
2. Alle Leute reden über seine Erfindung. ....
3. Seine Frau ist Lehrerin. ....
4. Er wurde kürzlich Abteilungsleiter. ....
5. Seine Sekretärin arbeitet sehr gewissenhaft. ....
6. Über seine Herkunft weiß niemand etwas. ....
7. Von seiner Einsatzbereitschaft sind alle begeistert. ....
8. Er hat eine Vorliebe für alte Autos. ....

c)   Ergänzen Sie das Relativpronomen (wenn nötig mit Präposition) oder das Pronominaladverb.

0. Das ist etwas, *worüber* ich mir wirklich Sorgen mache.
1. Es gibt nichts, ... ich Angst habe.
2. Das ist die Stadt, ... die Revolution begann.
3. In Leipzig, ... die Völkerschlacht stattfand, steht heute ein Denkmal.
4. Ich ziehe nach Frankfurt, ... ich schon immer wollte.
5. Es gibt so manches, ... man verbessern könnte.
6. Alle, ... es zu kalt ist, sollten sich mit einem heißen Tee aufwärmen.
7. Nicht alle Demonstranten wussten, ... eigentlich protestiert wurde.
8. Das ist etwas, ... nie wieder geschehen darf.

d)   Ergänzen Sie das personale Bezugswort *derjenige, diejenige* usw. vor den Relativsätzen.

0. *Diejenigen*, die keine Karten haben, können leider nicht in die Vorstellung.
1. Das sind die Fingerabdrücke ...., der zuletzt in diesem Raum war.
2. ...., der den Hauptgewinn bekommt, braucht nie wieder zu arbeiten.
3. Ich fahre mit ...., der mich auch wieder nach Hause bringt..
4. Für ...., die die besten Leistungen haben, ist es leichter, einen Studienplatz zu finden.
5. ...., die sich nicht regelmäßig beim Arbeitsamt melden, kann die Unterstützung gestrichen werden.
6. Das sind ...., die sich nach jeder Reise beschweren.
7. Was geschieht mit ...., die keinen Ausbildungsplatz bekommen haben.
8. ...., die die Prüfung nicht bestanden haben, können es im Mai noch einmal probieren.

Kapitel 5–C   *Beschreibungen und Vergleiche*

8. Umformung: Partizipialkonstruktionen – Relativsätze
Formen Sie die Partizipialkonstruktionen in Relativsätze um.

   0.   Die <u>in den vorderen Teil des Gerätes eingebauten</u> Sensoren sind sehr störanfällig.
Die Sensoren, *die in den vorderen Teil des Gerätes eingebaut worden sind*, sind sehr störanfällig.

   1.   Die <u>gestern von Frau Grünberg vorgetragenen</u> Einwände sollten unbedingt Beachtung finden.

   2.   In dem <u>vor wenigen Minuten auf dem Hamburger Hauptbahnhof angekommenen</u> Intercity-Zug kam es zu Auseinandersetzungen zwischen miteinander in Streit geratenen Fußballfans.

   3.   Der <u>von Beginn an falsch behandelte</u> Patient erlag gestern seinem Leiden.

   4.   Der <u>erst kürzlich auf der Automobilmesse vorgestellte</u> Wagen konnte den hohen Erwartungen nicht entsprechen.

   5.   Die <u>immer wieder durch starke Regenfälle unterbrochenen</u> Bergungsarbeiten konnten erst gegen Mittag fortgesetzt werden.

   6.   Der <u>von seinen Kollegen lange eingearbeitete</u> Mitarbeiter übernahm seinen ersten selbstständigen Auftrag.

   7.   Das <u>von den Europäern mitfinanzierte</u> Raumfahrtprojekt konnte erfolgreich abgeschlossen werden.

   8.   Die <u>auf dem Dach des Hauses installierte</u> Satellitenschüssel hielt dem starken Sturm nicht Stand.

9. Appositionen
Bilden Sie die Apposition zum Bezugswort. (Die Apposition steht im selben Kasus wie das Bezugswort.)

   0.   Gestern verlas Richter Hans Kolle, (Vorsitzender – Gericht), das Urteil im Prozess gegen W. S.
Gestern verlas Richter Hans Kolle, *der Vorsitzende des Gerichts*, das Urteil im Prozess gegen W. S.

Beschreibungen und Vergleiche   *Kapitel 5–C*

1. Der Prozess fand in Holzkirchen, (Ort – Nähe, München), statt.
   ....
   ....

2. Die Tat wurde von W. S., (ein Angestellter bei der Post), begangen.
   ....
   ....

3. Der Angeklagte sprach vor der Verhandlung noch einmal mit Frau Lange, (seine Anwältin).
   ....
   ....

4. Nach Aussagen des Bruders, (Eigentümer der Apotheke am Hauptplatz), neigte der Beschuldigte schon als Kind zum Diebstahl.
   ....
   ....

5. Die bestohlenen Opfer, (ganz normal, Bürger), können nicht mit einer Entschädigung rechnen.
   ....
   ....

6. Die Post will nach Aussage ihres Anwalts, (der erfolgreichste der Stadt), nicht für den Schaden aufkommen.
   ....
   ....

10. Gerundiv

a) Notwendigkeit/Empfehlung
   Formen Sie die Sätze um und verwenden Sie das Gerundiv *(sein + zu + Partizip I + Adjektivendung)*.

   0. Man muss/sollte diese Kritik ernst nehmen.
      Das *ist* eine ernst *zu nehmende* Kritik.

   1. Die Vorschriften müssen unbedingt beachtet werden.
      Das sind ....

   2. Wir sollten den Konkurrenten nicht unterschätzen.
      Das ist ein ....

   3. Die These muss noch bewiesen werden.
      ....

   4. Die Fragen müssen heute noch geklärt werden.
      ....

   5. Die Probleme sollten umgehend gelöst werden.
      ....

   6. Wir müssen diese Punkte auf der nächsten Sitzung besprechen.
      ....

Kapitel 5–C   *Beschreibungen und Vergleiche*

b) Nicht-Möglichkeit
Formen Sie die Sätze um und verwenden Sie das Gerundiv.
- 0. Diese Anschuldigungen können nicht bewiesen werden.
  Das sind nicht zu beweisende Anschuldigungen.
- 1. Wir können diese Arbeitsumstände kaum mehr ertragen.
  ....
- 2. Diese Vorhaben können nicht finanziert werden.
  ....
- 3. Die Beschädigungen können nur schwer beseitigt werden.
  ....
- 4. Diese Vorwürfe können wir nicht ernst nehmen.
  ....
- 5. Wir können diese Forderungen nicht akzeptieren.
  ....
- 6. Über die Beschlüsse kann nicht mehr diskutiert werden.
  ....

11. Vergleichssätze
Bilden Sie irreale Vergleichssätze.
- 0. Er – schnell laufen // Löwe – verfolgen
  Er läuft so schnell, als ob ein Löwe ihn verfolgen würde.
  Er läuft so schnell, als würde ihn ein Löwe verfolgen.
- 1. Sie – Spanisch sprechen // Spanien – jahrelang – gelebt haben
  ....
- 2. er – hart trainieren // Weltrekord – dieses Jahr noch – brechen wollen
  ....
- 3. Jacke – aussehen // 100 Jahre – alt sein.
  ....
- 4. Sie – ansehen – mich // mich – nicht verstanden haben
  ....
- 5. sein Gang – schwer wirken // Blei – Schuhe – haben
  ....
- 6. Sie – Geld – umgehen // großes Vermögen – verfügen
  ....

12. Bildliche Vergleiche
Ergänzen Sie die passenden Adjektive.
- 0. *weiß* wie Schnee
- 1. .... wie ein Maurer
- 2. .... wie ein Pfau
- 3. .... wie eine Biene
- 4. .... wie ein Fuchs
- 5. .... wie ein Aal
- 6. .... wie ein Esel
- 7. .... wie ein Mäuschen
- 8. .... wie ein Lamm
- 9. .... wie ein Riese
- 10. .... wie der Blitz
- 11. .... wie der Tod

Beschreibungen und Vergleiche Kapitel 5–C

13. Benennen Sie die Eigenschaften, die die folgenden umgangssprachlichen Redewendungen beschreiben.

0. Sie arbeitet/schuftet wie ein Pferd   *fleißig*
1. Ihr muss man alles dreimal sagen.   ....
2. Bei ihr kann man vom Fußboden essen.   ....
3. Sie lässt ihren Freund nicht aus den Augen.   ....
4. Ihre Geschichten sind zum Einschlafen.   ....
5. Bei ihr sieht es aus wie bei Hempels unterm Sofa.   ....
6. Sie lässt dich nicht im Stich.   ....
7. Bei ihr weiß man immer, woran man ist.   ....
8. Sie gibt gern.   ....
9. Sie hat eine hohe Meinung von sich selbst.   ....
10. 10 Uhr heißt für sie 10 Uhr.   ....
11. Sie will hoch hinaus.   ....
12. Heute sagt sie „hü" und morgen „hott".   ....

14. Finden Sie das Antonym zu den angegebenen Eigenschaften.

0. ordentlich   *unordentlich/chaotisch*

1. intolerant   ....
2. angeberisch   ....
3. verschwenderisch   ....
4. provinziell   ....
5. taktlos   ....
6. launisch   ....
7. unbeholfen   ....
8. streitsüchtig   ....
9. einfallslos   ....
10. großmäulig   ....
11. berechnend   ....
12. mürrisch   ....

15. Leiten Sie aus den Substantiven Adjektive auf *-lich* ab und suchen Sie ein dazu passendes Substantiv.

0. *der Schmerz*   *schmerzlich*   *eine schmerzliche Erfahrung*
1. der Schaden   ....
2. das Kind   ....
3. die Krankheit   ....
4. der Schrecken   ....
5. die Dummheit   ....
6. das Vergessen   ....
7. die Bedrohung   ....
8. das Bild   ....

Kapitel 5   **Beschreibungen und Vergleiche**
Teil D   *Themen für Vortrag und Aufsatz*

Charaktereigenschaften

1. Welche Faktoren haben Ihrer Meinung nach Einfluss auf die charakterliche Entwicklung eines Menschen? Begründen Sie Ihre Meinung.
2. Welche Charaktereigenschaften und Verhaltensweisen wünschen Sie sich bei Ihren Arbeitskollegen? Begründen Sie Ihre Meinung.
3. Welche Charaktereigenschaften und Verhaltensweisen erwarten Sie von Ihrem/einem Chef? Begründen Sie Ihre Meinung.

Architektur

4. „Die meisten Entwürfe der modernen Architektur machen die Großstädte hässlicher und tragen zur Vereinsamung der Menschen bei." Nehmen Sie zu diesem Satz Stellung und belegen Sie Ihre Ausführungen mit Beispielen.
5. Wenn Sie Bau-Senator einer Großstadt wären, welche baulichen Projekte würden Sie fördern und/oder finanziell unterstützen? Wie würde die Stadt Ihrer Träume aussehen? Begründen Sie Ihre Darlegungen.

Design und Mode

6. Welche Bedeutung hat das Aussehen von Gebrauchsgegenständen für Sie? Welche Aspekte sollte ein Designer beim Entwerfen von Gebrauchsgütern beachten?
7. Nicht nur Jugendliche, sondern auch viele Erwachsene geben für modische Kleidung sehr viel Geld aus. Worin liegen Ihrer Meinung nach die Ursachen dafür und wie beurteilen Sie diese Entwicklung?

Kapitel 6   **Gehörtes und Gesagtes**
Teil A   *Texte und Textarbeit*

I. Störfall Kommunikation

1. Lesen Sie den folgenden Text.

Störfall Kommunikation

Kommunikation ist ein Grundbedürfnis des Menschen. Und zwar ein relativ elementares: Nichts geht ohne Kommunikation. Kommunikation hilft, Entscheidungen zu fällen, Konflikte zu lösen, Probleme darzustellen, <u>beschafft</u> Informationen, sorgt für Entspannung, macht Wissen verfügbar, baut Überzeugungen auf. Und: Kommunikation bildet Gesellschaften und hält sie zusammen.

„Man kann nicht nicht kommunizieren" – dieser Satz von Paul Watzlawick gehört wahrscheinlich zu den am häufigsten zitierten und berühmtesten Lehrsätzen der Kommunikationswissenschaft. Der Grund: Er beschreibt in einem Satz die zentrale Bedeutung von Kommunikation. Ob mündlich oder schriftlich, symbolisch, nonverbal, absichtlich, spontan, unbewusst oder passiv: Kommunikation bestimmt unser Leben. Selbst wenn wir „nichts tun", kommunizieren wir, sei es durch einen Gesichtsausdruck oder eine Körperhaltung. Auf die Uhr zu schauen ist daher ebenso Kommunikation wie schweigend an seinem Vorgesetzten vorbeizugehen.

<u>Zudem</u> ist korrekte Sprachanwendung keineswegs ein Garant für erfolgreiche Kommunikation. Sprachliche Zeichen <u>verweisen</u> nicht eindeutig auf Bedeutungen oder Vorstellungen. Auch der Beziehungsaspekt zwischen Sender und Empfänger spielt in der Kommunikation eine wichtige Rolle, sowohl in hierarchischer als auch in emotionaler Hinsicht.

Wenn Kommunikation nicht eine <u>Hürde</u> unzähliger Voraussetzungen überspringt, können daraus Missverständnisse, Fehlinterpretationen, Streit und Spannungen resultieren. In Betrieben zum Beispiel sind Expertenschätzungen zufolge 70 Prozent aller Fehler am Arbeitsplatz auf mangelnde Kommunikation zurückzuführen. Offensichtlich wird zwar fleißig in die Verbesserung der Kommunikationstechnik investiert, wie <u>rentabel</u> und erfolgreich diese Investitionen jedoch sind, das scheint jedoch wegen eines fehlenden Bewusstseins für die Schwierigkeiten effektiver Kommunikation in den Hintergrund zu treten.

Kapitel 6–A   *Gehörtes und Gesagtes*

Die Gesprächspartner müssen (neben der Sprachbeherrschung) lernen:
- Gesprächsbereitschaft und <u>Aufrichtigkeit</u> mitzubringen,
- die in einer bestimmten Situation von bestimmten Personen erwartete Kommunikation richtig einzuschätzen,
- die Sozialstruktur von Situationen berücksichtigen zu können, d. h. Anrede und Höflichkeitsformen <u>handzuhaben</u> und Gesprächsanteile richtig zu verteilen (z. B. zwischen Chef und Untergebenem),
- ein <u>zutreffendes</u> Bild von dem jeweiligen Gesprächspartner anzufertigen, um sein Wissen, seine Interessen, seine Gefühlslagen und Motive abschätzen zu können (z. B. bei einem Verkaufsgespräch, einer Beratung und einem Mitarbeitergespräch).

Das setzt die Breitschaft voraus, über Kommunikation nachzudenken, seine eigenen Fehler zu erkennen und zu versuchen, sie zu reduzieren oder gar abzustellen.

Aus: ManagerSeminare

2. Fassen Sie den Text mit eigenen Worten zusammen.

3. Berichten Sie über eigene Erfahrungen in gut funktionierender oder missglückter Kommunikation. Sind Ihrer Meinung nach in dem Text alle für eine erfolgreiche Kommunikation zu beachtenden Voraussetzungen genannt worden? Wenn nicht, ergänzen Sie den Text und belegen Sie Ihre Ergänzungen mit Beispielen.

4. Erklären Sie die Wörter nach ihrer Bedeutung im Text mit synonymen Wendungen.
   1. Informationen <u>beschaffen</u> ....
   2. <u>zudem</u> ....
   3. <u>verweisen</u> ....
   4. <u>Hürde</u> ....
   5. <u>rentabel</u> ....
   6. <u>Aufrichtigkeit</u> ....
   7. Höflichkeitsformen <u>handhaben</u> ....
   8. ein <u>zutreffendes</u> Bild ....

5. Ergänzen Sie die fehlenden Verben.
   1. Nichts .... ohne Kommunikation.
   2. Kommunikation hilft, Entscheidungen zu ...., Konflikte zu ...., Probleme ...., beschafft Informationen, ... für Entspannung, macht Wissen verfügbar, ... Überzeugungen auf.
   3. Kommunikation bildet Gesellschaften und .... sie zusammen.
   4. Sprachliche Zeichen .... nicht eindeutig auf Bedeutungen oder Vorstellungen.
   5. Auch der Beziehungsaspekt zwischen Sender und Empfänger .... eine wichtige Rolle.
   6. Wenn Kommunikation nicht eine Hürde unzähliger Voraussetzungen ...., können daraus Missverständnisse ....

Gehörtes und Gesagtes   *Kapitel 6–A*

    7. Die Gesprächspartner müssen lernen, die erwartete Kommunikation richtig ...., Anrede und Höflichkeitsformen .... und sich ein zutreffendes Bild von dem jeweiligen Gesprächspartner ....

    8. Das .... die Bereitschaft voraus, über Kommunikation ...., seine eigenen Fehler zu ....

6. Ergänzen Sie die fehlenden Präpositionen.

    1. Korrekte Sprachanwendung ist keineswegs ein Garant .... erfolgreiche Kommunikation.

    2. .... die Uhr zu schauen ist ebenso Kommunikation wie schweigend .... seinem Vorgesetzten vorbeizugehen.

    3. .... Betrieben .... Beispiel sind Expertenschätzungen .... 70 Prozent aller Fehler .... Arbeitsplatz .... mangelnde Kommunikation zurückzuführen.

7. Erklären Sie die folgenden Wendungen mit eigenen/anderen Worten.

    1. Er lässt mit sich reden.   ....
    2. Er redet immer mit Händen und Füßen.   ....
    3. Du hast leicht reden.   ....
    4. Reden und Tun ist zweierlei.   ....
    5. Von einer Sache viel Redens machen.   ....

II. Tipps zur erfolgreichen Kommunikation

1. Lesen Sie die folgenden Tipps zur Kommunikation und äußern Sie (mündlich oder schriftlich) Ihre Meinung dazu. Belegen Sie Ihre Ausführungen auch mit Beispielen.

Typische Fallen: Wann Kommunikation misslingt

1. Der Gesprächspartner ist unaufmerksam, unkonzentriert und durch Lärm, Stress o. ä. abgelenkt.

2. Ihr Gesprächspartner hat eine <u>vorgefasste</u> Meinung, denkt in Stereotypen und hegt Vorurteile.

3. Man findet keine „gemeinsame" Sprache, da Alter-, Geschlechts- und Mentalitätsunterschiede, unterschiedliche soziale wie geografische Herkunft, Bildung, Persönlichkeit, Wertvorstellungen und ein anderer Lebensstil eine Annäherung unwahrscheinlich machen und ein gegenseitiges Aufeinandereingehen verhindern.

4. Man ist dem Gesprächspartner <u>gleichgültig</u> und das, was man sagt, interessiert ihn nicht.

5. Dem Gesprächspartner fehlen Einfühlungsvermögen und die Fähigkeit zum aktiven Zuhören.

Elf kommunikative Todsünden für das Berufsleben

1. **Bewerten**
   Vermeiden Sie globale, respektlos vorgetragene Pauschalurteile! Spezifizieren Sie statt dessen Ihr Lob und Ihren Tadel und begründen Sie Ihre Bewertung.

2. **Trösten**
   Mitleid suggerierende Bemerkungen vermitteln schnell den Eindruck von Überheblichkeit. Vermeiden Sie Klischees und Beschwichtigungen.

3. **Etikettieren oder einer „Schublade" zuweisen**
   Spielen Sie nicht den Hobby-Psychologen, der andere zu deuten versucht.

4. **Ironische Bemerkungen machen**
   Ironie kann die Gefühle des anderen verletzen und damit ein offenes Gespräch verhindern.

5. **Übertriebene oder unangebrachte Fragen stellen**
   Quetschen Sie Ihre Mitmenschen nicht aus. Wenn Sie etwas wissen müssen, fragen Sie nach, ob Sie fragen dürfen. Zeigen Sie durch Blickkontakt oder Körpersprache, dass Sie zuhören.

6. **Befehlen**
   Drücken Sie Ihre Botschaft so aus, dass der Mitarbeiter versteht, warum etwas getan oder gelassen werden soll.

7. **Drohen**
   Vermeiden Sie „Entweder-oder-Botschaften". Drohungen provozieren regelrecht Widerstand.

8. **Ungebetene Ratschläge**
   Wenn jemand Ihren Rat oder Ihre Meinung hören will, dann lassen Sie ihn zuerst danach fragen.

9. **Vage sein**
   Kommen Sie gleich zur Sache und bekennen Sie sich zu Ihren eigenen Botschaften.

10. **Informationen zurückhalten**
    Das Zurückhalten nützlicher Informationen führt zu Machtspielen und Überheblichkeitsgefühlen.

11. **Ablenkungsmanöver**
    Hören Sie aktiv zu! Will ein Mitarbeiter etwas Persönliches mit Ihnen besprechen, zeigen Sie ihm nicht die kalte Schulter. Lenkt der Gesprächspartner bei einem persönlichen Gespräch auf ein oberflächliches Thema, zwingen Sie ihn nicht zu einem tieferen Gespräch.

Aus: ManagerSeminare

Gehörtes und Gesagtes   *Kapitel 6–A*

2. Erklären Sie die Wörter nach ihrer Bedeutung im Text mit synonymen Wendungen.
1. vorgefasste Meinung ....
2. gleichgültig ....
3. Pauschalurteile ....
4. Beschwichtigungen ....
5. deuten ....
6. jmdn. ausquetschen ....
7. vage sein ....
8. gleich zur Sache kommen ....
9. jmdm. die kalte Schulter zeigen ....

3. Ergänzen Sie die fehlenden Verben.
1. .... Sie Pauschalurteile.
2. Mitleid suggerierende Bemerkungen .... den Eindruck von Überheblichkeit.
3. .... Sie nicht den Hobby-Psychologen.
4. Ironie kann die Gefühle des anderen ....
5. .... Sie durch Blickkontakt oder Körpersprache, dass Sie zuhören.
6. .... Sie Ihre Botschaft so aus, dass der Mitarbeiter versteht, warum etwas getan werden soll.
7. Drohungen .... regelrecht Widerstand.
8. .... Sie gleich zur Sache.
9. Das Zurückhalten nützlicher Informationen .... zu Machtspielen und Überheblichkeitsgefühlen.
10. .... der Gesprächspartner bei einem persönlichen Gespräch auf ein oberflächliches Thema, zwingen Sie ihn nicht zu einem tieferen Gespräch.

4. Bilden Sie aus den vorgegebenen Wörtern Sätze.
1. Beziehungsaspekt – Sender – Empfänger – wichtig, Kommunikation – Rolle – spielen
   ....
2. Großteil – Fehler – Berufsleben – mangelhaft, Kommunikation – zurückführen – lassen
   ....
3. Betriebsführung – Wert – Weiterbildung – alle, Mitarbeiter – Bereich – Kommunikation – legen – sollten
   ....
4. Training – kommunikativ, Fähigkeiten – Entwicklung – Persönlichkeit – miteinander – eng – verbunden
   ....
5. wenn aber – Mitarbeiter – nicht – ihr, kommunikativ, Verhalten – konstant – arbeiten – Fortbildungsmaßnahmen – unwirksam – erweisen
   ....

123

Kapitel 6–A   *Gehörtes und Gesagtes*

III. Zeitungen

1. Lesen Sie den folgenden Text.

Was macht Zeitungen bei Lesern erfolgreich?

Junge Leute lieben Videoclips. Deshalb könne man sie nur für das Medium Tageszeitung gewinnen, wenn die Themen kleinteilig und bunt <u>aufgemacht</u> werden. Diese unter Verlegern weit verbreitete Ansicht ist falsch. „Für uns war die größte Überraschung, dass gerade junge Leute sehr viel stärker inhaltsorientiert lesen als ältere" betont Prof. Schönbach aus Hannover, der im Auftrag des Bundesverbandes Deutscher Zeitungsverleger untersuchte, wie die Leser auf neue Inhalte und gewandeltes Zeitungsdesign reagieren.

Das Ergebnis der Studie zeigt, dass viele Tageszeitungen heute übersichtlicher sind als noch vor 10 Jahren, im Schriftbild klarer und mehr Rubriken wie Fotos oder Grafiken enthalten. Sie sind umfangreicher geworden (38 statt 35 Seiten im Durchschnitt), insbesondere durch mehr Sonderseiten, mehr <u>Lokales</u>, mehr Service, mehr längere Beiträge und mehr Leserbriefe. Der Anteil an Unterhaltung (Infotainment) jedoch ist, entgegen den Erwartungen, gleich geblieben. <u>Strikt</u> abgelehnt wird die Unterhaltung sogar außerhalb der *Gemischten Seiten*, denn das Privatleben von Prominenten im Politikteil wirkt unseriös und damit abschreckend auf die Leser.

Bestätigt wurde die Erkenntnis, dass es relativ einfach ist, bereits gewonnene Leser enger an die Zeitung zu binden, während es sich als sehr schwierig <u>erwiesen</u> hat, neue Leser zu gewinnen.

Layout-Verbesserungen z. B. haben nur dann messbare Auflagenerfolge gebracht, wenn die Zeitung anschließend übersichtlicher und geordneter ist, das Schriftbild eher „luftig" wirkt und die Texte <u>maßvoll</u> mit Fotos und Grafiken illustriert werden. Die Erweiterung des Service-Angebots hatte keine höhere Nachfrage zur Folge, schadet aber auch nicht.

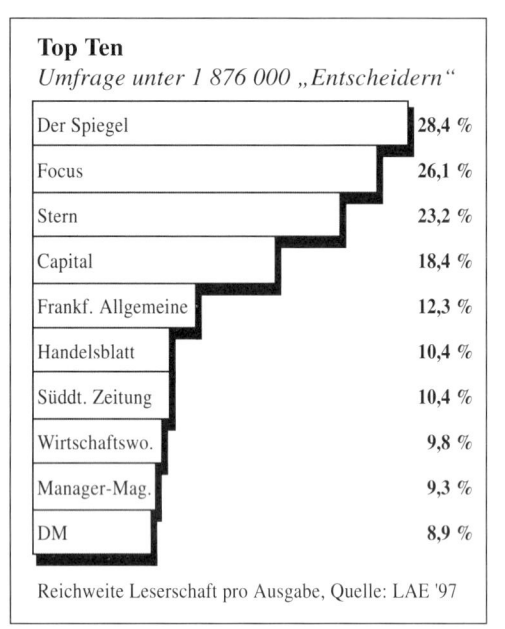

Top Ten
Umfrage unter 1 876 000 „Entscheidern"

Der Spiegel	28,4 %
Focus	26,1 %
Stern	23,2 %
Capital	18,4 %
Frankf. Allgemeine	12,3 %
Handelsblatt	10,4 %
Südd. Zeitung	10,4 %
Wirtschaftswo.	9,8 %
Manager-Mag.	9,3 %
DM	8,9 %

Reichweite Leserschaft pro Ausgabe, Quelle: LAE '97

Von einer Zeitung erwartet das Publikum vor allem eine Vielfalt im täglichen Angebot und Information und Einordnung, wobei auch längere Artikel durchaus willkommen sind.

Die Leser trennen ihre Ansprüche an Zeitungen und z. B. an das Fernsehen sehr genau, weshalb auch für junge Leute Videoclip-Optik nicht in die Zeitung gehört.

Aus: Handelsblatt

2. Fassen Sie den Inhalt des Textes mit eigenen Worten zusammen.

Gehörtes und Gesagtes   *Kapitel 6–A*

3. Erläutern Sie die Statistik.

4. Erklären Sie die Wörter nach ihrer Bedeutung im Text mit synonymen Wendungen.
1. eine Zeitung wird <u>aufgemacht</u> ....
2. es gibt mehr <u>Lokales</u> ....
3. <u>strikt</u> ....
4. sich <u>erweisen</u> ....
5. <u>maßvoll</u> ....

5. Beantworten Sie eine der folgenden Fragen.
1. Kennen Sie eine oder mehrere in der Statistik aufgeführten Zeitungen? Wenn ja, dann beschreiben Sie bitte Ihren Eindruck von dieser Zeitung/Zeitschrift.
2. Berichten Sie über Zeitungen und Zeitschriften in Ihrem Heimatland.
3. Welche Bedingungen müsste eine Zeitung erfüllen, die Sie gerne regelmäßig lesen würden?

6. Ergänzen sie die fehlenden Präpositionen.
1. Diese .... Verlegern weit verbreitete Ansicht ist falsch.
2. Prof. Schönbach .... Hannover untersuchte .... Auftrag des Bundesverbandes Deutscher Zeitungsverleger, wie die Leser .... neue Inhalte und gewandeltes Zeitungsdesign reagieren.
3. Der Anteil .... Unterhaltung jedoch ist, ... den Erwartungen, gleich geblieben.
4. Unterhaltung wird .... der *Gemischten Seiten* abgelehnt, denn das Privatleben .... Prominenten .... Politikteil wirkt unseriös und damit abschreckend .... die Leser.
5. .... einer Zeitung erwartet das Publikum .... allem eine Vielfalt .... täglichen Angebot.

7. Bilden Sie aus den angegebenen Wörtern Sätze.
1. übersichtlich, Design – vielfältig, Angebot – Zeitungen – Leser – und – erfolgreich – machen
   ....
2. Erweiterung – Service-Angebot – kein, höher, Nachfrage – Folge – haben
   ....
3. Leser – Ansprüche – Zeitungen – Fernsehen – und – trennen
   ....

8. Suchen Sie aus den angegebenen Präfixen *ab-, an-, auf-, aus-, be-, bei-, durch-, ein-, nach-, über-, um-, unter-, vor-, weg-, zer-* diejenigen heraus, die sich mit *lesen* kombinieren lassen, und finden Sie ein passendes Substantiv oder eine passende Wendung.

ablesen   *eine Rede ablesen*
....
....
....

Kapitel 6–A   *Gehörtes und Gesagtes*

9. Erklären Sie die Bedeutungen des Wortes *lesen* mit eigenen/anderen Worten.
  1. Der Lektor liest den Roman Korrektur. ....
  2. Der Priester liest die Messe. ....
  3. Der Professor liest über Goethe. ....
  4. Er las es in ihren Augen. ....
  5. Die Trauben werden von Hand gelesen. ....

IV. Lesen und fernsehen

1. Beschreiben und interpretieren Sie die Karikatur von Luis Murschetz.

Luis Murschetz: „Bücherwürmer"

2. Beantworten Sie eine der folgenden Fragen.
  1. Wie wichtig ist Lesen für Sie? Welches Buch haben Sie zuletzt gelesen? Berichten Sie darüber.
  2. Welche Bücher lesen Sie am liebsten? Berichten Sie über das Buch, was Ihnen am meisten Freude bereitet hat oder was Sie am meisten beeindruckt hat.

3. Lesen Sie den folgenden Text und ergänzen Sie die fehlenden Präpositionen.

„Fernsehkinder" haben Defizite

Kinder, die überhaupt nicht lesen, hinkten .... Expertenangaben häufig .... ihrer Entwicklung hinterher. „Dass Kinder fernsehen ist nicht problematisch, wohl aber, wenn

Gehörtes und Gesagtes *Kapitel 6–A*

sie es ausschließlich tun", sagen die Experten und weisen .... die Vorteile regelmäßiger Lektüre hin: Erstens werde die sprachliche Entwicklung gefördert, zweitens sei Lesen Denktraining, weil es das ganze Gehirn aktiviere, und drittens unterstützten Bücher die Gefühlswelt. Sie trainierten die Fähigkeit, sich .... andere hineinzuversetzen.

Eltern sollten ihren Kindern aber das Fernsehen .... keinen Fall völlig verbieten, weil sie sich sonst isoliert vorkämen. Psychologen empfehlen daher folgende Zeiten .... den TV-Genuss: Kinder .... Alter .... 3 Jahren nicht mehr als 20 Minuten, Vier- .... Siebenjährige nicht mehr als 40 Minuten, Acht- .... Elfjährige rund 70 Minuten, Kinder ab 12 Jahren täglich nicht mehr als 2 Stunden.

4. Beantworten Sie eine der folgenden Fragen zum Text.
   1. Wie beurteilen Sie die von den Experten empfohlenen Fernsehzeiten?
   2. Was könnte Ihrer Meinung nach getan werden, um das Lesen für Kinder wieder attraktiver zu machen?

5. Berichten Sie über eins der folgenden Themen.
   1. Berichten Sie über das Fernsehen in Ihrem Heimatland, Ihr eigenes Fernsehverhalten, Ihre Lieblingssendung und Sendungen, die Sie überhaupt nicht mögen.
   2. Stellen Sie Ihr ideales Fernsehprogramm zusammen und begründen Sie Ihre Auswahl.
   3. Hat Ihrer Meinung nach der hohe Anteil von Gewaltszenen im Fernsehen Einfluss auf das menschliche Verhalten und den Umgang der Menschen miteinander? Begründen Sie Ihre Meinung.

6. Bilden Sie aus den vorgegebenen Wörtern Sätze.
   1. viele Jugendliche – ganz, Nachmittag – Fernseher – sitzen
      ....
   2. Kinderprogramme – hoch, Anteil – Gewaltszenen – selbst – aufweisen
      ....
   3. Gewaltverherrlichung – Fernsehen – Hemmschwelle – Jugendliche – aktiv, Gewaltausübung – senken – können
      ....
   4. Staat – Maßnahmen – Einschränkung – Gewaltszenen – Jugendprogramme – ergreifen – sollten
      ....
   5. Einschaltquoten – Gestaltung – Programme – groß, Einfluss – ausüben
      ....

7. Ergänzen Sie die fehlenden Verben zum Wortfeld *sehen: bestaunen – glotzen – mustern – entdecken – beobachten – betrachten – besichtigen – blinzeln.*
   1. Der Dieb wurde beim Einbruch aus einer gegenüberliegenden Wohnung ....
   2. Im Vorbeigehen .... er die blonde Frau.
   3. Er .... das Bild länger als eine halbe Stunde.

Kapitel 6–A   *Gehörtes und Gesagtes*

    4. Sie können das Haus morgen von 15.00 bis 17.00 Uhr ....
    5. .... nicht andauernd in den Fernseher!
    6. Die Sonne schien ihm direkt ins Gesicht, so dass er .... musste.
    7. Sie .... den neuen Diamantring ihrer Freundin.
    8. Bei näherem Hinsehen .... er auf dem Bild den Hauch eines Schattens.

8. Finden Sie für das zusammengesetzte Verb mit *-sehen* ein Synonym.

    1. Dieses schlechte Resultat war bei seiner Faulheit <u>abzusehen</u>. ....
    2. Ich werde mich nach einer anderen Arbeit <u>umsehen</u>. ....
    3. Er hat es nicht mit Absicht gemacht, du solltest ihm das <u>nachsehen</u>. ....
    4. Wenn man sich das Bild genau <u>ansieht</u>, fällt einem die besondere Maltechnik auf. ....
    5. Die Anwälte kamen, um die Akten <u>einzusehen</u>. ....
    6. Warum kannst du nicht <u>einsehen</u>, dass das nicht richtig war? ....
    7. Der Weg ist gefährlich, du musst dich <u>vorsehen</u>. ....
    8. Den Tippfehler habe ich leider <u>übersehen</u>. ....

V. „Ich habe fertig!"

1. Lesen Sie den folgenden Text.

Wie ein italienischer Fußballtrainer die deutsche Umgangssprache beeinflusste

Der italienische Fußballtrainer Giovanni Trapattoni, in der Spielsaison 97/98 Trainer des FC Bayern München, <u>rechnete</u>, nachdem die von ihm trainierte Mannschaft wieder einmal schlecht spielte, in einer Pressekonferenz mit seinen Spielern <u>ab</u>. Während andere aus dem Management versuchten, die offenkundigen Schwächen der Mannschaft zu <u>vertuschen</u>, schimpfte der <u>aufgebrachte</u> Trainer, der bis dahin von der Presse als nobler und immer beherrschter Herr beschrieben wurde, in reichlich 3 Minuten über Spielweise und Spieler und wurde mit seinem Wutausbruch zum Medienereignis des Jahres. Ausrufe wie: bestimmte Spieler seien „schwach wie Flasche leer", „was erlaube die sich!", „Spieler <u>klage</u> mehr als spiele" oder „ich habe fertig" wurden in allen deutschsprachigen Fernseh- und Rundfunkprogrammen gesendet, nicht nur wegen der <u>längst fälligen</u> und gerechtfertigten Kritik, sondern auch wegen der Spontaneität und der daraus resultierenden fehlerhaften deutschen Sprache.

128

Gehörtes und Gesagtes   *Kapitel 6–A*

> Die Zeitungen waren voll von Sympathiekundgebungen für die Rede des ehemaligen Bayerntrainers, der mit seiner mitreißenden Rede die „Herzen der Fans und des Fußballs berührte." Sogar seriöse Nachrichtensprecher beendeten in den Wochen danach die Nachrichtensendungen mit „wir haben fertig".
>
> Aber bald schon nutzten immer mehr <u>Trittbrettfahrer</u> Trapattonis Klagesprüche. So wurden z. B. im Wahlkampf um die Bundestagswahl 98 auf Plakaten Politiker der gegnerischen Partei mit dem Untertext „Wir haben fertig" abgebildet. Noch <u>dreister</u> ist allerdings die Anzeigenwerbung eines Berliner Computerhändlers, der mit folgendem Text vom Sympathiebonus des Fußballtrainers profitieren wollte: „Preise wie Flasche leer. Was erlaube sich diese INTEL? Preise schon wieder gesenkt. Wir habe fertig." Leider kann sich Trapattoni gegen solchen Missbrauch nicht wehren, denn es gibt im Gegensatz zum Recht am eigenen Bild kein Recht am Zitat. Wären die Sprüche allerdings nicht spontan, sondern gezielt erdachte Slogans gewesen, könnte Trapattoni sie beim Bundespatentamt schützen lassen. Wenn er das geahnt hätte ...
>
> P. S.: „Ich habe fertig" gehörte 1998 zu den „Wörtern des Jahres".

2. Bringen Sie die Sätze von Giovanni Trapattoni in korrektes Deutsch und berichten Sie über berühmte Zitate aus Ihrem Heimatland.

3. Sollte man Ihrer Meinung nach auch spontane Äußerungen vor weiterem Gebrauch durch Dritte urheberrechtlich schützen lassen? Begründen Sie Ihre Meinung.

4. Erklären Sie die Wörter nach ihrer Bedeutung im Text mit synonymen Wendungen.
    1. mit jmdm. <u>abrechnen</u> ....
    2. etwas <u>vertuschen</u> ....
    3. der <u>aufgebrachte</u> Trainer ....
    4. <u>klagen</u> ....
    5. <u>längst fällige</u> Kritik ....
    6. <u>Trittbrettfahrer</u> ....
    7. <u>dreist</u> ....

5. Formen Sie den Satz mit den auf der rechten Seite angegebenen Wendungen um.

    <u>Während</u> andere aus dem Management versuchten,   *im Gegensatz zu*
    die offenkundigen Schwächen der Mannschaft zu
    vertuschen, <u>schimpfte</u> der aufgebrachte Trainer   *beschimpfen*
    über seine Spieler.

    ....
    ....
    ....

Kapitel 6–B   *Gehörtes und Gesagtes*

Kapitel 6 — Gehörtes und Gesagtes
Teil B — *Hinweise zu Grammatik und Prüfungsaufgaben*

1. Möglichkeiten der Wiedergabe von fremden Meinungen, Gerüchten, Gehörtem und Gesagtem

---

Das wörtliche Zitat
Der Politiker sagte : „Diese Entscheidung ist notwendig und wird zu einer Verbesserung auf dem Arbeitsmarkt führen."

Die indirekte Wiedergabe
a) Der Politiker sagte, dass diese Entscheidung notwendig <u>ist</u> und zu einer Verbesserung auf dem Arbeitsmarkt führen <u>wird</u>.
   Indikativ (Abstand des Sprechers zur Aussage ist gering.)
b) Der Politiker sagte, dass diese Entscheidung notwendig <u>sei</u> und zu einer Verbesserung auf dem Arbeitsmarkt führen <u>werde</u>.
   Konjunktiv I (neutralste Form der Wiedergabe)
c) Der Politiker sagte, dass diese Entscheidung notwendig <u>wäre</u> und zu einer Verbesserung auf dem Arbeitsmarkt führen <u>würde</u>.
   Konjunktiv II (Abstand zur Aussage ist am größten)

Möglichkeiten der Einleitung:
– Der Politiker sagte, meinte, erklärte, teilte mit ...
– Der Politiker vertritt die Ansicht/Auffassung/Meinung ...
– Entsprechend/laut Ansicht/Meinung des Politikers ...
– Seiner Aussage zufolge/nach ...

Modalverben *sollen* und *wollen* *(siehe Kapitel 3)*
Sollen und *wollen* verwendet man oft für die Wiedergabe von Gehörtem/Gelesenem oder von Gerüchten. Der Abstand zur Aussage ist groß, bei *wollen* sehr groß.
– In den Nachrichten habe ich gehört, dass die Preise durchschnittlich um 2 % steigen.
   ⇨ Die Preise <u>sollen</u> durchschnittlich um 2 % steigen.
– Mein Nachbar behauptet: „Ich habe den Krach nicht gehört."
   ⇨ Mein Nachbar <u>will</u> den Krach nicht gehört haben. *(aber ich glaube es ihm nicht)*

---

2. Bildung des Konjunktiv I

Konjunktiv I = Präsensstamm + Konjunktivendung (*-e, -est, -e, -en, -et, -en*)

Achtung! Ist die Form des Konjunktiv I mit der Form des Indikativ identisch, wird sie durch die Konjunktiv II-Form ersetzt.

	z. B. **haben**	**werden**	**sein** (Sonderform)
ich	hab-e (hätte)	werd-e (würde)	sei
du	hab-est	werd-est	sei(e)st
er/sie/es	hab-e	werd-e	sei
wir	hab-en (hätten)	werd-en (würden)	seien
ihr	hab-et	werd-et (würdet)	seiet
sie/Sie	hab-en (hätten)	werd-en (würden)	seien

Gehörtes und Gesagtes   *Kapitel 6–B*

Vergangenheit: *(es gibt nur eine Vergangenheitsform)*

Aktiv	*Passiv*
Er sagte,	Er sagte,
Hans <u>sei</u> schon gegangen.	der Fehler <u>sei</u> sofort verbessert worden.
Hans <u>habe</u> nicht danach gefragt.	der Motor <u>habe</u> nicht mehr repariert werden können.

3. Wiedergabe einer Frage

a)	„Warum kommst du nicht?"	„Warum bist du nicht gekommen?"
	⇨ Er fragte,	⇨ Er fragte,
Ind.	warum ich nicht komme.	warum ich nicht gekommen bin.
K I	warum ich nicht (komme) käme.	warum ich nicht gekommen sei.
K II	warum ich nicht käme.	warum ich nicht gekommen wäre.
b)	„Willst du etwas trinken?"	
	⇨ Er fragte,	
Ind.	ob ich etwas trinken will.	
K I	ob ich etwas trinken wolle.	
K II	ob ich etwas trinken wollte.	

4. Wiedergabe einer Aufforderung

„Rufe mich bitte so schnell wie möglich an!"
   ⇨ Er sagte,

Ind.	ich soll ihn so schnell wie möglich anrufen.
K I	ich solle/möge ihn so schnell wie möglich anrufen.
K II	ich sollte ihn so schnell wie möglich anrufen.

5. Möglichkeiten der Umschreibung der direkten Rede

Man kann Sprechakte auch mit Hilfe eines Verbs umschreiben:
Er sagte: „Guten Tag, Frau Müller. Herzlich willkommen in unserer Firma."
⇨ Er <u>begrüßte</u> Frau Müller in der Firma.
Sie sagte: „Herr Nachbar, könnten Sie bitte ihre Musik etwas leiser stellen?"
⇨ Sie <u>bat</u> den Nachbarn darum, seine Musik etwas leiser zu stellen.

6. Hinweise zur Verwendung des Konjunktiv I/II als indirekte Rede im Aufsatz

Man kommt im Aufsatz, vor allem bei literarischen Themen, nicht umhin, Meinungen bestimmter Personen und Gesagtes wiederzugeben. Diese Meinungen und Aussagen kann man sehr gut mit Hilfe des Konjunktivs kennzeichnen. Achten Sie beim Schreiben auf Schlüsselwörter wie: *er sagte, behauptete, dachte, war der Meinung, bildete sich ein, glaubte, ...*
Genau das, was er/sie dachte, sagte usw. setzen Sie in den Konjunktiv I oder II, danach schreiben Sie im Indikativ weiter.
Z. B.: Edgar glaubte, dass Charlie ihn <u>liebe/lieben würde</u>.
     Edgar war der Meinung, mit Erwachsenen <u>könne/könnte</u> man nicht richtig reden.

Kapitel 6–C *Gehörtes und Gesagtes*

Kapitel 6   Gehörtes und Gesagtes
Teil C   *Übungen*

1. Ergänzen Sie in den folgenden Nachrichten die fehlenden Verben im Konjunktiv I.

    1. Der Parteivorsitzende der CDU bekräftigte auf einer Pressekonferenz, dass er allen Umfragen zum Trotz optimistisch ...., dass eine Koalition mit der SPD für ihn nicht in Frage .... und dass er beim wichtigsten Thema der deutschen Politik, der Bekämpfung der Arbeitslosigkeit, eine Trendwende ....

    2. Zum Wahlprogramm der Unionsparteien meinte der Vorsitzende der SPD, dass das vorgestellte Steuerkonzept keine Chance ...., weil es vielen Menschen große Nachteile ....

    3. Die Bundesarbeitsministerin unterstrich erneut ihre Aussage, dass 75 000 Arbeitsplätze in der Computerbranche nicht besetzt werden ...., weil es in Deutschland an qualifiziertem Personal .... Die Bundesregierung .... zwar mit Aus- und Weiterbildungsprogrammen die Defizite ausgleichen, der Markt aber im Moment auf ausländische Spezialisten nicht verzichten. Deshalb .... die Regierung für 20 000 Spitzenkräfte eine Arbeitserlaubnis.

    4. Nach Aussagen eines Sprechers der CDU .... die finanziellen Folgen der Spendenaffäre noch nicht abzusehen. Die derzeitige Situation .... lückenlose Aufklärung und das Finanzgebaren der Partei .... dringend geändert werden. Mit der Wahl eines neuen Parteivorsitzenden .... man den richtigen Weg. Personelle Umbesetzung .... aber nur ein Teil der zu ergreifenden Maßnahmen sein. Weitere Schritte .... folgen.

    5. Eine Studie führender britischer Wissenschaftler sorgt für weltweites Aufsehen. In Tierversuchen, in denen Ratten mit gentechnisch veränderten Kartoffeln gefüttert wurden, haben sie herausgefunden: Der Verzehr gentechnisch veränderter Lebensmittel kann die Gesundheit schwächen. Die Auswirkungen auf das Immunsystem .... Besorgnis erregend, aber die genmanipulierten Kartoffeln .... das Labor nie verlassen, ... nirgendwo im Handel. Die britische Regierung, die die Studie finanziert hat, betont, keines der bisher zugelassenen genveränderten Lebensmittel .... eine Gefahr für die Menschen dar. Die Industrie .... das Risiko dieser konkreten Genveränderung gekannt, die deswegen nicht betrieben .... Der Verbraucher .... sich keine Sorgen zu machen. Die heutige Meldung .... nichts mit den Produkten zu tun, die auf dem Markt sind. Die .... alle gründlich getestet. 25 000 Feldversuche weltweit – und nirgends .... es Probleme gegeben, so ein Firmensprecher.

    6. Heute ging *Infineon,* eine Tochterfirma von Siemens, an die Börse. Nach Informationen der Sparkasse .... nur jeder sechste Interessent Aktien erwerben können. Die Zuteilung der beim Börsengang 30fach überzeichneten Aktie .... Banken und Unternehmen bestimmt, von einer Manipulation .... keine Rede sein.

Gehörtes und Gesagtes   Kapitel 6–C

2. Geben Sie die Sätze des Ministers in der indirekten Rede wieder.
    0. „Die Arbeitslosigkeit wird in den nächsten Jahren halbiert."
    Den Aussagen des Ministers zufolge werde die Arbeitslosigkeit in den nächsten Jahren halbiert.
    1. „Eine Steuerreform ist notwendig und muss deshalb innerhalb kürzester Zeit durchgeführt werden."
    ....
    ....
    2. „Ein Ausbau der europäischen Zusammenarbeit ist die Grundlage weiteren Wachstums."
    ....
    ....
    3. „Die Bekämpfung der organisierten Kriminalität hat in Europa einen besonderen Stellenwert."
    ....
    ....
    4. „Untersuchungen darüber wurden vor kurzem in Auftrag gegeben."
    ....
    ....
    5. „Zur Entspannung der Lage auf dem Arbeitsmarkt müssen auch die Unternehmen umdenken."
    ....
    ....

3. Geben Sie die Sätze des Politikers wieder und betonen Sie ihre Zweifel.
    0. „Leider schlief ich, als das Unglück passierte."
    Der Politiker will geschlafen haben, als das Unglück passierte.
    1. „Ich wusste nichts von der Vergabe des Millionenauftrags an meinen Schwager."
    ....
    ....
    2. „Ich hatte keine Ahnung von dem Vorfall."
    ....
    ....
    3. „Ich bin dafür nicht zuständig."
    ....
    ....
    4. „Ich habe diesen Brief nicht unterschrieben."
    ....
    ....
    5. „Ich wurde über dieses Projekt erst heute Morgen informiert."
    ....
    ....

Kapitel 6–C   *Gehörtes und Gesagtes*

4. Geben Sie die folgenden Informationen aus den Nachrichten weiter.
     0. Das Erdbeben kostete etwa 1000 Menschen das Leben.
        Hast du schon gehört, bei dem Erdbeben sollen 1000 Menschen gestorben sein.
     1. In dem berühmten Juweliergeschäft „Diamant" wurde gestern eingebrochen. Das war in diesem Jahr schon das fünfte Mal.
        ....
        ....
     2. Das königliche Paar besuchte einen Freund im Krankenhaus.
        ....
        ....
     3. Die Feier fand nicht wie geplant im Schlossgarten, sondern in der Pauluskirche statt.
        ....
        ....
     4. Neugierige behinderten die Rettungsmannschaft bei der Versorgung der Unfallopfer.
        ....
        ....
     5. Morgen scheint in weiten Teilen des Landes die Sonne.
        ....
        ....

5. Geben Sie die Aufforderungen in der indirekten Rede wieder.
     Der Chef sagte zu seiner Sekretärin:
     0. „Bitte beantworten Sie die Anfrage sofort."
        Er sagte, sie solle die Anfrage sofort beantworten.
     1. „Vereinbaren Sie für mich bitte einen Termin mit Dr. Kurz."
        ....
     2. „Bringen Sie die Briefe bitte gleich zur Post."
        ....
     3. „Erinnern Sie bitte die Transportfirma an die Einhaltung des Liefertermins."
        ....
     4. „Informieren Sie die Kunden über die Preisänderung."
        ....
     5. „Rufen Sie bitte meine Frau an und sagen Sie ihr, dass ich heute später komme."
        ....

6. Geben Sie die Fragen in der indirekten Rede wieder.
     0. Marie – Klaus: „Warum kommst du nie pünktlich?"
        Marie fragte Klaus, warum er nie pünktlich komme.
     1. Patient – Arzt: „Haben Sie die Untersuchungsergebnisse schon?"
        ....
     2. Leser – Bibliothekar: „Kann ich die Ausleihfrist noch um zwei Wochen verlängern?"
        ....

Gehörtes und Gesagtes   *Kapitel 6–C*

3. Wähler – Politiker: „Was tun Sie konkret gegen die Arbeitslosigkeit?"
   ....

4. Student – Dozent: „Bis wann müssen die Arbeiten abgegeben werden?"
   ....

5. Lehrer – Susi und Anette: „Aus welchem Grund vergesst ihr so oft eure Hausaufgaben?"
   ....

7. Erzählen Sie die nachfolgende Geschichte im Konjunktiv I.

Eine wahre Geschichte

Der Schauspieler Manfred Krug fuhr spät abends nach seiner Arbeit mit der Straßenbahn nach Hause. Er bezahlte die Fahrt und bat den Schaffner, ihn kurz vor der Haltestelle, wo er aussteigen muss, zu wecken, damit er ein bisschen schlafen kann. Der Schaffner vergaß das und Manfred Krug wachte an der Endstation auf. Er beschloss, mit derselben Bahn wieder zurückzufahren. Da kam der Schaffner wieder und wollte erneut Fahrgeld kassieren. Der Schauspieler weigerte sich, denn schließlich war es nicht seine Schuld, dass er eine zweite Fahrt antreten musste. Aber der Schaffner bestand darauf: Fahrschein oder keine zweite Fahrt!

Es kam zu einem Streit mit dem Schaffner und Krugs Personalien wurden festgestellt. Er musste die Straßenbahn verlassen und mitten in der Nacht zu Fuß nach Hause laufen.

Nach einer Weile kamen Zahlungsaufforderungen: erst waren es fünf Mark Strafgebühr, dann zehn, dann zwanzig, plus Mahnkosten, wegen Benutzung der Bahn ohne Fahrschein. Nachdem sich der Schwarzfahrer noch immer geweigert hatte, das Geld zu bezahlen, drohte man ihm mit einer Gefängnisstrafe. Selbst das veranlasste ihn nicht zum Nachgeben und ein paar Wochen später fand sich Manfred Krug in sauber gewaschenem Zustand, mit Zahnbürste, zum Absitzen seiner Strafe im Gefängnis ein.

Beginnen Sie so: *Ich habe letztens folgende Geschichte gehört: Der Schauspieler Manfred Krug **sei** spät abends nach seiner Arbeit mit der Straßenbahn nach Hause **gefahren**. Er ...*
(Die Erzählung Manfred Krugs können Sie bei *Stefan Heym: Der Winter unseres Missvergnügens, Wilhelm Goldmann Verlag, München 1996* nachlesen.)

8. Umschreibungen
Beschreiben Sie die Äußerung des Sprechers mit Hilfe eines Verbs.
Sie sagte:

0. „Peter, ich gratuliere dir zu deinem Erfolg."
   Sie *beglückwünschte* Peter zu seinem Erfolg.

1. „Du solltest dich vor Haustürgeschäften in Acht nehmen."
   Sie .... ihn vor Haustürgeschäften.

2. „ Ich schlage vor, wir treffen uns am Dienstag um 13.00 Uhr."
   Sie .... mit ihm einen Termin.

3. „Zeigen Sie mir bitte Ihren Ausweis."
   Sie .... um den Ausweis.

135

Kapitel 6–C   *Gehörtes und Gesagtes*

   4. „Nein, diesen Anzug kannst du nicht kaufen. Der steht dir nicht."
        Sie .... ihm vom Kauf des Anzugs ....

   5. „Nimm das blaue Hemd. Das passt zu deinem Pullover."
        Sie .... ihm das blaue Hemd.

   6. „Ich brauche deine Hilfe nicht. Ich komme auch allein zurecht."
        Sie .... seine Hilfe ....

   7. „Du, Michael hat angerufen. Er kommt später."
        Sie .... ihm ...., dass Michael später kommt.

   8. „Rege dich nicht auf, Rudolf. Es wird schon alles gut werden."
        Sie .... Rudolf.

   9. „Ja, die Verhandlung bleibt am 14.6., 14.00 Uhr."
        Sie .... den Verhandlungstermin.

  10. „Nein, ich schaffe das heute nicht mehr. Ich mache diese Arbeit morgen."
        Sie .... ihre Arbeit auf morgen.

  11. „Warum hast du das getan?"
        Sie .... eine Erklärung.

  12. „In diesem Punkt bin ich nicht deiner Meinung."
        Sie .... ihm.

  13. „Es sind nicht, wie Herr Meier gesagt hat, 13, sondern 30 Drucker bestellt worden."
        Sie .... die Aussage von Herrn Meier.

  14. „Ich habe das Geld nicht aus der Kasse entwendet!"
        Sie .... die Tat.

  15. „Der Täter war ca. 35 Jahre alt, 1,75 m groß, hatte dunkle Haare und trug eine Lederjacke."
        Sie .... den Täter.

  16. „Sie Idiot! Können Sie nicht aufpassen beim Fahren! Sie hätten um ein Haar mein Auto gerammt."
        Sie .... den Fahrer des anderen Wagens.

  17. „Halt! Zu diesem Punkte möchte ich unbedingt etwas anmerken."
        Sie .... den Redner.

  18. „Das hast du ganz toll gemacht!"
        Sie .... das Kind.

  19. „Mich haben Millionen Mücken total zerstochen und geschlafen habe ich auch Monate nicht!"
        Sie .... in ihrer Erzählung mal wieder.

  20. „Dass Frau Schulze die geheimen Dokumente der Zeitung zugeschickt hat, war wahrscheinlich nur ein Versehen. Das kann doch mal passieren!"
        Sie .... den Vorfall.

9.   Sprichwörter

a)   Ergänzen Sie die fehlenden Verbformen bzw. substantivierten Verben und erklären Sie die Bedeutung der Sprichwörter mit anderen Worten.

    0. *Probieren* geht über Studieren.

    1. Wer rastet, der ....

    2. .... ist Silber, ... ist Gold.

Gehörtes und Gesagtes   Kapitel 6–C

3. Wenn zwei sich ...., ... sich der Dritte.
4. Man soll den Tag nicht vor dem Abend ....
5. Unkraut .... nicht.
6. Wer ...., gewinnt.
7. .... ist nicht aufgehoben.
8. Man muss die Feste ...., wie sie fallen.
9. Was du heute kannst besorgen, das .... nicht auf morgen.
10. Wer nicht hören ...., ... fühlen.
11. Der Klügere ....
12. .... ist menschlich.
13. Hunde, die ...., beißen nicht.
14. Über Geschmack lässt sich nicht ....
15. Man ist so alt, wie man sich ....
16. Es ist noch kein Meister vom Himmel ....
17. Viele Köche .... den Brei.
18. Wie man in den Wald ...., so schallt es wieder heraus.

b) Ergänzen Sie die fehlenden Substantive und erklären Sie die Bedeutung der Sprichwörter mit anderen Worten.

0. Selbsterkenntnis ist der erste Schritt zur *Besserung*.
1. Ein .... kommt selten allein.
2. .... bringen Glück.
3. Wo ein .... ist, ist auch ein Weg.
4. Der Apfel fällt nicht weit vom ....
5. Erst die Arbeit, dann das ....
6. .... bestätigen die Regel.
7. Andere Länder, andere ....
8. .... ziehen sich an.
9. Kleider machen ....
10. Den Letzten beißen die ....
11. .... macht Diebe.
12. Lügen haben kurze ....
13. Wer anderen eine .... gräbt, fällt selbst hinein.
14. In der Kürze liegt die ....
15. Ohne Fleiß kein ....
16. Wer den .... nicht ehrt, ist den .... nicht wert.
17. Was man nicht im Kopf hat, hat man in den ....
18. Morgenstunde hat .... im Munde.

Kapitel 6–D *Gehörtes und Gesagtes*

Kapitel 6   **Gehörtes und Gesagtes**
Teil D   *Themen für Vortrag und Aufsatz*

Kommunikation

1. Welchen Stellenwert hat Kommunikation in der heutigen Gesellschaft? Belegen Sie Ihre Ausführungen auch mit Beispielen.
2. Beschreiben Sie die Ihrer Meinung nach häufigsten Kommunikationsfehler und geben Sie eventuelle Lösungsmöglichkeiten an. Belegen Sie Ihre Ausführungen auch mit Beispielen.

Zeitungen

3. Beschreiben Sie Ihre „Idealzeitung" und erläutern Sie, warum die von Ihnen ausgewählte Zusammensetzung auch für andere Menschen interessant sein könnte.

Pressefreiheit

4. Es gibt Zeitungen, die so genannte Regenbogenpresse, die sich darauf spezialisiert haben, Detailliertes aus dem Privatleben von Adligen, Schauspielern, Politikern oder anderen Personen des öffentlichen Interesses zu berichten. Wie weit darf Ihrer Meinung nach diese Berichterstattung gehen? Sollte der Staat die Freiheit der Presse zum Schutz der Personen mit bestimmten Maßnahmen einschränken? Begründen Sie Ihre Meinung.

Lesen und Fernsehen

5. Berichten Sie an ausgesuchten Beispielen über Literatur und Autoren Ihres Heimatlandes. Welche Rolle spielen Lesen und Literatur in Ihrem Land?
6. Als Freizeitbeschäftigung hat das Fernsehen das Lesen längst überholt. Wie beurteilen Sie diese Entwicklung? Erläutern Sie Vor- und Nachteile beider Medien.
7. Weltweit erweitern immer mehr Fernsehsender ihr Programm durch Sendungen wie „Reality-TV", in denen Gewaltverbrechen, Unfälle oder Naturkatastrophen live in die Wohnzimmer übertragen werden, um ihre Einschaltquoten zu erhöhen. Wie beurteilen Sie diese Entwicklung und das offenkundige Interesse nicht weniger Menschen an diesen Sendungen? Gehen Sie auch auf Ursachen und Folgen dieser Entwicklung ein.

Aktives und Passives   *Kapitel 7–A*

Kapitel 7 — Aktives und Passives
Teil A — *Texte und Textarbeit*

I. Das 19. Jahrhundert

1. Lesen Sie den folgenden Text.

Das 19. Jahrhundert

Hat uns das 19. Jahrhundert heute noch etwas zu sagen? Können wir überhaupt noch Zugang zu ihm finden?

Wer über diese Zeit nachdenkt, wird zu überraschenden Antworten gelangen. Es gibt kaum eine Phase der Geschichte, die so sehr mit unserem Leben, unserer Politik und den Einrichtungen unserer Gesellschaft verknüpft ist, wie das 19. Jahrhundert. Der Grund dafür ist einfach: An der Wende zum 19. Jahrhundert begann mit der Aufklärung und der französischen Revolution die Moderne oder – wenn man so will – die Gegenwart. Mit den Revolutionen von 1830 und 1848/49, der Verfassungsentwicklung, der Bildung organisierter Parteien, der Industrialisierung und der Entstehung der Arbeiterbewegung, dem Aufkommen des Nationalismus und territorial gebundener Nationalstaaten sowie der umfassenden Erweiterung politischer Dimensionen zur Weltpolitik setzte sich dieser Prozess der Herausbildung der Moderne fort. Es war eine Zeit der Erneuerung, des Durchbruchs neuer Ideen und Entwicklungen – ein revolutionäres Zeitalter in vielerlei Hinsicht, allen antirevolutionären Kräften und Beharrungsversuchen zum Trotz.

Und die Ergebnisse dieser Umwälzungen prägen und bestimmen unser Denken und Handeln bis heute. Deshalb ist die Beschäftigung mit dem 19. Jahrhundert die Voraussetzung zum Verständnis unserer eigenen Zeit. Deshalb fällt es uns so leicht, das 19. Jahrhundert zu erschließen und der Beschäftigung mit ihm Interesse abzugewinnen.

Aus: M. Görtemaker: Deutschland im 19. Jahrhundert

2. Verbalisieren Sie die nominalen Wendungen.
   0. die Entwicklung der Verfassung   *die Verfassung wurde entwickelt*
   1. die Bildung organisierter Parteien   ....
   2. die Entstehung der Arbeiterbewegung   ....
   3. das Aufkommen des Nationalismus   ....
   4. die Erweiterung der politischen Dimensionen   ....
   5. das Durchbrechen neuer Ideen   ....

3. Ergänzen Sie die fehlenden Verben.
   1. Können wir überhaupt noch Zugang zum 19. Jahrhundert ....?
   2. Wer über diese Zeit ...., wird zu überraschenden Antworten ....
   3. Es gibt kaum eine Phase der Geschichte, die so sehr mit unserem Leben .... ist, wie das 19. Jahrhundert.

Kapitel 7–A   *Aktives und Passives*

    4. Die Ergebnisse dieser Umwälzungen .... unser Denken und Handeln bis heute.

    5. Deshalb .... es uns so leicht, das 19. Jahrhundert zu erschließen.

4. Formulieren Sie mit den angegebenen Informationen Sätze im Passiv.
Formulierungshilfe: (einige Verben können mehrmals verwendet werden) *eröffnen – herstellen – erfinden – bauen – veröffentlichen – konstruieren – gründen – entwickeln – erlassen – durchführen*

Das geschah im 19. Jahrhundert:

0. 1825: 1. Eisenbahnstrecke für Personenverkehr – England – 61 km
   Die erste Eisenbahnstrecke für Personenverkehr wurde 1825 in England eingeweiht. Sie war 61 km lang.

1. 1833: Carl Friedrich Gauß/Wilhelm Weber: elektromagnetische Telegrafenverbindungen
   ....

2. 1835: 1. deutsche Dampfeisenbahnstrecke Nürnberg–Fürth (6,1 km)
   ....

3. 1837: Samuel Morse: 1. brauchbarer Schreibtelegraf
   ....

4. 1848: Karl Marx/Friedrich Engels: „Manifest der kommunistischen Partei"
   ....

5. 1849: James B. Francis: Hochdruckwasserturbine
   ....

6. 1859–69: Suez-Kanal
   ....

7. 1861: Johann Philipp Reis: 1. Fernsprecher
   ....

8. 1869: Wilhelm Liebknecht/August Bebel: „Sozialdemokratische Arbeiterpartei"
   ....

9. 1878: Alexander Bell: elektromagnetischer Fernsprecher
   ....

10. 1878: „Gesetz gegen die gemeingefährlichen Bestrebungen der Sozialdemokratie"
    ....

11. 1883: Gottlieb Daimler: gebrauchsfähiger Benzinmotor
    ....

12. 1884: Carl Benz: dreirädriges Automobil mit Viertaktmotor
    ....

13. 1890–96: Otto Lilienthal: Gleitflugversuche
    ....

14. 1893–97: Rudolf Diesel: Dieselmotor
    ....

Aktives und Passives   *Kapitel 7–A*

5. Beantworten Sie eine der folgenden Fragen.
1. Welche der Erfindungen aus dem 19. Jahrhundert ist für Sie persönlich die wichtigste? Begründen Sie Ihre Meinung.
2. Welches Jahrhundert spielt für die Entwicklung Ihres Heimatlandes eine besondere Rolle? Belegen Sie Ihre Ausführungen mit Beispielen.
3. Welchen Einfluss hatte die Entwicklung der Arbeiterbewegung und der Sozialdemokratie auf die Entwicklung der Gesellschaft im Allgemeinen und in Ihrem Heimatland im Besonderen?

II. „Computer machen dumm" und andere Vorurteile

1. Lesen Sie den folgenden Text.

Die langlebigsten Vor- und Fehlurteile, die den Computer auf seinem Siegeszug begleitet haben

1. „Computer sind als Lehrmittel ungeeignet."
Immer mehr Bildungsforscher sind der Meinung, dass der Computer durchaus den Unterricht verbessert und kreatives Denken und Lernen fördert. Lernprogramme können sich besser auf das individuelle Niveau einstellen, der Schüler kann das Lerntempo und die einzelnen Lernschritte selbst bestimmen. Multimedia integriert Schrift, Ton, Bild und Film und spricht dadurch alle Sinne an. Ergebnisse der modernen Lernpsychologie belegen, dass Schüler im multimedialen Unterricht den Stoff leichter begreifen. Bei komplizierteren Problemen wie dem Zerfall radioaktiver Stoffe oder den Abläufen innerhalb eines Hurrikans bietet entsprechende Software eine neue Qualität der Darstellung. Den Lehrer kann der Rechner zwar nicht ersetzen, doch er kann ihm helfen, den Unterricht wesentlich zu verbessern.

2. „Datendiebstahl und Rechnermanipulation sind das Werk von kriminellen Hackern."
Entgegen gängigen Klischees ist Computerkriminalität zumeist Insider-Kriminalität: In den meisten Fällen werden Computer-Einbrüche oder Datenmanipulation von Beschäftigten der jeweiligen Firma oder Behörde begangen. Eine Studie der Sicherheitszeitschrift *KES* ergab, dass bei 86 % aller Computer-Schäden Betriebsangehörige die Verursacher sind.

3. „Durch Videokonferenzen werden Reisen überflüssig."

Das wollen Hightech-Hersteller zwar glauben machen, doch Geschäftsreise-Statistiken der Tourismusbranche lassen daran zweifeln.
Obwohl das Angebot an Konferenz-Hightech in den vergangenen Jahren immer weiter angewachsen ist, wollen moderne Manager auf Treffen vor Ort nicht verzichten. So nahm die Zahl der Geschäftsreisen in Westdeutschland um 15 %, in Ostdeutschland um 56 % zu.

4. „In Japan ist die Computer-Revolution am weitesten fortgeschritten."

Ein weit verbreiteter Irrglaube: Zwar sind Industrieroboter, Mikrochips und Minifernseher in Japan allgegenwärtig, aber Personal Computer sind in Banken, Büros und Haushalten noch nicht so häufig anzutreffen wie in den westlichen Industrieländern. So kommen laut Marktforschungsinstitut IDC auf 1000 Einwohner in Japan nur 75 Computer, in Deutschland bereits 153 und in den USA sogar schon 263. Der Grund: Die in Japan gebräuchliche Schriftsprache Kanji umfasst mehr als 6000 Zeichen, was zu einem erheblichen Mehrbedarf an PC-Speicherplatz führt. Überdies erfordern die Schriftzeichen spezielle Tastaturen, westliche Standardprogramme und deren Bildschirmoberfläche müssen jeweils aufwändig angepasst werden.
Folge: Statt mit dem PC rechnen japanische Buchhalter oftmals noch mit dem „Soroban", dem jahrtausendealten Abacus.

5. „Handschrift-Computer können Handschrift lesen."

Wird im praktischen Einsatz durch die Realität widerlegt. Wie soll der Rechner auch Notizen entziffern, die selbst der Urheber später zuweilen nur noch mit Mühe zu enträtseln vermag.

6. „Computer ermöglichen das papierlose Büro."

Der Papierverbrauch im Büro hat sich seit Einführung des PC verdoppelt und wächst weiter, jährlich um 5 %. Neue Software wird mit kiloschweren Handbüchern ausgeliefert, im computerisierten Büro stapeln sich unterdessen die Korrekturausdrucke, Hausmitteilungen und Balkendiagramme in den Auffangschächten von Laserdruckern – alles auf hochwertigem Papier. „Der PC", bilanzierte ein Forschungsmanager eines Energieunternehmens, „ist der größte Baumkiller seit Erfindung der Axt".

7. „Wenn vertrauliche Texte, Tabellen oder Konstruktionspläne auf dem PC gelöscht werden, kann sie kein Unbefugter mehr lesen."

Ein manchmal folgenschwerer Irrtum: Bei den vorherrschenden PC-Betriebsprogrammen wird beim Befehl „Löschen" („Del") nur der erste Buchstabe des jeweiligen Dateinamens entfernt, um auf diese Weise die betreffende Datei im Inhaltsverzeichnis des PC unsichtbar zu machen. Sie lässt sich jedoch durch die Eingabe „Wiederherstellen" („Undelete") zumeist mühelos reparieren.

Aus: SPIEGEL spezial

2. Berichten Sie über Ihre Erfahrungen mit dem Computer.
Wann verwenden Sie einen/arbeiten Sie mit einem Computer? Welche Probleme sind aufgetaucht? Konnten Sie diese Probleme lösen? Gibt es Situationen/Tätigkeiten, bei denen Sie auf die Hilfe des Computers nicht mehr verzichten können?

Aktives und Passives   *Kapitel 7–A*

3. Erklären Sie die Wörter nach ihrer Bedeutung im Text mit synonymen Wendungen
1. Ergebnisse <u>belegen</u>
2. <u>gängige</u> Klischees
3. <u>erheblicher</u> Mehrbedarf
4. <u>aufwändig</u>
5. etwas <u>entziffern</u>
6. <u>zuweilen</u>
7. etwas zu tun <u>vermögen</u>
8. <u>unterdessen</u>

4. Ergänzen Sie die fehlenden Verben.

„Computer sind als Lehrmittel ungeeignet."
1. Immer mehr Bildungsforscher sind der Meinung, dass der Computer durchaus den Unterricht .... und kreatives Denken und Lernen ....
2. Lernprogramme können sich besser auf das individuelle Niveau ...., der Schüler kann das Lerntempo und die einzelnen Lernschritte selbst ....
3. Multimedia .... Schrift, Ton, Bild und Film und .... dadurch alle Sinne an.
4. Ergebnisse der modernen Lernpsychologie ...., dass Schüler im multimedialen Unterricht den Stoff leichter ....
5. Bei komplizierteren Problemen wie dem Zerfall radioaktiver Stoffe oder den Abläufen innerhalb eines Hurrikans .... entsprechende Software eine neue Qualität der Darstellung.
6. Den Lehrer kann der Rechner zwar nicht ...., doch er kann ihm ...., den Unterricht wesentlich zu verbessern.

5. Ergänzen Sie die fehlenden Präpositionen oder Pronominaladverbien.

„......... Videokonferenzen werden Reisen überflüssig."
Das wollen Hightech-Hersteller zwar glauben machen, doch Geschäftsreise-Statistiken der Tourismusbranche lassen .... zweifeln. Obwohl das Angebot .... Konferenz-Hightech .... den vergangenen Jahren immer weiter angewachsen ist, wollen moderne Manager .... Treffen .... Ort nicht verzichten. So nahm die Zahl der Geschäftsreisen .... Westdeutschland .... 15 %, ... Ostdeutschland .... 56 % zu.

6. Ergänzen Sie die fehlenden Adjektive.
1. Neue Software wird mit .... Handbüchern ausgeliefert, im .... Büro stapeln sich unterdessen die Korrekturausdrucke und Hausmitteilungen – alles auf .... Papier.
2. Bei den .... Betriebsprogrammen wird beim Befehl „Löschen" („Del") nur der erste Buchstabe des .... Dateinamens entfernt, um auf diese Weise die .... Datei im Inhaltsverzeichnis des PC unsichtbar zu machen.

Kapitel 7–A   *Aktives und Passives*

7. Lesen Sie den folgenden Text und ergänzen Sie die Verben im Konjunktiv II.
(z. B. .... = ginge *oder* .... = fahren würde)

Wenn das Auto ein Computer wäre ...

Bei einer Computermesse (auf der ComDex) hat Bill Gates (Microsoft) die Computerindustrie mit der Autoindustrie verglichen und folgende Erklärung abgegeben: „Wenn General Motors (GM) mit der Technologie so mitgehalten hätte wie die Computer-Industrie, dann würden wir heute alle 25-Dollar-Autos fahren, die auf 1000 Meilen eine Gallone Sprit verbrauchten."

Als Antwort darauf veröffentlichte General Motors eine Presseerklärung mit folgendem Inhalt: „Wenn General Motors eine Technologie wie Microsoft entwickelt hätte, dann würden wir heute alle Autos mit folgenden Eigenschaften fahren:

1. Ihr Auto .... ohne erkennbaren Grund zweimal am Tag einen Unfall.
2. Jedes Mal, wenn die Linien auf der Straße neu ...., müsste man ein neues Auto kaufen.
3. Gelegentlich .... ein Auto ohne erkennbaren Grund auf der Autobahn einfach aus und man würde das akzeptieren, neu starten und weiterfahren.
4. Wenn man ein bestimmtes Manöver ...., wie z. B. eine Linkskurve, würde das Auto wieder ausgehen, aber sich diesmal weigern, neu zu starten. Man .... dann den Motor neu installieren.
5. Man .... nur alleine in dem Auto sitzen, es sei denn, man würde „Car95" oder „CarNT" kaufen. Aber dann .... man jeden Sitz einzeln bezahlen.
6. Macintosh würde Autos herstellen, die mit Sonnenenergie fahren, zuverlässig laufen, fünfmal so schnell und zweimal so leicht zu fahren sind, aber sie .... nur auf 5 % der Straßen.
7. Die Öl-Kontroll-Leuchte, die Warnlampen für Temperatur und Batterie .... durch eine „Genereller Auto-Fehler"-Warnlampe ....
8. Neue Sitze ...., dass alle dieselbe Gesäßgröße hätten.
9. Das Airbag-System ....: „Sind Sie sicher?", bevor es auslöst.
10. Gelegentlich .... das Auto Sie ohne jeden erkennbaren Grund .... Sie könnten nur wieder mit einem Trick aufschließen, und zwar müsste man gleichzeitig den Türgriff ziehen, den Schlüssel drehen und mit einer Hand an die Radioantenne fassen.
11. General Motors würde Sie zwingen, mit jedem neuen Auto einen Deluxe-Kartensatz der Firma RandMcNally (seit neuestem eine GM-Tochter) mit zu kaufen, auch wenn Sie diesen Kartensatz nicht .... Wenn Sie diese Option nicht ...., würde das Auto sofort 50 % langsamer (oder schlimmer).
12. Immer dann, wenn ein neues Auto von GM ...., müssten alle Autofahrer das Autofahren neu erlernen, weil kein Bedienhebel so .... wie in den alten Autos.
13. Man .... den „Start"-Knopf ...., um den Motor auszuschalten.

Aus: Die besten Witze des Jahrhunderts

144

Aktives und Passives   *Kapitel 7–A*

III. Der Handy-Knigge

1. Lesen Sie den folgenden Text.

Der Handy-Knigge

„Der richtige Umgang mit dem Mobiltelefon wird unsere Kinder in Zukunft mehr beschäftigen als die Frage, ob man Fisch mit dem Messer schneiden darf oder nicht." Dieser weise Ausspruch wird immer wieder gern zitiert. Damit Sie Ihre Kinder richtig auf das Leben vorbereiten können, finden Sie hier ein paar Tipps zum richtigen Umgang mit dem Handy:

1. Sprechen Sie am Handy immer laut und deutlich. Ihre Mitmenschen haben schließlich auch ein Recht darauf, das Gespräch mitzubekommen.
2. Lassen Sie sich nicht einreden, die Leute in der Bar, in der U-Bahn oder im Wald könnten auf das Mithören intimer Details verzichten. Einschaltquoten von Talkshows beweisen das Gegenteil.
3. Wann immer irgendwo ein Handy klingelt, zeigen Sie der staunenden Welt, dass Sie auch eins haben: Greifen Sie erst mal wie selbstverständlich zu Ihrem Gerät.
4. Bevor Sie einen Anruf entgegennehmen, versäumen Sie nicht, laut aufzustöhnen: „Mein Gott, hat man denn nirgends mehr seine Ruhe?!" Wahlweise auch: „Können die nicht einmal etwas selbst entscheiden?!"
5. Ignorieren Sie ihr klingelndes Handy, wenn Sie alleine sind. Reine Zeitverschwendung! Wenn's keiner sieht, macht's keinen Spaß.
6. Lernen Sie, Räume zu nutzen, in denen die optimale Verständigung mit Ihrem Gesprächspartner gewährleistet ist. Günstig: Museen, Kirchen, Bibliotheken und Intensivstationen.
7. Und das Handy in Theater oder Oper? Nur zu! Der wahre Künstler fühlt sich durch Klingelgeräusche zu Höchstleistungen angespornt.
8. Hören Sie nicht auf die albernen Stewardessen, die Ihnen Ihr Handy im Flugzeug verbieten wollen. Die sind doch nur neidisch!
9. Verfallen Sie nicht einem weiteren Aberglauben: Telefonieren beim Autofahren erhöht die Unfallgefahr! Es trainiert vielmehr nützliche Fertigkeiten wie Einhändigfahren oder Überkreuzschalten. Etwas Geschicklichkeit hat noch keinem geschadet!

Aus: TV-today

2. Beantworten Sie eine der folgenden Fragen.
    1. Haben Sie ein Handy? Möchten Sie die Empfehlungen kommentieren oder ergänzen?
    2. Welche anderen Kommunikationsgeräte haben Sie, benutzen Sie?
    3. Auf welches Kommunikationsgerät können Sie nicht mehr verzichten?

4. Welches Kommunikationsgerät ist für Sie eine Hilfe (z. B. bei der Arbeit), mit welchem Gerät haben Sie Probleme oder halten es für überflüssig?
5. Kennen Sie die Gefahren, die das Benutzen einiger Geräte mit sich bringen könnte?

3. Beschreiben Sie das Gerät, das Sie für das wichtigste halten.

IV. Waldsterben

1. Lesen Sie den folgenden Text.

Ein Schritt vor, einer zurück

Ein Schritt vor, ein Schritt zurück – die Bekämpfung der Luftverschmutzung und damit des Waldsterbens scheint nicht richtig voranzukommen: Zwar ist eines der schlimmsten Waldgifte weitgehend ausgeschaltet worden, aber ein anderes ist dafür wirksamer denn je. Die Folge ist, dass das im Jahre 1981 entdeckte erste Waldsterben von einem zweiten Waldsterben überlagert und teilweise abgelöst wird.

Knapp zwei Drittel der Wälder in der Bundesrepublik sind mittlerweile geschädigt. Der Anteil der stark lädierten Bäume ist seit Beginn der systematischen Zustandsermittlung im Jahre 1984 um ein Drittel gestiegen. Dazu kommt, dass die Zahlen ungleich höher wären, wenn nicht regelmäßig tote Bäume abgeholzt und damit auch aus der Statistik getilgt würden.

Hauptursache der klassischen Waldschäden waren die schwefelhaltigen Rauchgase aus den hohen Schloten von Kohlekraftwerken, die als *Saurer Regen* europaweit über den Wäldern niedergehen. Der Ausstoß des Schornsteingiftes Schwefeldioxid trägt zwar noch immer erheblich zum Vegetationssterben bei, aber mit sinkender Tendenz. Die Schwefelemissionen, unter denen vor allem die Nadelbäume zu leiden hatten, sind in Ost wie West reduziert worden, dank Umweltschutz und deutscher Einheit. Der Einbau von Rauchgas-Entschwefelungsanlagen und der Zusammenbruch der Industrien im Osten (die weitgehend auf stark schwefelhaltiger Braunkohle basierten) haben den Schwefeldioxid-Ausstoß deutlich verringert. Diese Entwicklung hat in vielen Gegenden dazu beigetragen, dass die klassischen Waldschäden an Bedeutung verlieren, mancherorts sich bei den Tannen sogar Erholungsanzeichen zeigen.

Parallel zum ersten Waldsterben hat sich eine zweite Variante des Waldsterbens angebahnt, deren Folgen überproportional Laubbäume treffen. Stark mitgenommen ist selbst die lange Zeit als besonders robust geltende Eiche: 83 % der Eichen in Deutschland weisen Schäden auf, fast der Hälfte der Eichen fehlen mehr als ein Viertel

Aktives und Passives   *Kapitel 7–A*

> der Blätter. Bei den Buchen ist der Anteil der schwach bis stark geschädigten Exemplare binnen 10 Jahren von 11 % auf 75 % <u>emporgeschnellt</u>.
>
> Hauptursache dieses zweiten Waldsterbens ist neben Kohlenwasserstoffen, Schwermetallen und Ozon ein Element, das eigentlich ungiftig ist: Stickstoff (N).
>
> Dieser Stoff bewirkt Positives wie Negatives. Er ist <u>unverzichtbares</u> Nährmittel für Felder und Wälder, Wiesen und Wasserleben.
>
> Es gibt aber Stickstoffverbindungen, die negative Folgen haben:
>
> Eine Ursache solcher „negativen Verbindungen" ist seit langem bekannt. Es sind die dem Autoauspuff entweichenden Stickoxide, die ebenso wie Schwefelverbindungen zur Bildung von *Sauren Niederschlägen* beitragen. Diese Erkenntnis hat 1984 zu dem Beschluss geführt, nur noch Neuwagen mit Katalysator zuzulassen. Die positiven Auswirkungen des Katalysators, der einen Teil der Stickoxide zurückhält, werden jedoch dadurch <u>zunichte gemacht</u>, dass die Zahl der Autos allein in den alten Bundesländern von 24 auf 33 Millionen gestiegen ist.
>
> Eine wachsende Zahl von Wissenschaftlern stimmt <u>mittlerweile</u> darin überein, dass neben Schwefeldioxid und den Stickoxiden aus den Autos noch ein dritter gewichtiger Faktor das Waldsterben vorantreibt: eine Gruppe von Stickstoffverbindungen, die der Landwirtschaft entstammen und massiv in die natürlichen Stickstoffkreisläufe eingreifen.
>
> Es sind Kunstdünger aus Ammoniak, der aus Luftstickstoff gewonnen und zur Pflanzenmast eingesetzt wird (von den 24 Millionen Tonnen Düngerstickstoff entweicht ein Großteil in die Atmosphäre), und Kunstfutter für die Massentierhaltung, deren Nährstoffe vom Vieh zu einem Drittel verwendet werden und wovon ca. 700 000 Tonnen Ammoniak mit tierischen Exkrementen in die Umwelt geraten.

Aus: SPIEGEL spezial

2. Fassen Sie den Inhalt des Textes mit eigenen Worten zusammen.

3. Berichten Sie über Umweltprobleme und deren Bewältigung in Ihrem Heimatland.

4. Erklären Sie die Wörter nach ihrer Bedeutung im Text mit synonymen Wendungen.
   1. das Gift ist <u>ausgeschaltet</u> worden ....
   2. <u>lädierte</u> Bäume ....
   3. aus der Statistik <u>getilgt</u> werden ....
   4. eine zweite Variante hat sich <u>angebahnt</u> ....
   5. Eiche ist stark <u>mitgenommen</u> ....
   6. der Anteil ist <u>emporgeschnellt</u> ....
   7. <u>unverzichtbares</u> Nährmittel ....
   8. <u>zunichte gemacht</u> ....
   9. <u>mittlerweile</u> ....

5. Ergänzen Sie die fehlenden Präpositionen.
   1. Hauptursache der klassischen Waldschäden waren die schwefelhaltigen Rauchgase .... den hohen Schloten .... Kohlekraftwerken, die als *Saurer Regen* europaweit .... den Wäldern niedergehen.

147

Kapitel 7–A *Aktives und Passives*

2. Der Ausstoß des Schornsteingiftes Schwefeldioxid trägt zwar noch immer erheblich .... Vegetationssterben bei, aber .... sinkender Tendenz.
3. Die Schwefelemissionen, ... denen .... allem die Nadelbäume zu leiden hatten, sind .... Ost wie West reduziert worden, ... Umweltschutz und deutscher Einheit.
4. Die Industrien .... Osten basierten .... stark schwefelhaltiger Braunkohle.
5. Parallel .... ersten Waldsterben hat sich eine zweite Variante des Waldsterbens angebahnt.
6. Bei den Buchen ist der Anteil der geschädigten Exemplare .... 10 Jahren .... 11 % .... 75 % emporgeschnellt.
7. Es sind Kunstdünger .... Ammoniak, der .... Luftstickstoff gewonnen und zur Pflanzenmast eingesetzt wird, und Kunstfutter .... die Massentierhaltung, deren Nährstoffe vom Vieh .... einem Drittel verwendet werden und wo......... ca. 700 000 Tonnen Ammoniak .... tierischen Exkrementen .... die Umwelt geraten.

6. Ergänzen Sie die fehlenden Verben.
1. Eines der schlimmsten Waldgifte ist weitgehend .... worden.
2. Das im Jahre 1981 entdeckte erste Waldsterben wird von einem zweiten Waldsterben ....
3. Knapp zwei Drittel der Wälder in der Bundesrepublik sind mittlerweile ....
4. Der Anteil der stark lädierten Bäume ist seit 1984 um ein Drittel ....
5. Die Zahlen wären ungleich höher, wenn nicht regelmäßig tote Bäume .... und damit auch aus der Statistik .... würden.
6. Stickstoff .... Positives wie Negatives.
7. Eine wachsende Zahl von Wissenschaftlern .... mittlerweile darin überein, dass noch ein dritter gewichtiger Faktor das Waldsterben ....: eine Gruppe von Stickstoffverbindungen, die der Landwirtschaft .... und massiv in die natürlichen Stickstoffkreisläufe ....

7. Ergänzen Sie die fehlenden Verben.

Umweltschutz heute
1. Früher landeten wertvolle Rohstoffe achtlos auf Mülldeponien, heute .... man sich, die Rohstoffe ....
2. Die vor Jahren abgeholzten Wälder werden seit einigen Jahren mit viel Mühe ....
3. Mit Artenschutzgesetzen .... man, Tiere vor dem Aussterben ....
4. Katalysatoren in Autos sollen dazu ...., den Schadstoffausstoß ....
5. Es werden Maßnahmen ...., das ungebremste Wachstum der Millionenstädte ....
6. Doch die Aktivitäten .... bei weitem nicht aus, um die Umweltbelastung drastisch .... und unseren Lebensraum ....

Aktives und Passives *Kapitel 7–A*

8. Bilden Sie aus den vorgegebenen Wörtern Sätze.
1. Kunden – Einkaufen – Umweltverträglichkeit – Produkte – immer mehr – achten
   ....
2. Industrie – gezielt, Einsatz – Umweltargumente – Käufer – versuchen, gewinnen
   ....
3. Öko-Werbung – Firmen – Umsatz – 30 Prozent – einige – steigern
   ....
4. Werbeinformationen – Verbraucher – doch – häufig – irreführend – wirken
   ....
5. 80er Jahre – Werbung – kein Mangel – Öko-Lügen – herrschen
   ....
6. neu, Grundsätze – besser, Öko-Werbung – dringend – müssen – entwickeln – werden
   ....

9. Erklären Sie die folgenden Substantive mit eigenen Worten
0. Naturschutz   *Schutz zur Pflege und Erhaltung der Tier- und Pflanzenwelt*
1. Brandrodung   ....
2. Massentourismus   ....
3. Mülltrennung   ....
4. Treibhauseffekt   ....
5. Aufforstung   ....
6. Recycling   ....
7. Artenschutz   ....
8. Bodenerosion   ....
9. Pauschalreisen   ....
10. Luftverschmutzung ....

10. Beschreiben Sie das folgende Bild und äußern Sie Ihre Meinung dazu.

Kapitel 7   **Aktives und Passives**
Teil B   *Hinweise zu Grammatik und Prüfungsaufgaben*

1. Zeitformen des Passivs

Indikativ		*mit Modalverb*
Präsens	Ich werde operiert.	Ich muss operiert werden.
Präteritum	Ich wurde operiert.	Ich musste operiert werden.
Perfekt	Ich bin operiert worden.	Ich habe operiert werden müssen.
Plusquamperfekt	Ich war operiert worden.	Ich hatte operiert werden müssen.
Futur	Ich werde operiert werden.	Ich werde operiert werden müssen.
Futur II	Ich werde operiert worden sein.	
		in Vermutungsbedeutung
Präsens		Das Bild könnte gestohlen werden.
Vergangenheit		Das Bild könnte gestohlen worden sein.
Konjunktiv		
Präsens	Ich würde operiert.	Ich müsste operiert werden.
Vergangenheit	Ich wäre operiert worden.	Ich hätte operiert werden müssen.
Futur	Ich würde operiert werden.	Ich würde operiert werden müssen.

2. Satzstellung des Modalverbs im Nebensatz

Nach einer eingehenden Untersuchung stellte der Arzt fest, dass er sofort operiert werden *musste*.
Das Modalverb steht im Nebensatz an letzter Stelle.

3. Passiversatzmöglichkeiten

   a) Der Apparat wird durch eingebaute Sensoren gesteuert.
      Der Apparat *lässt sich* durch eingebaute Sensoren *steuern*.
      Der Apparat *ist* durch eingebaute Sensoren *zu steuern*.
      Der Apparat *ist* durch eingebaute Sensoren *steuerbar*.

   b) Das Theaterstück wurde gestern uraufgeführt.
      Das Theaterstück *hatte* gestern *Uraufführung*.
      Das Theaterstück *gelangte* zur *Uraufführung*.

      *Das Verb (**Partizip II** des Passivsatzes) wird durch ein **Substantiv + Verb** ersetzt.*

Aktives und Passives   *Kapitel 7–B*

4. Passivunfähigkeit

Kein Passiv können bilden:	
a) reflexive Verben	Ich verliebe mich.
b) Verben der Fortbewegung	Ich fahre Auto.
	Ich laufe durch den Park.
c) Verben der Zustandsveränderung	Die Blume verblüht.
	Der Patient ist gestorben.
d) Verben der Meinungsäußerung	Da stimme ich Ihnen zu.
e) Verben des Geschehens ohne Subjekt.	Es schneit.

5. *Von* oder *durch* in Passivsätzen

von:	**durch:**
bei Personen/Institutionen	bei Personen als Vermittler/Überbringer
bei Gegenständen	bei Vorgängen
	bei Krankheitsüberträgern
	bei Substantiven, die Bereiche voneinander trennen

6. Schritte für Umformungen von Aktiv- in Passivsätze

Umzuformende Sätze	**Umgeformte Sätze**
a) *Man* arbeitet hier die ganze Woche durch.	*Es* wird die ganze Woche durchgearbeitet.
Man wird zu *es* bei subjektlosen Hauptsätzen ohne Akkusativobjekt.	
b) Der Arzt operiert *den Patienten*.	*Der Patient* wird (vom Arzt) operiert.
Das **Akkusativobjekt** wird zum **Subjekt** im Passivsatz.	
c) Die Opfer wollen, dass die Regierung ihnen hilft.	Den Opfern soll (von der Regierung) *geholfen werden.*
Wollen wird zu *sollen*, wenn sich der Wunsch auf andere Personen bezieht.	
d) Der Chef hat *mir* gekündigt.	*Mir* wurde gekündigt.
Dativ bleibt **Dativ**.	

7. Zustandspassiv

Vorgang	**Zustand**
Die Ware wurde bestellt.	
Die Ware ist bestellt worden.	Die Ware *ist bestellt. (Präsens)*
	Die Ware *war bestellt. (Präteritum)*
Reflexiver Vorgang	**Zustandsreflexiv**
Er hat sich verliebt.	Er *ist verliebt. (Präsens)*
	Er *war verliebt. (Präteritum)*

Kapitel 7 — **Aktives und Passives**
Teil C — *Übungen*

1. Ergänzen Sie die fehlenden Verben im Passiv.

    0. Heute Abend .... der Präsident der Vereinigten Staaten vom Bundeskanzler ....

    Heute Abend wurde der Präsident der Vereinigten Staaten vom Bundeskanzler empfangen/begrüßt/willkommen geheißen. (ist ... worden)

    1. Die Internationale Deutschlehrertagung .... feierlich ....
    2. Zwischen beiden Staaten .... ein Abkommen ....
    3. Bei den Ausschreitungen .... 10 Demonstranten von der Polizei .... Weitere Übergriffe auf Geschäfte konnten ....
    4. Anlässlich des Jahrestages .... ein feierlicher Empfang ....
    5. Die Ursachen des Unglücks .... noch nicht ....
    6. Der Putschversuch in dem afrikanischen Land war erfolgreich. Der Präsident ....
    7. Gegen den mutmaßlichen Täter .... heute Anklage ....
    8. Durch die Kraft des Wirbelsturms .... ganze Dörfer .... Die Bevölkerung konnte rechtzeitig in Sicherheit ....

2. Setzen Sie die Sätze in die angegebene Zeitform.

    0. Die Bluse muss gewaschen werden. *(Präteritum)*
    Die Bluse musste gewaschen werden.

    1. Durch die anhaltende Dürre wird die gesamte Ernte vernichtet. *(Perfekt)*
    ....

    2. Hier darf geraucht werden. *(Präteritum)*
    ....

    3. Der Betrag kann vom Computer viel schneller errechnet werden. *(Perfekt)*
    ....

    4. Der Motor wird neu eingebaut. *(Perfekt)*
    ....

    5. Der Täter muss nach kurzer Zeit aus Mangel an Beweisen wieder freigelassen werden. *(Perfekt)*
    ....

    6. Die alten Häuser müssen abgerissen werden. *(Präteritum)*
    ....

    7. Der Wahlvorgang wird wiederholt. *(Präteritum)*
    ....

    8. Der Drucker muss neu installiert werden. *(Futur)*
    ....

Aktives und Passives   *Kapitel 7–C*

3. Vervollständigen Sie die Sätze und verwenden Sie das Passiv im Konjunktiv II.
  0. Er ist rechtzeitig operiert worden.
    Wenn er nicht rechtzeitig <u>operiert worden wäre</u>, wäre er gestorben.
  1. Der Brief wurde rechtzeitig abgeschickt.
    Wenn der Brief nicht ....
    ....
  2. Das Theaterstück wurde von den Schülern vier Monate geprobt.
    Wenn das Theaterstück nicht vier Monate ....
    ....
  3. Bei ihm wurde eingebrochen und das wertvolle Ölgemälde gestohlen.
    Wenn bei ihm nicht ....
    ....
  4. Jemand hat ihn beim Fußball verletzt.
    Wenn er beim Fußball nicht ....
    ....
  5. Das Geld wurde in einem gepanzerten Wagen transportiert.
    Wenn das Geld nicht in einem gepanzerten Wagen ....
    ....
  6. Der Wagen wurde gestern repariert.
    Wenn der Wagen nicht ....
    ....

4. Setzen Sie die Sätze in die Vergangenheit.
  0. Unsere Produktpalette müsste erweitert werden.
    Unsere Produktpalette <u>hätte erweitert werden müssen</u>.
  1. Hier müsste unbedingt ein Hinweisschild angebracht werden.
    ....
  2. Die Untersuchungsergebnisse dürften nicht verheimlicht werden.
    ....
  3. Die Geräte sollten sofort nach Gebrauch gereinigt werden.
    ....
  4. Das Haus müsste mal neu gestrichen werden.
    ....
  5. Der Kunde sollte über den Vorfall gleich informiert werden.
    ....
  6. Das Rundschreiben müsste von allen Mitarbeitern gelesen werden.
    ....
  7. Der Brief müsste sofort beantwortet werden.
    ....
  8. Die Abrechnung sollte noch einmal kontrolliert werden.
    ....

5. Beantworten Sie die Frage und verwenden Sie das Passiv in der Vermutungbedeutung. Was könnte passiert sein?

   0. Haus – bereits – verkaufen
      Das Haus könnte bereits verkauft worden sein.
   1. Antrag – abweisen
      ....
   2. Geldbörse – aus der Handtasche – stehlen
      ....
   3. er – vorher – warnen
      ....
   4. Sitzung – in einen anderen Raum – verlegen
      ....
   5. der ganze Besitz – versteigern
      ....
   6. wichtiger Brief – in den Papierkorb – schmeißen
      ....
   7. beim Hausbau – unsachgemäß arbeiten
      ....
   8. ihm – Falle – stellen
      ....
   9. sie – vom Immobilienmakler – betrügen
      ....
   10. Ware – schon – abholen
       ....

6. Formen Sie die Passivsätze in Aktivsätze um, indem Sie eine Ersatzform mit *lassen, ist ... zu* oder *-bar* verwenden.

   0. Der Raum muss jeden Abend abgeschlossen werden.
      Der Raum ist jeden Abend abzuschließen.
   1. Das Fenster kann nur sehr schwer geöffnet werden.
      ....
   2. Man kann die beiden Teile miteinander verschrauben.
      ....
   3. Der Feuerlöscher darf nur im Notfall verwendet werden.
      ....
   4. Dieses Gedicht kann nicht übersetzt werden.
      ....
   5. Der Aufsatz muss nochmals gründlich überarbeitet werden.
      ....
   6. Das neu entwickelte Gerät kann bei Regen nicht eingesetzt werden.
      ....

Aktives und Passives   *Kapitel 7–C*

7. Formen Sie die Passivsätze in Aktivsätze um, indem Sie eine Nomen-Verb-Verbindung verwenden.

   0. Die Vorschläge der Gewerkschaft *wurden* vom Vorstand des Betriebes *abgelehnt*.
      Die Vorschläge der Gewerkschaft <u>stießen</u> beim Vorstand des Betriebes <u>auf Ablehnung</u>.

   1. Seine Forschungsergebnisse wurden auf der Konferenz besonders beachtet.
      ....

   2. Die Aussage des Zeugen wird vom Gericht nicht bezweifelt.
      ....

   3. Der zu Lebzeiten berühmte Dichter wurde wenige Jahre nach seinem Tod vergessen.
      ....

   4. Der zu spät eingereichte Antrag kann nicht mehr berücksichtigt werden.
      ....

   5. Der mutmaßliche Entführer wurde seit Tagen von der Polizei beobachtet.
      ....

   6. Die Themen werden auf der heutigen Besprechung diskutiert.
      ....

   7. Seine Bemühungen um eine friedliche Lösung des Konflikts wurden auf der ganzen Welt anerkannt.
      ....

   8. Die Verbesserungsvorschläge wurden sofort in der Praxis angewendet.
      ....

   9. Der Junge wurde von seinen Freunden immer wieder negativ beeinflusst.
      ....

  10. Wegen ihrer Leistungen und ihrer Einsatzbereitschaft wurde sie von allen respektiert.
      ....

  11. Das Theaterstück wurde seit vielen Jahren nicht mehr aufgeführt.
      ....

  12. Manche Wünsche werden nie erfüllt.
      ....

8. Bilden Sie Beispielsätze im Passiv mit *von* oder *durch*.

   0. Auftrag – bekannt, Installationsfirma – ausführen
      Der Auftrag wurde von einer bekannten Installationsfirma ausgeführt.

   1. Polizei – Mann – Diebstahl – überführen
      ....

   2. schwer, Krankheit – Virus – übertragen
      ....

   3. Grundstücke – Zaun – trennen
      ....

Kapitel 7–C *Aktives und Passives*

    4. Paket – Bote – bringen

    5. Gericht – Angeklagter – 5 Jahre Gefängnis – verurteilen

    6. Fußgänger – herunterfallen, Dachziegel – verletzen

    7. sein, laut, Rufen – man – er – aufmerksam werden

    8. Raub – kluges Handeln, Kassierer – verhindern – können

    9. Regierung – Gesandter – vertreten

    10. gewaltsames Öffnen, Paket – Inhalt – beschädigt

9. Formen Sie die Aktivsätze in Passivsätze um.
    0. Der Telekommitarbeiter soll die Telefonleitungen neu verlegen.
       Die Telefonleitungen sollen vom Telekommitarbeiter neu verlegt werden.
    1. Die Polizei hat 10 Demonstranten festgenommen.

    2. Jemand muss die Rechnung noch bezahlen.

    3. Man gibt die Ursachen des Unglücks noch bekannt.

    4. Den Motor musste man zweimal auswechseln.

    5. Der Bürgermeister weiht die neue Rennstrecke am Samstag ein.

    6. Das Messer müsste man mal schleifen.

    7. Ich habe gehört, dass man den Präsidenten ermordet hat.

    8. Er behauptet, dass niemand ihn gesehen hat.

    9. Die Nachrichten berichteten über Plünderungen in Geschäften der Innenstadt.

    10. Hätte man die Krankheit nicht frühzeitig entdeckt, hätte man mich operieren müssen.

Aktives und Passives   *Kapitel 7–C*

   11. Hätte der Stadtrat den Bau der Autobahn nicht genehmigt, hätte man hier ein Naherholungszentrum errichten können.
....

   12. Hätte man den Brief rechtzeitig abgeschickt, hätte man den Schaden begrenzen können.
....

   13. Hätte doch niemand diesen Aufruf unterschrieben!
....

   14. Der Chef will, dass man ihn über alles informiert.
....

   15. Der Chef will, dass die Verwaltungsmitarbeiterin die Abrechnung noch vor Ende der Woche macht.
....

   16. Die Bürger wollen, dass der Staat die wachsende Kriminalität bekämpft.
....

10. Bilden Sie Sätze im Zustandspassiv/Zustandsreflexiv.
   0. ich – Zustände, dieses Haus – sich empören
      Ich bin über die Zustände in diesem Haus empört.
   1. er – Werdegang, junger Mann – sich interessieren
....
   2. viel, Tierarten – Aussterben – bedrohen
....
   3. Geschäft – drei Wochen – schließen
....
   4. ich – Schicksal, Kind – betreffen
....
   5. er – lauter Fachidioten – umgeben
....
   6. er – sofortig, Handeln – zwingen
....
   7. Gerät – drei Zwischenschalter – einbauen
....
   8. Schwimmbad – seit Juni – öffnen
....
   9. er – Sabine – sich verlieben
....
   10. Auto – Alarmanlage – ausrüsten
....

Kapitel 7
Teil D

Aktives und Passives
Themen für Vortrag und Aufsatz

Technik und Fortschritt

1. Was ist für Sie persönlich die wichtigste Erfindung der letzten Zeit? Begründen Sie Ihre Meinung.
2. Ist die rasante technische Entwicklung ein Segen für die Menschheit oder eine Gefahr? Begründen Sie Ihre Meinung und belegen Sie sie mit Beispielen.
3. „Es werden Milliarden Mark für die Weltraumforschung ausgegeben. Man sollte dieses Geld aber besser zur Bekämpfung von Problemen auf der Erde (Hunger/Überbevölkerung/Umweltschutz) verwenden."
Nehmen Sie zu dieser These Stellung und begründen Sie Ihre Meinung.

Essen und Ernährung

4. Die moderne Technik macht es möglich, Nahrungsmittel mit Hilfe von Genmanipulation gegen Schädlinge oder andere negative Einflüsse resistenter zu machen. Wo sehen Sie persönlich Chancen und Gefahren genmanipulierter Nahrungsmittel? Begründen Sie Ihre Meinung.
5. Inwieweit haben sich die Essgewohnheiten in Ihrem Heimatland durch das weltweite Angebot an „Fastfood" verändert? Wie bewerten Sie diese Entwicklung? Begründen Sie Ihre Meinung und belegen Sie Ihre Ausführungen mit Beispielen.

Umwelt

6. Beschreiben Sie die Umweltprobleme, die Sie am meisten stören, und machen Sie Vorschläge, wie man sie verringern oder abschaffen könnte. Begründen Sie Ihre Meinung.
7. Für einige Politiker sind die Einführung der Öko-Steuer und die drastische Erhöhung der Benzinpreise die wichtigsten sofortigen Maßnahmen zur Rettung der Umwelt. Äußern Sie Ihre Meinung dazu und begründen Sie sie.

Formelles und Informelles *Kapitel 8–A*

Kapitel 8 **Formelles und Informelles**
Teil A *Texte und Textarbeit*

I. Verhandlungskunst

1. Lesen Sie den folgenden Text.

Schluss mit dem Tauziehen

Verhandlung oder Machtkampf? In Besprechungen und Verkaufsgesprächen ist die Grenze zwischen Argumentation und Aggression häufig fließend. Dabei sollte es in Verhandlungen nicht darum gehen, den anderen über den Tisch zu ziehen. Partnerschaftliches Verhalten ist angesagt. Gesprächstechniken sind nützlich, doch wichtiger ist es, für die Interessen der Gegenseite offen zu sein. Und last but not least sollten Verhandler durch ihre Persönlichkeit überzeugen.

Welche Gesprächsfertigkeiten erfolgreiche Verhandler brauchen, war Ausgangspunkt für eine Studie, bei der in über 100 Verhandlungen Verhandlungsführer beobachtet und die entscheidenden Verhaltensweisen identifiziert wurden, die erfolgreiche von durchschnittlichen Verhandlern unterscheiden.

Danach wirken folgende Gesprächstechniken im Gespräch **positiv**:
○ **Verhandlungsweisen ankündigen:** Anstatt z. B. direkt einen Vorschlag zu machen, sagen erfolgreiche Verhandler: „Wenn ich einen Vorschlag machen darf ..."
○ **Nachhaken und Zusammenfassen:** Um Missverständnisse und Irrtümer zu vermeiden, haken erfolgreiche Verhandler nach, ob eine Aussage oder ein Vorschlag verstanden worden ist. Aus gleichem Grund fassen sie vorangegangene Diskussionspunkte in regelmäßigen Abständen zusammen.
○ **Fragen stellen:** Die Vorteile liegen u. a. darin, dass Fragen Informationen über Meinungen und Standpunkte des Gesprächspartners liefern. Sie helfen, die Diskussion zu kontrollieren und geben Zeit zum Nachdenken.
○ **Gefühle zeigen:** Erfolgreiche Verhandler teilen ihrem Gesprächspartner innere Beweggründe und Motive mit. Sie sprechen über persönliche Dinge wie die augenblickliche Stimmung oder die Zufriedenheit mit dem erreichten Stand.

Neben diesen Erfolg versprechenden Gesprächstechniken gibt es mindestens ebenso viele Verhaltensweisen, die Verhandler besser **meiden** sollten, z. B.:
○ **Verwässerung der Argumente:** Je mehr Argumente, desto besser? Dies ist ein Trugschluss. Eine Reihe von Gründen zur Stützung der eigenen Po-

Kapitel 8–A *Formelles und Informelles*

> sition vorzubringen, wirkt sich nachteilig aus, denn die zunehmende Anzahl der Argumente bietet dem Gegner mehr Angriffsfläche und <u>verwässert</u> die eigene Argumentation. Besser ist es, weniger, dafür aber <u>stichhaltige</u> Argumente vorzubringen.
> ○ **Eigenlob:** Ausdrücke wie „fair" oder „großzügiges Angebot" haben keine Überzeugungskraft, wenn sie als Eigenlob benutzt werden. Sie führen eher zur Verärgerung des Verhandlungspartners, der glauben könnte, er selbst erscheint als unfair.
> ○ **Gegenvorschläge:** Gegenvorschläge kommen in der Regel zu einem ungünstigen Zeitpunkt, da der andere mit seinem eigenen Vorschlag beschäftigt ist. Es könnte auch als Abblocken oder Widersprechen gedeutet werden.
> ○ **Verteidigungs-Angriffs-Spirale:** Verteidigung und Angriff sind oft schwer voneinander zu unterscheiden. Was der eine als legitime Abwehr empfindet, sieht der andere als ungerechtfertigten Angriff und der Teufelskreis „Verteidigung – Angreifen" setzt ein.

Aus: ManagerSeminare

2. Nehmen Sie Stellung zu den Empfehlungen.
   Worauf sollte man Ihrer Meinung nach noch achten, wenn man eine erfolgreiche Verhandlung führen will?

3. Erklären Sie die Wörter nach ihrer Bedeutung im Text mit synonymen Wendungen.
   1. jmdn. über <u>den Tisch ziehen</u>   ....
   2. etwas ist <u>angesagt</u>   ....
   3. <u>durchschnittliche</u> Verhandler   ....
   4. <u>nachhaken</u>   ....
   5. <u>Trugschluss</u>   ....
   6. Argumente <u>verwässern</u>   ....
   7. <u>stichhaltige</u> Argumente   ....

4. Ergänzen Sie die fehlenden Präpositionen.
   1. .... Besprechungen und Verkaufsgesprächen ist die Grenze .... Argumentation und Aggression häufig fließend. Dabei sollte es .... Verhandlungen nicht darum gehen, den anderen .... den Tisch zu ziehen.
   2. Welche Gesprächsfertigkeiten erfolgreiche Verhandler brauchen, war Ausgangspunkt .... eine Studie, ... der .... über 100 Verhandlungen Verhandlungsführer beobachtet wurden.
   3. Die Vorteile liegen u. a. darin, dass Fragen Informationen .... Meinungen und Standpunkte des Gesprächspartners liefern.
   4. Gegenvorschläge kommen .... der Regel .... einem ungünstigen Zeitpunkt, da der andere .... seinem eigenen Vorschlag beschäftigt ist.

5. Ergänzen Sie die fehlenden Verben.
   1. Eine gute Vorbereitung .... als Voraussetzung für den positiven Abschluss einer Verhandlung.
   2. Als Erstes müssen erreichbare Ziele .... werden.

Formelles und Informelles   *Kapitel 8–A*

   3. Stärken und Schwächen beider Verhandlungspartner sollten vorher .... und die Realisierbarkeit der Ziele .... werden.

   4. Als Nächstes sind Verhandlungspunkte und Prioritäten ...., um Überraschungen während der Verhandlung ....

   5. Mögliche Alternativen sind wichtig als Rückzugsposition, wenn die Verhandlung zu .... droht.

6. Bilden Sie aus den vorgegebenen Wörtern Sätze.

   1. Ziele – Verhandlung – nicht – zu hoch – ansiedeln – dürfen – werden

       ....

   2. Analyse – Verhandlungspartner – Konfliktbereiche – Vorfeld – helfen – erkennen

       ....

   3. Vertragspartner – Verhandlung – beide – eingehend – vorbereiten – sollten

       ....

II. Andere Länder – andere Sitten

1. Lesen Sie den folgenden Text.

Andere Länder – andere Sitten

Im Süden Europas sind die Zeitbegriffe etwas dehnbarer als z. B. in Deutschland. Das berühmte spanische „Manana" („Morgen") bedeutet zwar nicht gerade, das alles auf den nächsten Tag verschoben wird, doch die Verspätung von einer halben Stunde wundert in den Spanisch sprechenden Ländern (auch in Südamerika) niemanden. Man selber sollte daher zu einer Verabredung nie zu früh kommen, denn das wäre eine grobe Unhöflichkeit. Wichtig ist auch, die so genannte Siesta, die Mittagsruhe, die sich in den heißen Monaten bis vier Uhr nachmittags ausdehnen kann, nicht zu stören.

Da man in Italien, Spanien und in Portugal recht förmlich ist, sollte man sich vor einer Reise nach den Titeln erkundigen, die mögliche Kontaktpersonen haben. In den romanischen Ländern ist es enorm wichtig, die Geschäftspartner (auch die Damen) mit akademischem oder militärischem Ti-

161

Kapitel 8–A   *Formelles und Informelles*

tel anzureden. Titel werden übrigens auch in Österreich nach wie vor gern gehört. In allen südeuropäischen Staaten sind die Visitenkarten ein wichtiges Requisit zur gesellschaftlichen Verständigung. Wer nicht nur aus touristischen Gründen in Spanien, Portugal oder Italien einige Tage verbringen will, kann gar nicht genug Visitenkarten einstecken. Auch in den osteuropäischen Ländern bilden Visitenkarten ein Statussymbol und <u>untermauern</u> die Bedeutung ihrer Besitzer.

Wenn man die Landessprache nicht beherrscht, ist es ratsam, sich im Ausland den offiziellen Regeln anzupassen. Zum Beispiel <u>gehört</u> es in den Mittelmeerländern nicht <u>zum guten Ton</u>, als Frau tief dekolletiert, in Shorts, ohne Kopfbedeckung oder überhaupt nur <u>dürftig</u> bekleidet eine Kirche zu besichtigen.

In den romanischen und den meisten osteuropäischen Ländern werden in guter Gesellschaft (nicht in Touristenlokalen) sehr feine Tischmanieren eingehalten. In Frankreich beispielsweise ist es <u>verpönt</u>, sich am Tisch mit einem Zahnstocher umständlich die Zähne zu reinigen. Reist man in die Türkei oder nach Griechenland, kann es passieren, dass das Essen nur lauwarm auf den Tisch kommt. Das liegt daran, dass man in der Türkei und in Griechenland nicht gewohnt ist, die Teller im Backofen oder auf Wärmeplatten vorzuwärmen. Außerdem wird dort nicht so heiß gegessen wie in anderen Ländern Europas, wo sehr heiß serviert wird.

Wohin man auch kommt, es ist immer ratsam, die Landessitten zu achten und nicht zu versuchen, seine eigenen Bräuche woanders einzuführen.

Aus: 1 x 1 der guten Umgangsformen

2. Fassen Sie den Text mit eigenen Worten zusammen.

3. Sprechen Sie über Umgangsformen in Ihrem Heimatland. Was sollte man als Ausländer unbedingt beachten?

4. Erklären Sie die Wörter nach ihrer Bedeutung im Text mit synonymen Wendungen.
    1. <u>dehnbarer</u> Zeitbegriff ....
    2. <u>förmlich</u> ....
    3. <u>enorm</u> wichtig ....
    4. etwas <u>untermauern</u> ....
    5. <u>gehört zum guten Ton</u> ....
    6. <u>dürftig</u> bekleidet ....
    7. <u>verpönt</u> ....

Formelles und Informelles   *Kapitel 8–A*

5. Ergänzen Sie die fehlenden Präpositionen.
1. Das berühmte spanische „Manana" („Morgen") bedeutet zwar nicht gerade, dass alles ……… den nächsten Tag verschoben wird, doch die Verspätung ……… einer halben Stunde wundert ……… den Spanisch sprechenden Ländern (auch ……… Südamerika) niemanden.
2. Da man ……… Italien, Spanien und ……… Portugal recht förmlich ist, sollte man sich ……… einer Reise ……… den Titeln erkundigen, die mögliche Kontaktpersonen haben.
3. Zum Beispiel gehört es ……… den Mittelmeerländern nicht ……… guten Ton, als Frau tief dekolletiert, ……… Shorts, ……… Kopfbedeckung eine Kirche zu besichtigen.

6. Ergänzen Sie die fehlenden Verben.
1. Man selber ……… daher zu einer Verabredung nie zu früh kommen, denn das ……… eine grobe Unhöflichkeit.
2. In den romanischen Ländern ist es enorm wichtig, die Geschäftspartner (auch die Damen) mit akademischem oder militärischem Titel ……… .
3. Wenn man die Landessprache nicht ………, ist es ratsam, sich im Ausland den offiziellen Regeln ……… .
4. In den romanischen und den meisten osteuropäischen Ländern werden in guter Gesellschaft sehr feine Tischmanieren ……… . In Frankreich beispielsweise ist es ………, sich am Tisch mit einem Zahnstocher umständlich die Zähne zu ……… .
5. Wohin man auch ………, es ist immer ratsam, die Landessitten zu ……… und nicht zu ………, seine eigenen Bräuche woanders ……… .

7. Bilden Sie aus den vorgegebenen Wörtern Sätze.
1. Deutsche – Leben – Privatleben – Berufsleben – teilen
   ……………………………………………………………………………………
2. zwei Bereiche – sie – strikt – genau – voneinander – getrennt sein – achten – dass
   ……………………………………………………………………………………
3. Berufsleben – formell, Kleidung – Kollegen – man – höflich sein – tragen – und
   ……………………………………………………………………………………
4. geschäftlich, Termine – Arbeit – man – pünktlich – müssen (2 x), einhalten – erscheinen – werden – und
   ……………………………………………………………………………………
5. Scherze – formell, Gelegenheiten – nicht besonders – beliebt sein
   ……………………………………………………………………………………
6. Privatleben – Deutsche – lockerer – kleiden – benehmen – und
   ……………………………………………………………………………………
7. Grüßen – gesamt, deutsch, Leben – Rolle – wichtig – spielen
   ……………………………………………………………………………………

163

III. Anredeformen

1. Lesen Sie den folgenden Text.

Aktuelle Tendenzen der deutschen Sprache – Anredeformen

Von Gerhard Stickel, Professor am Institut für Deutsche Sprache Mannheim

Weniger regional als sozial bestimmt sind die Konventionen für die Anreden von Hörern und Lesern, insbesondere der Gebrauch von *du* und *Sie* und der entsprechenden Possessiva *dein und Ihr*. Die Gebrauchsbedingungen für diese Anredepronomina haben sich in den letzten drei Jahrzehnten geändert, und zwar gleich tendenziell zweimal.

Bis Mitte der 60er Jahre galten im Großen und Ganzen folgende Konventionen: Die Distanzform *Sie* war die normale reziproke Anredeform unter „bürgerlichen" Erwachsenen außerhalb der Familie und der Verwandtschaft oder einer engeren freundschaftlichen Beziehung. Sie war die übliche Anrede auch unter Studenten, die sich nicht näher kannten. Die vertrauliche *Du*-Form gebrauchten Erwachsene gegenüber Verwandten und Freunden und Kindern und Jugendlichen (bis etwa 16 Jahre). Nichtverwandte Kinder und Jugendliche werden von Erwachsenen geduzt, die Erwachsenen erwarten jedoch von den Jugendlichen eine Anrede mit *Sie*. Reziprokes *du* war und ist weiterhin normale Anredeform unter Arbeitern und unter bäuerlichen Nachbarn auf dem Land.

Während der Studentenbewegung Ende der 60er Jahre breitete sich das bis dahin auf die Arbeiterschaft beschränkte *solidarische du* rasch aus. Zunächst duzten sich nur die „linken" Studenten untereinander und siezten weiterhin die „rechten" Kommilitonen. Aber bald wurde das *du* zur Anredeform unter allen Studierenden und griff auch auf einen Teil der Lehrer und Dozenten über, die sich untereinander und mit ihren Studenten zu duzen begannen.

Die gesellschaftliche Ausbreitung des *du* verlangsamte sich Mitte der 70er Jahre und setzte sich in den 80er Jahren nicht weiter fort. Innerhalb der Universität hatte sich das *solidarische du* ohnehin nicht auf alle Fächer in gleicher Weise ausgedehnt. Während etwa unter den Soziologen und anderen Geisteswissenschaftlern auch die Dozenten sehr duzfreudig waren, blieben die Mediziner und Juristen relativ *Sie*-orientiert. Bis heute hat die *du-Sie*-Verteilung auch eine politische Dimension. Mitglieder linker Parteien duzen sich im Innenverhältnis, während sich Mitglieder anderer Parteien häufiger mit Sie anreden.

Die Gebrauchsbedingungen für *du* und *Sie* haben sich bis heute nicht stabilisiert. Man kann vereinfachend sagen: Für Begegnungen jüngerer Menschen bis etwa 28 Jahre gilt reziprokes *du*.

Darüber sind die Verhältnisse uneinheitlich. Auf der einen Seite gehen ältere Erwachsene im Berufsleben leichter zum *du* über, als dies vor einer Generation der Fall war, auf der anderen Seite kann man feststellen, dass das *Sie* im Berufsleben wieder zur Normalform wird. Die in die Jahre gekommenen „68-er" haben entweder das *du* mit in ihre Arbeitswelt übernommen oder sich seit einigen Jahren gegen den „Terrorismus der Nähe" entschieden und benutzen seitdem wieder die Distanzform *Sie*. Diese Entwicklung ist vermutlich auch nach der Wende in der ehemaligen DDR durch die Aversion vieler Ostdeutscher gegenüber dem *Genossen-du* verstärkt worden.

Nach neuesten Beobachtungen gewinnt das *Sie* weiter an Boden zurück. Eine in-

Formelles und Informelles   *Kapitel 8–A*

> teressante Entwicklung zeichnet sich mit Namen ab. Neben die Distanzanrede mit *Sie + Frau/Herr Müller* ist der vermehrte Gebrauch einer halbförmlichen Anrede mit *Sie + Vornamen* getreten: „Wie finden Sie diese Zeichnung, Peter?". Diese Anrede ist u. a. in Führungsetagen großer Firmen und in einigen Zeitungsredaktionen in Gebrauch gekommen. Die Form selbst ist nicht neu. In Hamburg ist sie seit alters die wechselseitige Anrede Hamburger Kaufleute. Vor einer Generation redeten bürgerliche Eltern die erwachsenen Freunde ihrer Kinder und auch das Hausmädchen mit Vornamen und *Sie* an. Ob diese Kompromissform in ihrer neuen Funktion mehr als eine kurzfristige Mode ist, muss sich zeigen.

2. Fassen Sie den Inhalt des Textes mit eigenen Worten zusammen.

3. Sprechen Sie über die Anrede und die (evtl.) Veränderung der Anredeformen in Ihrer Muttersprache.

4. Berichten Sie über Ihre Erfahrungen mit dem *Duzen* und *Siezen* in Deutschland/mit Deutschen.

5. Ergänzen Sie die fehlenden Präpositionen, wenn nötig.
   1. .... der Studentenbewegung .... Ende der 60er Jahre breitete sich das .... dahin .... die Arbeiterschaft beschränkte *solidarische du* rasch aus.
   2. Bald wurde das *du* .... Anredeform .... allen Studierenden und griff auch .... einen Teil der Lehrer über.
   3. .... der einen Seite gehen ältere Erwachsene .... Berufsleben leichter .... *du* über, als dies .... einer Generation der Fall war, ... der anderen Seite kann man feststellen, dass das *Sie* .... Berufsleben wieder .... Normalform wird.
   4. Diese Entwicklung ist .... der Wende .... der ehemaligen DDR .... die Aversion vieler Ostdeutscher .... dem *Genossen-du* verstärkt worden.

6. Ergänzen Sie die fehlenden Verben.
   1. Nach neuesten Beobachtungen .... das *Sie* weiter an Boden zurück.
   2. Eine interessante Entwicklung .... sich bei der Anrede mit dem Namen ab.
   3. Diese Anrede ist u. a. in Führungsetagen großer Firmen in Gebrauch ....
   4. Ob diese Kompromissform mehr als eine kurzfristige Mode ist, muss sich ....

7. Berufs- und Funktionsbezeichnungen

Hinweis:
Die allermeisten deutschen Berufs- und Funktionsbezeichnungen sind in ihrer morphologisch einfachsten Form maskulin: Lehrer, Schüler, Mitarbeiter. Bei offiziellen Texten muss auf Grund der Gleichberechtigung die weibliche Form extra genannt werden:
Wir suchen eine Mitarbeiterin oder einen Mitarbeiter ...
Liebe Kolleginnen und Kollegen ... usw.

Kapitel 8–A   *Formelles und Informelles*

Nennen Sie die korrekte weibliche Bezeichnung.

0. Ingenieur — *Ingenieurin*
1. Bürgermeister — ....
2. Chemiker — ....
3. Arzt — ....
4. Vorsitzender — ....
5. Bankkaufmann — ....
6. Minister — ....
7. Staatssekretär — ....
8. Ministerialrat — ....
9. Beamter — ....
10. Biologe — ....
11. Pfarrer — ....

8. Groß- und Kleinschreibung bei der schriftlichen Anrede

Hinweis:
Alle Formen der formellen Anrede (Sie, Ihnen, Ihr ...) werden nach der Rechtschreibreform <u>groß</u>geschrieben, alle Formen der informellen Anrede (du, dein, dich ...) <u>klein</u>.

Ergänzen Sie die Anredepronomen.
1. Wie geht es ....? *(formell)*
2. Ich habe gestern dankend .... Brief erhalten und freue mich für .... über .... Erfolg. *(formell)*
3. Wenn .... nächste Woche kommst, bringe bitte .... Badehose mit, wir haben tolles Wetter. *(informell)*
4. Ich bitte ...., die von .... noch nicht bezahlte Rechnung umgehend zu begleichen. *(formell)*

IV. Formelle Briefe – Einladungen und gute Wünsche

Formelle Briefe zu schreiben ist nicht so schwierig, wie allgemein angenommen wird. Die folgenden Tipps und Beispiele sollen Ihnen beim Briefeschreiben ein wenig helfen.
Unsere Tipps:
Formelle Briefe sollten **einfach** und **verständlich** sein, das heißt:
– Beschränken Sie sich auf das Wesentliche.
– Verwenden Sie geläufige Wörter und einfache Sätze.
– Gliedern Sie den Brief inhaltlich und optisch.
– Schreiben Sie in einem höflichen und persönlichen Stil.

Bei der **Anrede für Einladungen und Wünsche** kann man sowohl *Sehr geehrte/ sehr geehrter* als auch *Liebe/lieber* verwenden. (Bei Aufträgen, Auftragsbestätigungen, Mängelrügen oder ähnlichen Briefen, schreibt man fast immer *Sehr geehrte/ sehr geehrter*.)
Zum **Schluss des Briefes** sind folgende Grußformeln möglich: *Mit freundlichen Grüßen, Mit besten Grüßen, Mit besten Empfehlungen, Mit herzlichen Grüßen* (als Ausdruck besonderer persönlicher Beziehungen).
Unterschrieben wird mit Vor- und Nachnamen.

1. Lesen sie die folgenden Briefbeispiele.

Formelles und Informelles   *Kapitel 8–A*

Geburtstagswünsche an einen Mitarbeiter

Sehr geehrter Herr Mitschke,

zu Ihrem 50. Geburtstag möchte ich Ihnen, auch im Namen aller Mitarbeiter der Abteilung, ganz herzlich gratulieren.

Für das nächste Lebensjahr wünsche ich Ihnen Gesundheit, Glück und Schaffenskraft.

Hoffentlich gefällt Ihnen unser kleines Geschenk. Es ist auch ein Dankeschön für die bisherige gute Zusammenarbeit.

Alles Gute und beste Grüße

(Unterschrift)
Martin Spengler

Einladung zu einem Vortrag

Sehr geehrte Frau Dr. Schmitz-Stöber,

das Gesundheitswesen befindet sich im Wandel. Gerade in den vergangenen Monaten sind sehr kontroverse Diskussionen über neue Entwicklungen geführt worden.

In Zusammenarbeit mit der **„Vertragsärztlichen Vereinigung Miesbach"** laden wir Sie zu einer Veranstaltung mit Herrn Rechtsanwalt Karl-Gerhard Schädlich ein:

Kassenarzt – ein Auslaufmodell?
Überlebensstrategien für die
kassenärztliche Praxis

Termin: 26. Oktober 1999
Beginn: 19.00 Uhr (Einlass 18.30 Uhr)
Ort: Waitzinger Keller, Miesbach

Die Veranstaltung dauert ca. 3 Stunden. Für den Hunger danach steht im Anschluss ein kleines Buffet für Sie bereit. Bitte geben Sie uns mit beiliegender Faxantwort bis zum 15. Oktober Bescheid, ob Sie an dieser Veranstaltung teilnehmen.

Wir freuen uns auf Ihr Kommen!

Mit freundlichen Grüßen

(Unterschrift)
Kurt Hirmer

Weihnachts- und Neujahrswünsche

Liebe Frau Sommer,

wir wünschen Ihnen und Ihrem Mann ein frohes Weihnachtsfest, gesegnete Feiertage und ein gesundes, glückliches und erfolgreiches Neues Jahr.

Mit herzlichen Grüßen

(Unterschrift)
Rosemarie und Heinz Kolbach

Absage einer Einladung

Sehr geehrter Herr Krause,

haben Sie vielen Dank für Ihre freundliche Einladung.

Zu meinem Bedauern muss ich Ihnen mitteilen, dass es mir nicht möglich ist zu kommen. Ich trete am Mittwoch eine zweiwöchige Dienstreise an.

Mit besten Empfehlungen

Ihr
(Unterschrift)
Heinz Kubelick

Kapitel 8–A   *Formelles und Informelles*

**Neujahrswünsche
eines Direktors an seine Mitarbeiter**

Liebe Mitarbeiterinnen,
liebe Mitarbeiter,

das Jahr geht seinem Ende entgegen und wir können stolz darauf zurückblicken. Für die hervorragenden Ergebnisse, die wir in diesem Jahr erzielt haben, danke ich jedem von Ihnen.

Im Neuen Jahr werden wir mehr denn je unsere Vorstellungskraft und Kreativität nötig haben, wir müssen offen sein und unseren Teamgeist weiterentwickeln, um unsere Leistungs- und Konkurrenzfähigkeit auf dem internationalen Markt noch weiter zu verbessern.

Ich wünsche Ihnen ein sehr gutes und glückliches Neues Jahr!

(Unterschrift)
Dr. Franz Wohlfahrt

Einladung zu einem formellen Essen

Lieber Herr Professor Hagenmüller,

am 20. Februar d. J. wird der Ehrenvorsitzende unseres Aufsichtsrates, Herr Dr. Wolfgang Röller, 70 Jahre alt.

Aus diesem Anlass gebe ich gemeinsam mit meinem Kollegen ein Abendessen in unserer Bank. Dazu möchte ich Sie und Ihre Frau sehr herzlich einladen.

Ich würde mich freuen, Sie am

2. März 2000 um 18.30 Uhr
im Klubraum
der Gallusanlage 8, 6. OG.

begrüßen zu dürfen. Bitte lassen Sie unser Vorstands-Sekretariat, Frau Zink, wissen, ob Sie teilnehmen können.

Mit besten Grüßen

(Unterschrift)
Bernhard Walter

Kondolenzbrief an die Frau eines Mitarbeiters

Sehr geehrte Frau Schumann,

über die Nachricht vom plötzlichen Tod Ihres Mannes sind wir tief betroffen.

Ihr Mann war ein liebenswerter und hilfsbereiter Mensch, der durch seinen Einsatz, seine Kooperationsfähigkeit und seine Arbeit viel zum Erfolg des Unternehmens beigetragen hat.

Der Tod Ihres Mannes bedeutet auch für uns einen schweren Verlust.

Wir wünschen Ihnen für die nächste Zeit Kraft und Stärke, den Schmerz und die Trauer zu überwinden.

Unser herzlichstes Beileid.

Mit tröstenden Gedanken und besten Grüßen

(Unterschrift)
Dr. Herbert Knaup

---

2.   Schreiben Sie drei kurze formelle Briefe Ihrer Wahl.

Formelles und Informelles *Kapitel 8–B*

Kapitel 8 — Formelles und Informelles
Teil B — *Hinweise zu Grammatik und Prüfungsaufgaben*

1. Konjunktiv II als Ausdruck der Höflichkeit und Zurückhaltung

> – Würden Sie bitte das Fenster zumachen, es zieht!
>   *(mündliche Aufforderung)*
> – Wir würden uns freuen, Sie bei uns als Gast begrüßen zu dürfen.
>   *(Höflichkeitsfloskel)*
> – Wie wäre es, wenn wir uns auch von anderen Firmen einen Kostenvoranschlag zuschicken lassen?
>   *(höflicher Vorschlag)*
>
> Wenn Sie höflich, formell oder etwas zurückhaltend sein wollen/müssen, dann verwenden Sie bitte den Konjunktiv II in direkten und indirekten Bitten und Aufforderungen sowie bei Vorschlägen oder vorsichtig angebrachter Kritik.

2. Nomen-Verb-Verbindungen

> Nomen-Verb-Verbindungen bestehen, wie der Name schon sagt, aus einem Nomen und einem Verb.
> Beispiele: *einen Antrag stellen*
> *Berücksichtigung finden*
>
> Das Nomen beschreibt die Handlung und das Verb wird seiner eigentlichen Bedeutung enthoben.
> Oft lassen sich Nomen-Verb-Verbindungen durch einfache Verben ersetzen.
> Beispiele: *Antrag stellen – beantragen*
> *Berücksichtigung finden – berücksichtigt werden.*
>
> Wenn Sie die Nomen-Verb-Verbindung verwenden, bekommt die Sprache einen formelleren Charakter.
> Sehr gebräuchlich ist die Verwendung von Nomen-Verb-Verbindungen z. B. im Geschäftsleben, auf Ämtern und in allen Situationen, wo man sich etwas formeller ausdrücken möchte.

3. Nominalstil – Schriftsprache

> – *Wenn das Flugzeug startet,* bitten wir Sie das Rauchen einzustellen. *(Verbalstil)*
> – *Beim Start (des Flugzeugs)* bitten wir Sie das Rauchen einzustellen. *(Nominalstil)*
>
> Der Nominalstil wirkt formeller als der (eher erzählerisch wirkende) Verbalstil.
> Er wird vor allem (aber nicht ausschließlich) in der Schriftsprache und im Amtsdeutsch verwendet.

Kapitel 8–B   *Formelles und Informelles*

Schritte für Umformungen von Sätzen in Nominalgruppen

Umzuformende Sätze:
a) Die Zahlung ist fällig, *wenn die Lieferung eintrifft.*
b) *So weit man bis jetzt weiß,* gibt es bei diesem neuen Medikament keine Nebenwirkungen.

1. Streichen Sie die Konjunktion: *wenn, so weit*
2. Substantivieren Sie das Verb:
   eintrifft – das Eintreffen
   weiß – das Wissen, die Erkenntnis
3. Suchen Sie die passende Präposition:
   bei/nach dem Eintreffen
   nach dem Wissen/nach der Erkenntnis/dem Wissen nach
4. Fügen Sie den Rest der Aussage als Attribut hinzu:
   Bei/nach (dem) Eintreffen der Lieferung
   nach der jetzigen/bisherigen Erkenntnis
5. Passen Sie die Präpositionalgruppe in den Rest des Satzes ein.

Umgeformte Sätze:
a) Die Zahlung ist *bei Eintreffen der Lieferung* fällig.
b) *Nach der bisherigen Erkenntnis* gibt es bei diesem neuen Medikament keine Nebenwirkungen.

---

4. Einige Präpositionen der Schriftsprache

---

anhand (G)	*anhand der erdrückenden Beweise*
anlässlich (G)	*anlässlich des 100. Todestages*
auf Grund (G)	*auf Grund sich häufender Beschwerden*
Bezug nehmend auf (A)	*Bezug nehmend auf Ihr Schreiben vom*
binnen (G/D)	*binnen der nächsten 14 Tage*
dank (G/D)	*dank seiner Hilfe*
gemäß (D)	*gemäß Artikel 1 der Straßenverkehrsordnung*
der Form halber (G)	*der Form halber*
hinsichtlich (G)	*hinsichtlich seiner körperlichen Verfassung*
infolge (G)	*infolge schlechter Wetterumstände*
kraft (G)	*kraft seines Amtes*
laut (G/D)	*laut neuester Umfrageergebnisse*
mangels (G)	*mangels ausreichender finanzieller Unterstützung*
mittels (G)	*mittels gewaltiger Maschinen*
seitens (G)	*seitens der Staatsanwaltschaft*
trotz (G)	*trotz seiner Bemühungen*
ungeachtet (G)	*ungeachtet der Zwischenrufe*
zeit (G)	*zeit seines Lebens*
zu Gunsten (G)	*zu Gunsten des Angeklagten*
zufolge (D)	*einem Bericht der FAZ zufolge*
zuliebe (D)	*meiner Mutter zuliebe*
zwecks (G)	*zwecks besserer Kommunikation*

Formelles und Informelles *Kapitel 8–C*

Kapitel 8 — Formelles und Informelles
Teil C — *Übungen*

1. **Konjunktiv II als Ausdruck der Höflichkeit/Zurückhaltung**
   Bilden Sie den Hauptsatz im Konjunktiv II.
   0. ich – vorschlagen // nächste Sitzung – 10. September – 15.00 – stattfinden
      Ich würde vorschlagen, dass die nächste Sitzung am 10. September, 15.00 Uhr stattfindet.
   1. ich – sich vorstellen können // Preiserhöhung – Kunde – Kritik stoßen
      ....
   2. ich – abraten // andere Werbefirma – beauftragen
      ....
   3. wir – sich freuen // weitere Aufträge – Sie – erhalten
      ....
   4. ich – Sie – bitten // Rechnung – umgehend – begleichen
      ....
   5. ich – Vergnügen sein // Sie – begleiten – dürfen
      ....
   6. ich – hinweisen dürfen // Fehler – Jahresabrechnung – sein
      ....
   7. es – besser gewesen // zuständiger Kollege – Rücksprache halten
      ....
   8. Sie – etwas ausmachen // Gast – Bahnhof – bringen
      ....

2. **Nomen-Verb-Verbindungen**
   Ergänzen Sie die passenden Verben und die fehlenden Präpositionen.
   1. Die Autofahrer haben wegen der Verteuerung des Benzins .... der Regierung Kritik ....
   2. Die Polizei befürchtet, dass der entflohene Häftling wieder ein Verbrechen ....
   3. Für diese Fehlentscheidung muss der Manager die Verantwortung ....
   4. Er wurde deshalb vom Aufsichtsrat .... Rechenschaft .... Da musste er Rede und Antwort ....
   5. Wer muss .... den Schaden ....? Wer wird die Kosten ....
   6. Gestern wurde in dem Prozess das Urteil ....
   7. Niemand wollte den Reisenden Glauben ....
   8. Das neue Gesetz .... zu Beginn nächsten Jahres .... Kraft.
   9. Gegen den drastischen Fall des Dollars müssen Maßnahmen .... werden.
   10. .... Sie bitte .... Kenntnis, dass die Bearbeitung des Antrags ca. 10 Monate dauert.

Kapitel 8–C   *Formelles und Informelles*

    11. Für den Posten des Abteilungsleiters .... insgesamt drei Mitarbeiter .... Betracht.
    12. Ich .... meine Unterlagen gern .... Verfügung.
    13. Sie hat das Vertrauen Ihres Chefs ....
    14. Ich bitte Sie, ... dem Vorschlag Stellung zu ....
    15. Man kann ihr wirklich keine Bitte ....

3. Ergänzen Sie die bei den Nomen fehlenden Verben.
Was hat sie getan? Sie hat
    1. einen Antrag ....
    2. ihren Standpunkt ....
    3. sich mit dem zuständigen Beamten in Verbindung ....
    4. mit ihrem Antrag großes Aufsehen ....
    5. damit alle in Erstaunen ....
    6. mögliche Einwände in Erwägung ....
    7. eine Auswahl möglicher Änderungen ....
    8. einige Zweifel ....
    9. keine Niederlage ...., sondern einen Sieg ....

4. Formen Sie die Sätze um und verwenden Sie eine Nomen-Verb-Verbindung.
    0. Seine guten Noten haben uns überrascht. (Staunen)
       Seine guten Noten haben uns in Staunen versetzt.
    1. Der Ministerpräsident wird auch verschiedene Hilfsorganisationen besuchen. (Besuch)
       ....
    2. Der Staat kann in bestimmten Fällen helfen. (Unterstützung)
       ....
    3. Wir haben den Diebstahl sofort bei der Polizei gemeldet. (Anzeige)
       ....
    4. Ich empfehle dir, nicht so streng zu sein. (Nachsicht)
       ....
    5. Die Bank hat sich nach seinem Einkommen erkundigt. (Auskünfte)
       ....
    6. Sie hat mal wieder erreicht, was sie wollte. (Willen)
       ....
    7. Das Ehepaar ist bei einem Autounfall tödlich verunglückt. (Leben)
       ....
    8. Die Frau wurde von ihrem Mann ständig unterbrochen. (Wort)
       ....
    9. Die Nachbarn haben sich wieder miteinander versöhnt. (Streit)
       ....

Formelles und Informelles   *Kapitel 8–C*

  10. Die Bank hat uns für die nächste Rückzahlung noch Zeit gegeben. (Aufschub)

      ....

  11. Er hat über den Vorfall nichts gesagt. (Stillschweigen)

      ....

  12. Der Politiker hat zu den Vorwürfen der Presse geschwiegen. (jedes Kommentars)

      ....

  13. Vielleicht haben Sie nicht bemerkt (Aufmerksamkeit), dass die Rechnung vom 3. des vergangenen Monats von Ihnen noch nicht bezahlt worden ist.

      ....
      ....

  14. Über die Konstruktionspläne darf nicht gesprochen werden. (Geheimhaltung)

      ....

  15. Von den Mitarbeitern wird immer mehr verlangt. (Forderungen)

      ....

5. Nominalisierung
Formen Sie die Sätze um, ohne einen Nebensatz zu bilden.

   0. <u>Wie die Regierung gestern beschlossen hat</u>, werden die Steuern ab 1.1. nächsten Jahres erhöht.
      Auf Beschluss der Regierung werden die Steuern ab 1.1. nächsten Jahres erhöht.

   1. <u>Obwohl wir uns intensiv bemüht haben</u>, ist uns eine Umsatzsteigerung nicht gelungen.

     ....

   2. <u>Um Krankheitsübertragungen zu vermeiden</u>, müssen die hygienischen Vorschriften genau beachtet werden.

     ....

   3. <u>Wenn Sie es wünschen</u>, senden wir Ihnen die Ware ins Haus.

     ....

   4. <u>Weil er Angst hatte</u>, schwieg er.

     ....

   5. <u>Wenn wir auf das kommende Jahr blicken</u>, sollten wir uns Gedanken über neue Projekte machen. (Hinblick)

     ....

   6. <u>Wenn wir alle Faktoren berücksichtigen</u>, dürfte bei dem Vorhaben nichts schief gehen.

     ....

   7. <u>Nachdem die Sitzung beendet ist</u>, gibt es im Zimmer des Direktors ein Glas Wein. (Anschluss)

     ....

   8. <u>Wie der Arbeitsminister meint</u>, wird sich die Lage auf dem Arbeitsmarkt auch im nächsten Jahr nicht verbessern.

     ....

Kapitel 8–C   *Formelles und Informelles*

   9. <u>Wenn der Ehepartner nicht unterschreibt</u>, wird der Antrag nicht bearbeitet.
       ....

  10. <u>Um die Schädlinge effektiver zu bekämpfen</u>, wird ein neues Mittel ausprobiert.
       ....

  11. <u>Wenn alle Sicherheitsregeln beachtet werden</u>, ist ein Unglück ausgeschlossen.
       ....

  12. <u>Um Sie rechtzeitig zu informieren</u>, senden wir Ihnen unsere neue Preisübersicht.
       ....

6. Feste Verbindungen mit Präpositionen

Bilden Sie aus den vorgegebenen Wörtern Sätze. Suchen Sie die passenden Präpositionen.

   0. Beschluss – Regierung – Steuern – 1.1. – nächstes Jahr – erhöhen – werden
      Auf Beschluss der Regierung werden die Steuern ab 1.1. nächsten Jahres erhöht.

   1. Dr. Braun – Kapazität – Gebiet – Immunforschung – sein
      ....

   2. Anlass – 10-jährig, Firmenjubiläum – wir – Sie – festlich, Empfang – einladen
      ....

   3. Verlauf – Veranstaltung – mehrere Zwischenfälle – kommen – es
      ....

   4. Rahmen – seine Tätigkeit – Korrespondent – Herbst – Krisengebiet – reisen
      ....

   5. Grund – Sitzung – er – fernbleiben
      ....

   6. schlecht, Wetterverhältnisse – Bau – termingerecht – können – beenden – werden
      ....

   7. Mangel – Beweise – Angeklagte – Gericht – freisprechen – werden
      ....

   8. Erfahrung – man – klug – werden
      ....

   9. Anbetracht – Tatsache – wir – rote Zahlen – Sparmaßnahmen – schreiben – ergreifen – müssen – werden – dass
      ....

  10. Angaben – Polizei – Unfall – niemand – verletzen – werden
      ....

  11. Interesse – Kunden – Einhaltung – Termine – wir – achten
      ....

  12. Voraussetzung – Preise – weiter, Zusammenarbeit – stabil – wir – bleiben – interessiert sein – dass
      ....

Formelles und Informelles   *Kapitel 8–C*

13. Prozess – Ausschluss – Öffentlichkeit – stattfinden

   ....

14. Schutz – Seuchen – Maßnahmen – schnell – ergreifen – werden

   ....

15. Basis – freundschaftlich, Zusammenarbeit – Gespräche – stattfinden

   ....

16. Aussage – Zeuge – Bank – drei, maskiert, Männer – sein

   ....

7. Ergänzen Sie die fehlenden Präpositionen der Schriftsprache: *anhand, anlässlich, auf Grund, Bezug nehmend auf, binnen, dank, gemäß, halber, hinsichtlich, infolge, kraft, laut, mangels, mittels, seitens, trotz, ungeachtet, zeit, zu Gunsten, zufolge, zuliebe, zwecks.*

   1. .... der erdrückenden Beweise wurde der Angeklagte zu einer lebenslänglichen Freiheitsstrafe verurteilt.
   2. .... Ihr Schreiben vom 25. dieses Monats möchte ich Ihnen mitteilen, dass wir mit den von Ihnen genannten Bedingungen einverstanden sind.
   3. .... seiner Hilfe konnten wir die Arbeit rechtzeitig beenden.
   4. .... sich häufender Beschwerden sehen wir uns gezwungen, das Produkt vorläufig vom Markt zu nehmen.
   5. Wir erwarten Ihre Antwort .... der nächsten 14 Tage.
   6. .... Artikel 1 der Straßenverkehrsordnung gilt im Straßenverkehr Vorsicht und gegenseitige Rücksichtnahme.
   7. .... schlechter Wetterumstände mussten die Bergungsarbeiten unterbrochen werden.
   8. Du musst seine Ehefrau mit einladen, schon der Form ....
   9. .... seiner körperlichen Verfassung muss der Radsportler bis zum Rennen noch einiges tun.
   10. .... neuester Umfrageergebnisse stößt die Umweltpolitik der Regierung bei der Bevölkerung auf heftige Kritik.
   11. .... seines Lebens war er um die Rettung vom Aussterben bedrohter Tierarten bemüht.
   12. Im Zweifel muss das Gericht .... des Angeklagten entscheiden.
   13. .... gewaltiger Maschinen konnten die Rettungsmannschaften zu den verschütteten Bergleuten vordringen.
   14. .... ausreichender finanzieller Unterstützung konnte das Projekt nicht zu Ende geführt werden.
   15. .... seines Amtes erließ der Minister ein Gesetz zum Verbot solcher Medikamente.
   16. .... der Staatsanwaltschaft liegen keine Gründe zur Befragung weiterer Zeugen vor.
   17. .... besserer Kommunikation wird im Betrieb eine neue Telefonanlage installiert.
   18. .... seiner Bemühungen schaffte er das Examen nicht.
   19. .... der Zwischenrufe hielt der Politiker eine zweistündige Rede.
   20. .... des 100. Todestages fanden überall Lesungen zur Erinnerung an den Dichter statt.

21. Einem Bericht der FAZ .... wurden in der Arzneimittelfabrik auch chemische Waffen produziert.
22. Meiner Mutter .... kaufen wir für Weihnachten einen großen Tannenbaum.

8. Textvariationen
Formen Sie die Texte so um, dass Sie die auf der rechten Seite angegebenen Wörter bzw. Hinweise in den Text einarbeiten.

Brauchtum und Feste

Brauchtum ist ein Gruß aus guter alter Zeit – <u>sagt der Volksmund</u>, obwohl die alte Zeit manchmal gar nicht so gut war.	laut
Viele Bräuche, <u>die uns bis heute romantisch und erhaltenswert erscheinen und</u> an denen unser Herz hängt, <u>gehen</u> auf recht prosaische Ereignisse <u>zurück</u>.	Partizipialattribut zurückführen
Brauchtum und Feste <u>gehören</u> oft <u>zusammen</u>, <u>denn</u> zu den großen kirchlichen, historischen, bäuerlichen oder heidnischen Festen entfaltet das Brauchtum seine ganze Pracht und andererseits <u>gestalten</u> die überlieferten Bräuche örtliche Feierlichkeiten <u>zu besonderen Festen aus</u>.	Zusammenhang weil Beitrag, Gestaltung
<u>Und es ist bemerkenswert</u>, dass in unserer hoch technisierten, computergesteuerten Zeit immer mehr junge Menschen ihre Liebe zur Tradition entdecken und pflegen.	man, Staunen
Das gilt, abgesehen von den <u>allerorts zu findenden</u> Volksmusikveranstaltungen und Trachtenumzügen vor allem für die bäuerlichen Feste <u>im Jahresverlauf</u>.	Relativsatz jährlich, stattfinden
Mit lärmendem <u>Herumtollen</u> abschreckend vermummter Gestalten wird den bösen Geistern der Garaus gemacht und das neue Jahr vor ihnen geschützt.	tollen herum um ... zu
Und daneben <u>versuchen</u> die Menschen sich ein wenig Glück und Wohlstand für die kommenden zwölf Monate <u>zu sichern</u>. Sie <u>schenken</u> sich Glückssymbole wie Kleeblätter, Hufeisen oder kleine Schornsteinfeger aus allen möglichen Materialien, <u>verwahren</u> eine Schuppe des Silvesterkarpfens im Portemonnaie oder <u>versuchen</u>, beim Bleigießen ihr bevorstehendes Schicksal zu deuten.	hoffen beschenken aufbewahren Versuch
<u>Das berühmteste aller historischen Feste</u> ist das Münchner Oktoberfest, zu dem Besucher aus der ganzen Welt kommen, um das eigens für dieses Ereignis gebraute süffige Bier zu trinken und besondere Leckereien zu verzehren. Sie bummeln <u>an den</u> Schaustellerattraktionen <u>vorbei</u> und genießen den Nervenkitzel in den Fahrgeschäften.	Satzbeginn: Zu ... Apposition entlang
Das erste Oktoberfest im Jahre 1810 <u>sah</u> allerdings ganz anders <u>aus</u>. König Max Joseph <u>lud</u> seinerzeit <u>die Bürger ein</u>, <u>um</u> die <u>Hochzeit</u> des Prinzen Ludwig mit der Prinzessin Therese von Sachsen <u>zu feiern</u>.	Aussehen Passiv Hochzeitsfeier

Formelles und Informelles   *Kapitel 8–C*

Dieses Fest war ein solcher Erfolg, dass die Gardekavallerie <u>beantragte</u>, die Festwiese nach der Braut <u>zu benennen</u> und die Stadt München <u>beschloss</u>, das Fest Jahr für Jahr zu wiederholen.	Antrag Namen geben Beschluss
Und weil <u>anlässlich</u> der Hochzeit die Münchner in feierlichem Zuge an der Residenz vorbei zur Festwiese zogen, ist es Brauch geblieben, einen Trachten- und Festzug durch München zu veranstalten.	Anlass
Zum Festzug, <u>der in seiner Farbenpracht und Vielfältigkeit für jeden Zuschauer ein unvergessliches Erlebnis bleibt,</u> kommen Trachtengruppen aus dem ganzen Land.	Partizipialattribut

Aus: Kulturelles Leben in der BRD

9. Umgangssprachliche Redewendungen
   Ergänzen Sie die unten stehenden Sätze mit einer der folgenden Redewendungen und suchen Sie synonyme Ersatzmöglichkeiten.

auf der Nase herumgetanzt	hat ... die Hose an
auf den Arm nehmen	Jacke wie Hose
der Kragen geplatzt	red(e) nicht ... um den heißen Brei herum
steht ... unter dem Pantoffel	keinen Finger krumm gemacht
den Braten gerochen	letztes Hemd hergegeben
in den sauren Apfel beißen	

   0. *Meinst du das ernst oder willst du mich <u>auf den Arm nehmen</u>? (veralbern, verschaukeln, willst du dich über mich lustig machen)*

   1. Hat er schon was gemerkt? – Ja, ich glaube er hat ....
      ....

   2. Das ist mir völlig gleichgültig, das ist ....
      ....

   3. Wir haben alle wie die Irren geschuftet und er hat dagesessen und ....
      ....

   4. Der Vertretungslehrer konnte in der Klasse nicht für Ruhe sorgen, die Schüler sind ihm ....
      ....

   5. Wie bitte, Peters Frau will nicht mehr, dass er zu unserem Skatabend kommt? Ja, sie hat zu Hause .... , Peter .... bei ihr ganz schön ....
      ....

   6. Nach einer Viertelstunde wurde ihm alles zu viel und ihm ist ....
      ....

   7. Sie hätte dieses Stück so gerne in ihrer Sammlung, dafür würde sie ihr ....
      ....

   8. Nun sag schon endlich, was Sache ist und .... ständig ....
      ....

   9. Aufgrund von Sparmaßnahmen müssen wir beim Betriebsumzug alle Umzugskisten selber packen. Es geht nicht anders, wir werden .... müssen.
      ....

177

Kapitel 8
Teil D

Formelles und Informelles
Themen für Vortrag und Aufsatz

Verhandlungskunst

1. Welche Maßnahmen halten Sie für geeignet, um aus Mitarbeitern gute Verhandlungsführer zu machen? Welche Rolle spielt Weiterbildung in Ihrem Betrieb und für Sie selbst? Begründen Sie Ihre Ausführungen.

Höflichkeit und Umgangsformen

2. Höflichkeit ist immer auch Heuchelei, denn es gehört Unehrlichkeit dazu, zu Leuten nett zu sein, die man nicht mag. Lügt man, wenn man höflich ist? Nehmen Sie dazu Stellung und erläutern Sie Ihre Meinung anhand von Beispielen.

3. Das Einhalten der Etikette ist vor allem im Geschäftsleben sehr wichtig. Erläutern Sie, warum das so ist und geben Sie Beispiele aus Ihrem Heimatland.

Weitere Aufsatz- und Vortragsthemen

Vorbilder und Idole

4. Vor allem junge Menschen schwärmen für Popstars, Models, Schauspieler oder Sportler. Welche Gründe gibt es Ihrer Meinung nach dafür und welche Einflüsse kann die Schwärmerei auf das Leben der Jugendlichen haben? Begründen Sie Ihre Meinung.

5. Kann ein Idol oder Vorbild auch negativen Einfluss, z. B. auf Jugendliche ausüben? Nehmen Sie zu dieser Frage Stellung und beschreiben Sie, wenn Sie dieser Meinung sind, eventuelle Lösungsmöglichkeiten.

Arbeit

6. Arbeitslosigkeit stellt sowohl für die Gesellschaft als auch für die Betroffenen ein großes Problem dar. Ist Arbeitslosigkeit für Sie ein notwendiges Übel der modernen Industrie? Was kann der Staat zur Bekämpfung der Arbeitslosigkeit tun und was sollte Ihrer Meinung nach der Betroffene unternehmen, um Arbeit zu finden? Begründen Sie Ihre Meinung.

7. Frauen in höheren Positionen sind in Deutschland noch nicht zur Normalität geworden. Was müsste sich Ihrer Meinung nach ändern, um das Verhältnis von Männern und Frauen in höheren Positionen auszugleichen? Wie ist die Situation in Ihrem Heimatland?

Entwicklungshilfe

8. Manche Leute weigern sich, Geld oder Kleidung für Länder der Dritten Welt zu spenden, weil sie der Meinung sind, es käme bei den Notleidenden sowieso nicht an. Nehmen Sie dazu Stellung und erläutern Sie, was man Ihrer Meinung nach für eine optimale und erfolgreiche Unterstützung und Förderung bedürftiger Länder tun kann.

Sport

9. Um erfolgreich zu sein, nehmen einige Sportler freiwillig unerlaubte Mittel (Doping). Was können nationale und internationale Sportverbände dagegen tun? Welche Rolle spielen Sportfunktionäre, die vom Erfolg der Sportler leben, und welche Rolle spielt das Publikum und die Presse, für die oft nur der Sieg zählt? Begründen Sie Ihre Meinung.

Anhang   *Hinweise zu den Prüfungen*

Anhang — Hinweise zu den Prüfungen
Zentrale Oberstufenprüfung (ZOP)

Übersicht über die Prüfungsaufgaben der Zentralen Oberstufenprüfung (ZOP)*

Schriftliche Prüfung

1. **Texterklärung** (90 Minuten)
   - Lesen eines authentischen Textes (z. B. aus einer Zeitschrift) von ca. 800–1000 Wörtern Länge
   - Beantwortung von Fragen zum Textinhalt (in ganzen Sätzen)
   - Erklärung einzelner Textstellen
   - Umformungen einzelner Textstellen mit Hilfe synonymer Wendungen
   - Erklärung einzelner Ausdrücke und Wörter mit synonymen Wendungen

2. **Ausdrucksfähigkeit** (90 Minuten)
   (Die Aufgaben zur Ausdrucksfähigkeit lehnen sich inhaltlich an das Thema der Texterklärung an.)
   - Ergänzungsaufgaben (Ergänzen von Präpositionen)
   - Umformung eines Textes anhand von Vorgaben (Textvariation)
   - Umformung von Sätzen anhand von Vorgaben:
     - Umformung von Nebensätzen in Nominalkonstruktionen und umgekehrt
     - Umformung von Relativsätzen in Partizipialkonstruktionen und umgekehrt
     - Umformungen von Modalverben in synonyme Ausdrücke und umgekehrt
     - Umformungen von Aktiv- in Passivkonstruktionen und umgekehrt
     - Umformungen von Aussagesätzen in z. B. irreale Bedingungssätze
   - Wortschatzaufgabe: Finden von Antonymen

3. **Aufsatz** (90 Minuten + 10 Minuten Zählen der Wörter)
   - Schreiben eines Aufsatzes von mindestens 250 Wörtern Länge
     Als Thema kann ein lektüregebundenes oder ein allgemeines Thema gewählt werden.

4. **Hörverstehen**
   - Zweimaliges Hören eines Textes (der zweite Durchgang wird in Abschnitten abgespielt) und Beantwortung offener Fragen in kurzen Sätzen oder Stichwörtern
   Zur Vorbereitung auf diesen Prüfungsteil eignen sich die Kassetten und Übungssätze des Goethe-Instituts. Bitte wenden Sie sich an ein Goethe-Institut in Ihrem Heimatland oder an die Prüfungszentrale in München. Sie können natürlich auch durch Hören eines deutschen Radiosenders oder durch das deutsche Fernsehprogramm Ihr Hörverständnis schulen.

Mündliche Prüfung (15 Minuten Vorbereitung + 20 Minuten Prüfung)

1. **Vorbereiteter Lesetext** (ca. 10 Minuten)
   - Text laut vorlesen
   - Hauptinformationen des Textes zusammenfassen
   - Äußerung zu einer von vier Aufgaben zum Text

2. **Vortrag** (ca. 5 Minuten)
   Gespräch über den Vortrag (ca. 5 Minuten)

---
* Prüfung des Goethe-Instituts

Anhang

Hinweise zu den Prüfungen
Kleines Deutsches Sprachdiplom (KDS)

Übersicht über die Prüfungsaufgaben des Kleinen Deutschen Sprachdiploms (KDS)*

Teil A
Mündliche Einzelprüfung (40 Minuten Vorbereitung + ca. 20 Minuten Prüfung)

1. **Vorlesen eines vorbereiteten Textes** (ca. 3 Minuten)
2. **Vortrag** (ca. 5 Minuten)
   Thema: Von drei angebotenen Themen können Sie ein Thema auswählen.
   Gespräch über den Vortrag (10–15 Minuten)

Teil B
Schriftliche Prüfung

1. **Erklärung eines Textes nach Inhalt und Wortschatz** (90 Minuten)
   – Lesen eines anspruchsvollen literarischen Textes
   – Beantworten von Fragen zum Textinhalt (in ganzen Sätzen)
   – Erklärung einzelner Textstellen mit eigenen Worten/synonymen Wendungen
   – Erklärung einzelner Wörter mit Synonymen

2. **Ausdrucksfähigkeit** (60 Minuten)
   (Die Aufgaben zur Ausdrucksfähigkeit sind inhaltlich unabhängig von der Texterklärung)
   – Ergänzungsaufgaben: Ergänzen von Präpositionen, Ergänzen von Verben
   – Aufgaben zu Modalverben: Umformung von Sätzen mit Modalverben in Sätze mit synonymen Ausdrücken oder umgekehrt *oder* Ergänzen von Modalverben
   – Umformung von Sätzen anhand von Vorgaben: Umformung von Nebensätzen in Nominalkonstruktionen und umgekehrt, Umformungen von Relativsätzen in Partizipialkonstruktionen und umgekehrt, Umformung von Sätzen in teilweise vorgegebene Strukturen
   – Bildung von Sätzen aus vorgegebenen Wörtern

3. **Diktat** (20 Minuten)
   Schreiben eines mittelschweren, ungefähr 20 Zeilen langen Textes

Teil C
Schriftliche Prüfung

Aufgaben zur Lektüre (120 Minuten)
Schreiben von zwei Aufsätzen von ca. 250 Wörtern Länge zu jeweils einem Buch aus der Lektüreliste – also zu insgesamt zwei Büchern.
(Die Lektüreliste umfasst vier Bücher und wird jedes Jahr neu zusammengestellt.)

---

* Prüfung des Goethe-Instituts, durchgeführt im Auftrag der Ludwig-Maximilians-Universität München

Anhang — *Hinweise zu den Prüfungen*

Anhang

Hinweise zu den Prüfungen
Vortrag (ZOP und KDS)

Hinweise zum Vortrag in der ZOP und für das KDS

Länge
Bei den Prüfungen ZOP und KDS sollte der Vortrag ca. 5 Minuten, beim GDS 10 Minuten dauern (lieber etwas länger als die vorgeschriebene Zeit statt kürzer). Unterschätzen Sie die Länge des Vortrages nicht! 5 Minuten können, wenn man frei sprechen muss, sehr lang sein.

Thema
Bei der ZOP können Sie selbst ein Thema wählen und sich zu Hause darauf vorbereiten. Das Thema muss vor der Prüfung dem Prüfungszentrum mitgeteilt werden. Sie dürfen Ihre Aufzeichnungen in der Prüfung nicht verwenden und nicht den Eindruck erwecken, Sie hätten Ihren Vortrag auswendig gelernt.
Beim KDS erhalten Sie vor der Prüfung drei Themen, von denen Sie ein Thema auswählen und auf das sie sich in der Vorbereitungszeit vorbereiten dürfen. Es ist gestattet, die Stichpunkte in der Prüfung zu verwenden. Lesen Sie sich die Themen genau und in Ruhe durch.

Inhalt
Denken Sie bei Ihrer Wahl daran, ob Sie den nötigen Wortschatz haben, ob Sie etwas Allgemeines über das Thema sagen und ob Sie Ihre Darlegungen mit Beispielen verdeutlichen können.
Bleiben Sie nicht bei Ihrer persönlichen Meinung und Ihren persönlichen Erfahrungen hängen. Versuchen Sie, die allgemeinen Aspekte in Ihren Vortrag mit einzubeziehen und machen Sie deutlich, wenn es sich um Ihre persönliche Ansicht handelt.

Gliederung
Ihr Vortrag sollte eine deutlich erkennbare Gliederung vorweisen, z. B.:

Kurze Einleitung:
– Begründung der Themenwahl
– Erläuterung des Themas
– Erläuterung der Gliederung o. ä.

Hauptteil:
– historische Entwicklung
– Situationsbeschreibung
– Pro- und Kontra-Argumente
– Vergleiche
– eigene Meinung
– Beispiele o. ä.

Schluss:
– Zusammenfassung der wichtigsten Punkte des Hauptteils
– sich daraus ergebende Forderungen, Zukunftsprognosen o. ä.

Sprache
Halten Sie Ihren Vortrag in ganzen Sätzen. Vermeiden Sie umgangssprachliche Ausdrücke und bemühen Sie sich um adäquaten Wortschatz.
Achten Sie auf grammatische Korrektheit und variationsreiche Satzverknüpfungen (z. B.: Verwenden Sie nicht immer *und, und, und*, sondern lieber *hierzu kommt ..., ein weiterer Gesichtspunkt wäre ..., zu beachten ist außerdem ...* usw.)

Außerdem: Prüfer sind auch nur Menschen und wollen Ihnen nur Gutes.

Anhang **Hinweise zu den Prüfungen**
Aufsatz (ZOP)

Allgemeine Hinweise zum Aufsatz bei der Zentralen Oberstufenprüfung (ZOP)

Zeit: 90 Minuten

Inhalt
Sie wählen, ob Sie einen Aufsatz über ein „freies Thema" oder einen Aufsatz über ein „lektüregebundenes Thema" schreiben möchten. Der Umfang sollte mindestens 250 Wörter betragen.

Sprache
Verwenden Sie einen der Aufgabenstellung angemessenen Wortschatz und variieren Sie die Satzverknüpfungen. Achten Sie darauf, dass Sie sich sowohl im Wortschatz als auch bei den Strukturen nicht ständig wiederholen.

Vorgehensweise
- Lesen Sie das Thema ganz genau, klären bzw. definieren Sie die Begriffe.
- Sammeln Sie Ideen, machen Sie dazu Stichpunkte.
- Ordnen Sie die Ideen, z. B. nach Wichtigkeit, zeitlichen Abläufen o. ä.
- Suchen Sie nach Begründungen und Beispielen.
- Schreiben Sie nicht erst den gesamten, ausformulierten Text auf das Konzeptpapier, denn dann bekommen Sie Probleme mit der Zeit.
- Beginnen Sie mit dem „richtigen" Aufsatz, wenn Sie Ideen, Begründungen und Beispiele gesammelt und gegliedert haben.

Hinweise zum „freien Thema"
Sie können aus vier angegebenen Themen ein Thema auswählen. Die Themen sind aus allgemeinen Bereichen des Lebens, z. B. Erziehung, Arbeit, Reisen, mitmenschlicher Umgang, Freizeit, technische Entwicklungen usw.
Beispiel: *Bücher über Benimmregeln erfreuen sich in Deutschland immer größerer Beliebtheit. Erörtern Sie (auch anhand von Beispielen), welche Rolle Benimmregeln in Ihrem Heimatland und für Sie persönlich spielen.*
Bemühen Sie sich, ähnlich wie beim Vortrag, um ein ausgewogenes Verhältnis zwischen allgemeiner Darstellung und Ihrer persönlichen Meinung. Denken Sie an eine logische und erkennbare Gliederung.

Hinweise zum „lektüregebundenen Thema"
Sie müssen aus der Lektüreliste zur Zentralen Oberstufenprüfung, die mit der Literaturliste zum Kleinen Deutschen Sprachdiplom identisch ist, (mindestens) ein Buch gelesen haben. Zu diesem Buch erhalten Sie in der Prüfung das zu bearbeitende Thema.
Beispiel: *Ulrich Plenzdorf: Die neuen Leiden des jungen W.*
  Wie entsteht und entwickelt sich die Beziehung zwischen Edgar und Charlie?
  Erläutern Sie dies anhand von Beispielen aus der Erzählung.
Ein paar kurze Hinweise zur Vorbereitung auf literarische Themen finden auf Seite 183.
Die Bücher dürfen während des Aufsatzschreibens nicht verwendet werden.

Anhang   *Hinweise zu den Prüfungen*

Anhang   Hinweise zu den Prüfungen
Aufsatz (KDS)

Allgemeine Hinweise zum Aufsatz beim Kleinen Deutschen Sprachdiplom (KDS)

Zeit: 120 Minuten

Inhalt
Zwei Aufsätze von je ca. 250 Wörtern über zwei der von Ihnen ausgewählten Bücher aus der Lektüreliste zum Kleinen Deutschen Sprachdiplom, wobei Sie zu einem Buch Fragetyp A und zu dem anderen Buch Fragetyp B beantworten müssen.

Tipps zur Vorbereitung
Machen Sie sich während des Lesens unbedingt Notizen:
1. Beschreiben Sie die Hauptpersonen und ihre Charaktereigenschaften.
2. Beschreiben Sie die Konflikte (innere und/oder äußere), ihre Entstehung und ihre Lösung.
3. Schreiben Sie auf Deutsch eine Inhaltszusammenfassung von ca. ein- bis anderthalb DIN A4-Seiten.
4. Lesen Sie kurz vor der Prüfung nochmals die wichtigsten Stellen des Buches.

Hinweise zu Typ A
Beispiel: *Ulrich Plenzdorf: Die neuen Leiden des jungen W.*
    Beschreiben Sie den Charakter Edgar Wibeaus. Gehen Sie dabei kurz auf folgende Punkte ein:
    – Edgars Vorbilder
    – Edgars Wünsche
    – Edgars Verhältnis zur Arbeit
    Nehmen Sie ausführlich zur folgenden Frage Stellung: Wie beurteilen Sie die Rolle von jugendlichen Außenseitern in der Gesellschaft?
    (Verbinden Sie Ihre Antworten und Ihre Stellungnahme zu einem zusammenhängenden Text von ca. 250 Wörtern Länge.)
Achten Sie beim **Typ A** darauf, dass Sie wirklich nur *kurz* auf den *Inhalt den Buches* eingehen und Ihre *eigene Meinung* zur gestellten Frage *ausführlich* darstellen. Insgesamt muss ein (so weit wie möglich auch inhaltlich) zusammenhängender Text entstehen.

Hinweise zu Typ B
Beispiel: *Ulrich Plenzdorf: Die neuen Leiden des jungen W.*
    „Wir sind dann zurück nach Berlin auf demselben Weg. Charlie sagte nichts, aber sie hatte es plötzlich sehr eilig. Ich wusste nicht, warum. Ich dachte, dass ihr einfach furchtbar kalt war. Ich wollte sie wieder unter die Pelerine haben, aber sie wollte nicht, ohne eine Erklärung. Sie fasste die Pelerine auch nicht an, als ich sie ihr ganz gab. Sie sagte auf der ganzen Rückfahrt überhaupt kein Wort. Ich kam mir langsam wie ein Schwerverbrecher vor. Ich fing wieder an, Kurven zu ziehen. Ich sah sofort,

dass sie dagegen war. Sie hatte es bloß eilig. Dann ging uns der Sprit aus. Wir plätschelten bis zur nächsten Brücke. Ich wollte zur nächsten Tankstelle Sprit holen, Charlie sollte warten. Aber sie stieg aus. Ich konnte sie nicht halten. Sie stieg aus, rannte diese triefende Eisentreppe hoch und war weg." (Textauszug S. 135)

1. Erläutern Sie den Kontext der Passage.
2. Warum rennt Charlie weg?
3. Beschreiben Sie das Verhältnis zwischen Charlie und Edgar.
4. Schildern Sie Edgars Gefühle gegenüber Dieter.
(Schreiben Sie insgesamt ca. 250 Wörter.)

Beim **Teil B** beantworten Sie die Fragen nach den angegebenen Punkten, also
1. ...
2. ...
3. ... usw.
Natürlich müssen die jeweiligen Antworten in ganzen Sätzen erfolgen.

Achten Sie bei beiden Aufsätzen auf die **Anzahl der Wörter**. Wenn Sie sehr viel mehr oder sehr viel weniger Wörter schreiben, können Ihnen bei der Beurteilung Punkte abgezogen werden.

Anhang *Lösungsschlüssel*

Anhang Lösungsschlüssel

Bei manchen Übungen (z. B. bei Synonymübungen) gibt es eine Vielzahl von Lösungen. Im Lösungsschlüssel sind nicht alle Lösungen, die möglich sind, angeführt.

Kapitel 1

Teil A

I. Prognose und Realität

4. Synonyme: **1.** Gebiet, auf dem man sich besonders gut auskennt **2.** Hinterhältigkeit und Bosheit **3.** Vorhersagen **4.** gekennzeichnet **5.** entwickelt sich **6.** erlauben/ermöglichen

5. **1.** mit allen Mitteln/auf unehrliche Weise **2.** der scheinbare Widerstand eines leblosen Dings/unberechenbare Missgeschicke/Gefahren

6. Präpositionen: **1.** zur, an, mit **2.** in, im, in/bei, von **3.** in, um, in

7. Verben: **1.** gehören **2.** lesen, geprägt **3.** gestellt, blüht auf/erwacht **4.** offenbarten/zeigten, vorhersagten/prophezeiten, gewährt/ermöglicht

9. Präpositionen: **a)** für, mit, als, zur, über, an **b)** im, als, zur **c)** am, in, von, um, von, im, im, von, mit, aus, in, auf, von

10. zusammengesetzte Wörter: Zukunftsaussicht, Zukunftsforscher/-forschung, Zukunftsmusik (*etwas ist erst später, wenn überhaupt, realisierbar*), Zukunftsplan, Zukunftsroman, zukunftsträchtig (*in der Zukunft von großer Bedeutung*), Zukunftstraum, zukunftsweisend (*zukünftige Entwicklungen fördernd*)

11. Sätze: **1.** Das Aufstellen von Prognosen ist für manche Zukunftsforscher ein einträgliches Geschäft. **2.** Nur in seltenen Fällen treffen die Vorhersagen tatsächlich ein. **3.** In der Regel vollziehen sich die Veränderungen langsamer als die Forscher vorhersagten. **4.** Zukunftsorientiertes Denken stellt einen wichtigen Faktor für die gesellschaftliche Entwicklung dar.

II. Moderne Kunst

4. Synonyme: **1.** verunsichert **2.** in der jeweiligen Zeit lebender **3.** erfolglos **4.** zeichnen sich aus/stechen hervor **5.** bewunderte/anerkannte/beliebte **6.** herausstellen

5. Präpositionen: **1.** von, zum **2.** von, von **3.** im, von, im

6. Verben: **1.** bemerken/feststellen/sehen, steht, bemüht, interpretieren/verstehen **2.** heben **3.** weiß, entstand, dachte/meinte, bedeuten **4.** steht

8. Synonyme: **1.** zeigt **2.** sich dem Kunstgenuss hingeben **3.** Menschen ohne Kunstverständnis/ohne Sinn für Kunst **4.** plaudern, reden

9. Verben: **1.** auslösen, erfreuen **2.** belegt, wirkt **3.** hingaben, frönten **4.** ausgeht, nachgehen

10. Sätze: **1.** Schwedische Wissenschaftler haben bewiesen, dass regelmäßiger Kunstgenuss das Immunsystem stärkt. **2.** Das Betrachten eines Bildes oder das Lesen eines Buches

Lösungsschlüssel *Anhang*

bewirkt geistige Stimulation. **3.** Eine ungesunde Lebensweise verkürzt die Lebensdauer um einige Jahre.

13. Verben: **1.** gestalten **2.** hervorbringen **3.** entwickeln **4.** hingeben **5.** formen **6.** schaffen **7.** betrachten **8.** erfreuen

III. Werbung

3. Synonyme: **1.** größte **2.** hat begonnen **3.** Angeberei **4.** ist modern/entspricht dem Zeitgeist **5.** spotten/ironische Bemerkungen machen **6.** heftig kritisieren **7.** seine Fehler/Schwächen zeigen/bloßstellen

4. Begriffe: **1.** Media (z. B. Fernsehen, Post, Radiosender, Zeitungen usw.) **2.** Inhalt, bestimmt durch das Werbeziel **3.** Geldmenge, die eine Firma/ein Unternehmen für Werbung zur Verfügung stellt **4.** Ausdrucksmittel (Werbespot, Anzeige, Werbegeschenk usw.) **5.** Gesamtheit aller gestalteten Werbemittel und deren Einsatz in ausgewählten Werbeträgern **6.** kurzer Werbefilm, ausgestrahlt in Fernsehen oder Kino

6. Verben: **1.** befriedigt, entbrannt **2.** errichteten, kauften **3.** hervorgebracht **4.** kam **5.** reagierten, zeigten/präsentierten **6.** gruppierten, aufzuwerten **7.** gemacht, ausgibt **8.** hinterlassen

7. passende Adjektive: **1.** werbefeindliche **2.** moderne **3.** namhafte **4.** übermäßige **5.** messbare **6.** harte **7.** inhaltsvolle **8.** diskreter **9.** hintergründiger

8. Übertreibungen: **1.** riesiges **2.** winziger **3.** hervorragende/ausgezeichnete **4.** saumäßige/katastrophale/miserable **5.** herrliches/wunderschönes **6.** überwältigende/großartige **7.** eisige **8.** verschwenderischer/großzügiger

9. Sätze: **1.** In den fünfziger Jahren vermittelte die Werbung eine Sehnsucht nach Wohlstand. **2.** In den sechziger Jahren hält der Humor in die/der Werbung Einzug. **3.** Gute Werbung kann zur Kunst werden. **4.** Durch die übermäßige Werbepräsens hinterlassen immer weniger Produkte Produktbotschaften im Gedächtnis der Zuschauer. **5.** Durch häufige Werbeunterbrechungen in Spielfilmen fühlen sich viele Fernsehzuschauer von Werbung belästigt. **6.** Um die Werbeaufträge ist ein harter Konkurrenzkampf entbrannt. **7.** Hervorragende Werbung kann Kunden zum Kauf animieren.

IV. Keine Zeit

3. Synonyme: **1.** strenge **2.** haben/hegen/fühlen **3.** die Uhr bestimmt den Rhythmus des Lebens **4.** die Zeit nutzlos verbringen/verschwenden **5.** unangenehm **6.** beweist **7.** weiß die Zeit nicht mehr sinnvoll zu nutzen **8.** übereinstimmen/gut zusammenpassen muss

4. Präpositionen: **1.** mit, im, nach, mit, für, damit, für **2.** auf, von, in, im, durch, an **3.** außerhalb, bis ins, nach

5. Sätze: **1.** Er verbringt seine Freizeit in erster Linie mit Tennisspielen. **2.** Durch das neue Textverarbeitungsprogramm/mit dem neuen Textverarbeitungsprogramm kann man viel Zeit sparen. **3.** Mit Computerspielen/beim Computerspielen kann man jede Menge Zeit vertrödeln **4.** Er hat sich die lange Wartezeit mit Kreuzworträtsel lösen vertrieben.

7. zusammengesetzte Wörter: z. B. Zeitabschnitt, Zeitalter, Zeitansage, Zeitaufwand, zeitaufwändig, Zeitbombe, Zeitdruck, Zeitersparnis, Zeitgenosse, zeitgenössisch, Zeitgeist, zeitgemäß, Zeitgewinn, Zeitgeschehen, Zeitlupe (*Geschwindigkeit ist langsamer als in Wirklichkeit*), Zeitraffer (*schnellere Geschwindigkeit als in der Realität*), Zeitmangel,

Anhang *Lösungsschlüssel*

Zeitnot, Zeitraum, Zeitspanne, zeitraubend, Zeitenwende, Zeitvergeudung, Zeitverschwendung

8. Synonyme: **1.** es ist notwendig **2.** für einen bestimmten Zeitraum **3.** Keine Eile! **4.** für immer **5.** ab und zu **6.** aus Langeweile etwas Belangloses tun **7.** jmdn. von etwas Wichtigem abhalten **8.** (wie 3.) Jetzt noch nicht! Später! **9.** jmdn. nicht drängen **10.** versuchen, Zeit zu gewinnen **11.** Das lohnt sich nicht!/Das bringt nichts!

9. **1.** In der heutigen Zeit stehen die Menschen unter großem Zeitdruck. **2.** Zeitforscher schenken dem Thema „Zeitknappheit" große Aufmerksamkeit. **3.** Man sollte nur 60 % seiner Zeit verplanen. **4.** Nur wer sich Zeit zum Nachdenken nimmt, kann Probleme lösen.

Teil C

1. **1.** Er hielt einen Vortrag auf einer Konferenz in der Schweiz. **2.** Sie schnitt sich beim Zwiebeln schälen in den Finger. **3.** Drei Häuser brannten aus ungeklärter Ursache bis auf die Grundmauern ab. **4.** Sie bestahl in der ersten Klasse ihre Mitschüler. **5.** Der Pressesprecher wich den Fragen der Journalisten aus. **6.** Der Angestellte erwog sich selbstständig zu machen. **7.** Er bat seinen Freund um Hilfe. **8.** Die Geschwister glichen sich im Äußeren. **9.** Er nannte seinen Freund einen Feigling. **10.** Die Schneiderin maß die Armlänge der Kundin. **11.** Der Schnee schmolz in manchen Gebieten erst Ende Mai. **12.** Er ergriff die Gelegenheit, das Haus zu einem günstigen Preis zu verkaufen. **13.** Beim Anblick der Höhe schwand sein Mut. **14.** Er bewarb sich um die Stelle des Abteilungsleiters. **15.** Die Forscher stießen bei Grabungen auf Knochen aus der Steinzeit. **16.** Die Könige im alten Ägypten ließen ihre Schätze in die Grabstätten einmauern. **17.** Das Gericht lud den Hausmeister als Zeugen vor. **18.** Er überschrieb der Stiftung sein Vermögen. **19.** Früher rann durch diese Berge ein Gebirgsbach. **20.** Die Diebe schlichen durch den Hinterausgang in das Museum. **21.** Der Wein vergor zu Essig. **22.** Er lieh mir 10000 Euro.

2. **1.** geschah **2.** lieh **3.** riet ab **4.** kamen an **5.** gesunken **6.** gestiegen **7.** gefunden **8.** belog **9.** stahl **10.** bot an **11.** betrog **12.** verschoben

3. **1.** schuf **2.** schleifte **3.** wog **4.** bewegte **5.** wiegte **6.** erschrak **7.** geschliffen **8.** erschreckte **9.** sendete **10.** geschafft **11.** bewegt **12.** geschafft **13.** bewogen **14.** gehängt **15.** gehangen **16.** wandte/wendete

4. **Mein erster Bericht** (Fritz Pleitgen)
Es *begann* mit einem kleinen Schwindel. Der Fall ist verjährt. Man kann also darüber reden. In Bünde, einem kleinen Zigarrenmacherstädtchen, *suchte* die „Freie Presse" für den Sportteil ihrer Lokalredaktion einen freien Mitarbeiter. Honorar: sechs Pfennig pro Zeile. Die Nachricht *drang (gelangte)* auch in unser Gymnasium.
Einige *zeigten* sich interessiert, aber keiner *traute (wagte/meldete/bewarb)* sich. Für eine Zeitung zu schreiben, das hatte damals in dem kleinbürgerlichen Städtchen etwas Zwielichtiges an sich. Mich *reizte (interessierte)* die Sache, mich *reizte (interessierte)* das Geld; denn damit war es bei uns zu Hause nicht so gut bestellt. Das Ganze *hatte* nur einen Haken: Der Bewerber *sollte (musste)* wenigstens 18 Jahre alt sein und ich *war* erst 14. Aber ich hatte den Stimmbruch hinter mir, war einsfünfundsiebzig groß und der Redakteur war klein von Wuchs. Er *fragte (erkundigte sich)* erst gar nicht nach meinem Alter. Ich *bekam (erhielt)* den Job.
Meine Eltern, einfache Leute, *waren* völlig ahnungslos. Um ihnen nicht den Seelenfrieden zu rauben, *behandelte (sicherte)* ich den Presseausweis zu Hause als Geheimdokument. Ich *hielt* ihn versteckt. Am nächsten Morgen *zog* ich zur allgemeinen Verwunde-

Lösungsschlüssel *Anhang*

rung den Konfirmationsanzug an, *eilte (lief/ging/rannte)* zum Sportplatz der SG Bünde 08, *präsentierte (zeigte)* den Presseausweis und *erlebte* gleich mein blaues Wunder. Der Kassierer *schaute (sah)* mich zunächst perplex an, dann *legte* er los: „Du willst mich wohl reinlegen. Beim letzten Spiel bist du noch über den Zaun gestiegen. Jetzt versuchst du's mit einem Presseausweis. Anzeigen sollte man dich!" Die Situation war prekär. *Machte* der Mann Ernst, dann *kam* bei der Zeitung mein jugendliches Alter heraus. Also *zog* ich mich zurück, *zahlte (bezahlte)* am anderen Eingang brav meinen Eintritt und *betrat* als Reporter gewissermaßen incognito die Arena. Schon ein anderer Mensch.
Das Geschehen auf dem Platz *verfolgte (sah/beobachtete/registrierte)* ich ohne Herzensregung, *notierte (beschrieb/beobachtete/verfolgte)* emsig jeden Spielzug und *enthielt* mich jeder Sympathiekundgebung. Wer mich *kannte*, *kannte(erkannte)* mich nicht wieder. Nach Spielschluss *eilte(lief/ging)* ich in die Redaktion und *machte* mich mit Feuereifer an die Arbeit. Ganz Gymnasiast, ein dreiteiliger Aufsatz. Zwölf Seiten handgeschrieben. Die erste wahre Analyse der SG Bünde 08 und ihrer Spielweise. Selbstsicher *überreichte (reichte/übergab/gab)* ich dem Redakteur das Manuskript.
Am nächsten Morgen *fand (sah/entdeckte)* ich meinen Bericht nicht in der Zeitung. Nur 25 Druckzeilen über das Spiel der SG Bünde 08. Keine einzige *stammte (war)* von mir. Meine größte Enttäuschung *erlitt* ich gleich zu Beginn meiner Laufbahn. Der Redakteur *tröstete (beruhigte)* mich: das sei ein ganz normaler Anfang. Ein Zeitungsartikel sei kein Schulaufsatz, die Journalistensprache sei knapp, prägnant, griffig. Ich würde das schon lernen.
Beim nächsten Mal *brachte (nahm)* ich eine alte Ausgabe des damals populären „Sportbeobachters" mit, *wählte* ein Spiel mit dem passenden Resultat aus, *wechselte (tauschte)* in dem Artikel die Namen aus und *gab* den Bericht telefonisch an die Zentrale durch. „Schon besser!" *lobte* mich der Redakteur. Nur die Sprache sei schlechter geworden. Im Übrigen sollte ich erklären, wie in dem ostwestfälischen Bezirksklassenspiel der FC St. Pauli aus Hamburg auftauchen konnte. Seitdem *verzichtete* ich auf Anleihen.

5. **1.** Als es Nacht wurde/als die Nacht einbrach, war er ... **2.** Solange die Sitzung dauerte, sagte sie ... **3.** Bis du mit dem Studium beginnst, solltest du ... **4.** Nachdem das Konzert beendet worden war, sprachen wir ... **5.** Bevor er abreiste, musste er ... **6.** Nachdem zum wiederholten Mal die Elektronik des Flugzeugs ausgefallen war, wurde es ... **7.** Seit sie in New York angekommen ist, hat sie sich ... **8.** Während er in England war/während er sich in England aufhielt, trieb er ... **9.** Seit er entlassen worden ist, sucht er ... **10.** Wenn Nebel aufkommt, dürfen Sie ...

6. **1.** für **2.** über **3.–4.** im **5.** um **6.** nach **7.** seit **8.** in **9.** innerhalb **10.–11.** bei **12.** zu **13.** während **14.** vor **15.** um/– **16.** zu/an/– **17.** bis zum **18.** von, zu **19.** auf **20.** für

7. **1.** mit früheren und heutigen Mitarbeitern **2.** gestrige Zeitung **3.** auf der morgigen Sitzung **4.** sofortige Maßnahmen **5.** damaligen Lieder **6.** die ganztägige Konferenz **7.** die tägliche Einnahme der Tabletten **8.** die zehnmonatige Ausbildung **9.** auf der wöchentlichen Sitzung **10.** die dreiwöchige Reise **11.** das einjährige Praktikum **12.** mein monatliches Gehalt
   Erklärung: wöchent<u>lich</u>, monat<u>lich</u> usw. = jede Woche, jeden Monat
   dreiwöch<u>ige</u> Reise = einmalige Reise, die drei Wochen dauert
   einjähr<u>ige</u> Ausbildung = Ausbildung, die ein Jahr dauert

8. **1.** festgesetzt/anberaumt **2.** verschieben **3.** vertagen **4.** anberaumt/festgesetzt **5.** vormerken **6.** verzögert **7.** vorverlegt **8.** datieren

Anhang *Lösungsschlüssel*

Kapitel 2

Teil A

I. Mallorca – das bessere Deutschland

4. Synonyme: **1.** mögen **2.** ungefähr **3.** Urlauber auf Zeit in warmen Ländern **4.** bewohnen **5.** durchsuchen **6.** erkennen **7.** nach etwas suchen **8.** bewundern

5. Verben: **1.** geschlossen, formen **2.** belegen/machen **3.** bevölkern, kaufen **4.** erhöht **5.** anfing, herumzuschnüffeln, erheben/verlangen **6.** dauert, kommen/gibt es, verbringen, fliegen

6. Sätze: **1.** Berühmte Leute schwärmten/schwärmen für die Landschaft und verbrachten/verbringen den Winter auf der Insel. **2.** Eine Folge des Massentourismus sind Müllberge und überfüllte Strände. **3.** Die Inselbewohner können oft die gestiegenen Preise der Häuser im Hinterland nicht mehr zahlen. **4.** Auf dem Düsseldorfer Flughafen werden Billig-Tickets für weniger als 100 Mark unters Volk geworfen.

II. Das Europa-Haus

4. Synonyme: **1.** konzipieren/entwickeln **2.** übertriebene Pracht **3.** in verwahrlostem Zustand/von niederer Gesinnung (bei einer Tat) **4.** vorwerfen/jmdn. beschuldigen **5.** normieren/einander anzugleichen **6.** nicht notwendige **7.** Abneigungen **8.** geholfen **9.** erklärlich/begreiflich **10.** in die Praxis umsetzen **11.** Verantwortung/Leitung **12.** Einwände **13.** nachdenken über **14.** der Streit

5. Präpositionen: **1.** von, an **2.** von, zu **3.** in, aus **4.** über, unter

6. Verben: **1.** anzulasten, liegt **2.** verurteilt **3.** einigen **4.** gewinnen **5.** sagen **6.** geraten

7. Sätze: **1.** Eine Möglichkeit für die Zukunft der Kulturpolitik wäre die Einrichtung eines Europa-Hauses. **2.** Man könnte mit einem gemeinsamen Haus viel Geld sparen und das kulturelle Angebot erweitern. **3.** Die Verantwortlichen in den Ministerien müssten sich für die auftretenden Probleme Lösungen einfallen lassen.

8. Antonyme: **1.** verringern **2.** ausgeben **3.** sinken **4.** unerklärlich **5.** Einfachheit **6.** gesenkt

III. Die Globalisierung des Kinos

4. Synonyme: **1.** gekennzeichnete/beeinflusste **2.** vortäuscht **3.** letztendlich **4.** sich absondern **5.** vernichtet/zerstört **6.** langsam gehen **7.** Umfeld **8.** etwas/ein Hauch von Hoffnung **9.** sich begnügen

5. Verben: **1.** laufen **2.** wiegten/wussten, zusammenwachsen/zusammenrücken, entstehen **3.** geöffnet, abzukapseln/abzusondern/zu entfernen **4.** weisen/wiesen/zeigen/zeigten **5.** bieten

6. Adjektive: **1.** soziale **2.** ausgewogene **3.** kulturelle **4.** digitale **5.** ausländische **6.** heile **7.** nennenswerte **8.** weltweites

7. Sätze: **1.** In letzter Zeit erweckten Filme aus Großbritannien und Dänemark weltweit das Interesse des Publikums/das Interesse eines weltweiten Publikums. **2.** Digitale Technologien verstärken den Trend zum Globalen. **3.** Europäische Regisseure übten in der Vergangenheit Einfluss auf das amerikanische Kino aus.

IV. Nachtgedanken

2. Erklärungen: **1.** die alte Frau, die noch lange leben soll **2.** seit ich sie nicht umarmt habe **3.** Nach Deutschland habe ich keine Sehnsucht.

Lösungsschlüssel *Anhang*

4. Antonyme: **1.** Fernweh/Geborgenheit **2.** sich geborgen/wohl fühlen **3.** erfreut/positiv überrascht **4.** heiteres **5.** von etwas genug haben/jmds./etwas überdrüssig sein **6.** sich öffnen/sich interessieren für

5. **1–c** Ob Osten oder Westen, zu Hause geht's am besten. **2–e** Hinter den Bergen wohnen auch Menschen. **3–h** Andere Länder – andere Sitten. **4–i** Ein guter Nachbar in der Not ist besser als ein ferner Freund. **5–d** Der Prophet gilt nirgends weniger als in seinem Vaterland. **6–j** Reiche Leute sind überall daheim. **7–k** Wenn einer eine Reise tut, dann kann er viel erzählen. **8–l** Andere Städtchen – andere Mädchen. **9–b** Viele Wege führen nach Rom. **10–g** Warum in die Ferne schweifen, sieh das Gute liegt so nah. **11–a** Überall wird nur mit Wasser gekocht. **12–f** Eigener Herd ist Goldes wert.

Teil C

1. **Made *in* Hongkong** (Franz Hohler)
„Made *in* Hongkong" – das habt ihr sicher schon *auf einem eurer* Spielzeuge gelesen. Aber wisst ihr auch, was es heißt? Also, ich will es euch erklären.
Was Maden sind, wisst ihr, so nennt man Käfer, wenn sie noch so klein sind, dass sie wie winzige Würmer aussehen.
In einem Garten lebte einmal eine ganze Schar solcher Maden. Eine davon war besonders klein und wurde *von* den anderen ständig ausgelacht. „Du bringst es nie zu etwas!" sagten sie immer wieder, bis die kleine Made so wütend wurde, dass sie sagte: „Ich bringe es weiter als ihr alle. Ich komme *bis nach* Hongkong!" und schnell davonkroch.
„Viele Grüße!" riefen ihr die anderen nach, „und lass es uns wissen, wenn du *in* Hongkong angekommen bist."
Die Made kroch *zum* Flughafen und konnte sich dort *im* Spalt *einer* großen Kiste verstecken. Der Zufall wollte es, dass diese Kiste *nach* Hongkong geflogen wurde, aber das war noch nicht alles. Die Kiste war nämlich voll Gold und deshalb wurde sie *in* Hongkong *auf dem* Flughafen *von* Räubern gestohlen, die damit davonfuhren und sie *in einem* Keller versteckten. Nachher wollten sie eine zweite solche Kiste rauben, wurden aber dabei *von der* Polizei erschossen.
Jetzt wusste niemand mehr, wo die Kiste *mit dem* Gold war, *außer unserer* Made. Die überlegte sich, wie sie ihren Maden *zu* Hause mitteilen konnte, dass sie *in* Hongkong angekommen war. Dabei kam ihr *in den* Sinn, dass *im* Garten, wo sie lebten, ein großer Sandhaufen war, *in dem* viele Kinder spielten. Deshalb kaufte sie *mit ihrem* Gold alle Spielzeugfabriken *in* ganz Hongkong und befahl sofort, dass man *auf jedes* Spielzeug, das *in* Europa verkauft wurde, die Nachricht draufdrucken musste: „Made in Hongkong."
Ich kann euch sagen, die Maden machten große Augen, als sich die Kinder *im* Sandhaufen laut vorlasen, was *auf ihrem* Spielzeug stand. „Habt ihr das gehört?" flüsterten sich die Maden untereinander zu, „die ist tatsächlich angekommen."
Viele *von* ihnen versuchten daraufhin auch, die Reise zu machen, aber keiner gelang es, die eine flog *in einer* Pendeluhr *nach* Amsterdam, die andere versteckte sich *in einem* Sandwich und wurde unterwegs aufgegessen und die meisten kamen nicht einmal *bis zum* Flughafen, weil sie ihn entweder nicht fanden oder vorher *von* einem Vogel aufgepickt wurden.
Klein sein allein genügt eben nicht, es gehört auch noch etwas Glück dazu.

2. **1.** entlang **2.** um, herum **3.** auf dem **4.** in die, auf die **5.** gegenüber **6.** abseits, an/zwischen **7.** außerhalb **8.** in den/in die **9.** aufs **10.** gegen das **11.** in den **12.** im **13.** auf der **14.** am **15.** an der **16.** im, auf einem **17.** vom, zum **18.** über dem, über das **19.** aus dem **20.** unter das, in der **21.** inmitten **22.** unter das/unter dem

Anhang *Lösungsschlüssel*

3. **1.** Der Sturm wehte die Ziegel vom Dach herunter. **2.** Die Katze kroch durch den Zaun. **3.** Der Hund lief hinter dem Fahrradfahrer her. **4.** Wir kamen nicht an der Post vorbei. **5.** Er lief jeden Morgen den Fluss entlang. **6.** Sie sonnte sich täglich zwei Stunden am Strand. **7.** Die Ausstellung fand in der alten Kirche statt. **8.** Der Weg zum alten Pfarrhaus führte durch den Wald.

4. **1.** hin/her **2.** hin **3.** her **4.** hin **5.–6.** her **7.** hin **8.** her

5. **1.** hinaus/raus **2.** hinüber/rüber **3.** hinunter/runter **4.** herauf/rauf **5.** herein/rein **6.** heraus/raus- **7.** hervor **8.** heran

6. **1.** Die Verkaufsabteilung befindet sich oben in der ersten Etage. **2.** Die Wissenschaftler fanden den Sarg in der innersten Grabkammer. **3.** Der Kopierapparat steht unten im Keller in der hintersten Ecke. **4.** Das Kind versteckt sich unter dem Bett. **5.** Das Zimmer der Sekretärin liegt hinter dem Zimmer des Chefs. **6.** Er belegte/belegt bei Wettkämpfen immer vordere Plätze. **7.** Das Dokument ist möglicherweise hinter den Schreibtisch gerutscht. **8.** Der Portier steht vor der Eingangstür.

7. **1.** der Portugiese/die Portugiesin/die Portugiesen *(n-Deklination)* **2.** der Argentinier/die Argentinierin/die Argentinier *(normale Deklination)* **3.** der Chinese/die Chinesin/die Chinesen *(n-Deklination)* **4.** der Sudanese/die Sudanesin/die Sudanesen *(n-Deklination)* **5.** der Deutsche/die Deutsche/die Deutschen *(Ausnahme)* **6.** der Ire/die Irin/die Iren *(n-Deklination)* **7.** der Israeli/die Israeli/die Israelis *(Ausnahme)* **8.** der Pakistani/die Pakistani/die Pakistanis *(Ausnahme)* **9.** der Chilene/die Chilenin/die Chilenen *(n-Deklination)* **10.** der Brasilianer/die Brasilianerin/die Brasilianer *(normale Deklination)*

8. **1.** Er lernte sie auf einer Messe in der Schweiz kennen. **2.** Im Sudan herrscht ein langjähriger Bürgerkrieg. **3.** Er verbringt die Wintermonate auf den Kanarischen Inseln. **4.** Der Autor wurde in den Niederlanden geboren und lebt jetzt auf den Antillen. **5.** Mit 18 wanderte er in die USA aus. **6.** Wir fuhren mit dem Auto die französische Küste entlang bis nach Spanien.

9. **Tante Magdalena** (Christoph Hein)
Tante Magdalena wohnte über *der* Bäckerei Theuring *in der* Mühlenstraße, wo wir unser Brot kauften und die Brötchen und manchmal auch ein paar Plunderstücke. Der Eingang *zu* ihrer Wohnung war aber nicht *in der* Mühlenstraße, man musste *um* die Ecke gehen, *in die* Molkengasse, zu *dem* großen Holztor, das im Unterschied zu allen anderen Toren *in der* Stadt nie offen stand und *in* das eine Tür hineingeschnitten war. Wenn man diese öffnete, bewegten sich die beiden mächtigen Torflügel *in den* Angeln und man musste einen Moment warten, bis sie wieder stillstanden und man *über* den Fußteil des eisernen Türrahmens treten konnte. *Durch* einen breiten Torgang gelangte man *in den* Hof, dort waren die Karnickelställe des Bäckers und ein Drahtverschlag für die Hühner. Es gab auch einen winzigen, mit Draht geschützten Garten, *in dem* Tante Magdalena Kräuter anbaute.
Links schloss sich ein Hofgang an, *von* dem man *zu* den Hintertüren der anderen Häuser in der Molkengasse gelangte und der *bis zum* Anger reichte, wo die Garagen standen. Am Ende des Torgangs rechter Hand führten drei Steinstufen *zu* einer Tür, *hinter* der sich ein Treppenhaus und der Eingang *zur* Backstube von Herrn Theuring befanden.
Über eine gewundene, sehr schmale Treppe gelangte man *in den* ersten Stock *zur* Wohnung von Tante Magdalena. Wenn man die Tür öffnete, war man *in ihrer* Wohnküche, in der *neben* dem Eingang ein Gaskocher *neben einem* mit bunten Stoffgardinen verhängten Regal stand. *Zwischen* dem Fenster und der nächsten Tür waren der Eisschrank, ein Schränkchen, ein ausziehbarer Tisch *vor dem* Küchensofa und zwei Stühle. *An*

die Küche schloss sich das gute Zimmer an. *Über dem* runden Tisch mit den Intarsien lag stets eine feine, durchbrochene Decke. Sie war so fein, dass sie eher wie ein kostbares Netz wirkte und die Einlegearbeiten der Tischplatte nicht verhüllte, sondern hervorhob. *Um* den Tisch standen sechs Stühle mit hohen geschnitzten Lehnen und dunklen Samtpolstern. *Neben dem* Fenster, das *zum* Hof ging, war eine Vitrine. Der obere Teil hatte Glastüren, *hinter* denen farbige Kelche zu sehen waren und Blumenvasen, *in die* Tante Magdalena aber nie Blumen stellte.

Kapitel 3

Teil A

I. <u>Lachen</u>

4. Synonyme: **1.** wird für geringer gehalten/erfährt nicht die notwendige Beachtung **2.** zuwenden/sich beschäftigen mit **3.** bewiesene **4.** erfolgreich sein **5.** lustige/dumme/einfältige/abgeschmackte

5. Verben: **1.** geschenkt/beigemessen/zugedacht, widmen **2.** nutzen **3.** zeigt/beweist/belegt, steigert; sinkt/fällt, reduziert/verringert, ansteigt/steigt

6. Präpositionen: **1.** über **2.** auf/über **3.** an **4.** auf jmdn./über etwas **5.** über **6.** auf jmdn./über etwas **7.** über/mit **8.** über **9.** wegen/über **10.** über

7. Adjektiv: **1.** heiter, traurig **2.** vergnügt, verdrossen **3.** übermütig, kummervoll **4.** fröhlich, missmutig **5.** aufgeräumt, bedrückt **6.** entzückt, verärgert

8. Sätze: **1.** Lachen gilt als spezifisch menschliche Fähigkeit. **2.** Die medizinische Kraft des Humors rückt immer mehr ins menschliche Bewusstsein. **3.** Forscher haben positive Reaktionen des Körpers auf Lachen nachgewiesen. **4.** Eine Minute Lachen ist genauso gut wie 15 Minuten Entspannungstraining. **5.** Wut und Stress haben negative Auswirkungen auf das Herz und das Immunsystem.

II. <u>Lust auf „lebenslänglich"</u>

2. Synonyme: **1.** Forschung zur Vorbeugung/zum Zuvorkommen von etwas **2.** vorgeblich/vermeintlich/jmd. behauptet, dass ... **3.** nichts Vernünftiges/Sinnvolles leisten können **4.** Nichtskönner/inkompetenter Mensch **5.** verwirrt **6.** total/ganz und gar

3. Antonyme: **1.** unterbrechen **2.** tadeln/kritisieren **3.** sich schnell aufregen **4.** untertreiben **5.** schweigen/Problemen ausweichen **6.** jmdm. Komplimente machen **7.** außergewöhnliches

5. Präpositionen: **1.** auf, in **2.** an, in, im **3.** für, an, für, auf, zur

III. <u>Teure Langeweile</u>

3. Synonyme: **1.** handeln **2.** (bis ins kleinste Detail) ausdenken **3.** befolgen **4.** in großem Umfang **5.** benötigte **6.** vor Beginn **7.** wichtig **8.** streng/themenbezogen/ohne Abschweifungen zu dulden **9.** Übereinstimmung **10.** deutlich/klar

4. Verben: **1.** kosten **2.** gelten **3.** gaben, bekannten/erklärten **4.** gestalten/leiten, beherzigen/befolgen/beachten **5.** stellen **6.** setzen, vereinbaren **7.** wegführt/abkommt **8.** aufgenommen/geschrieben

Anhang *Lösungsschlüssel*

5. Präpositionen: **1.** in, um, für **2.** bei, in, auf **3.** während, auf **4.** durch, ohne **5.** von, im, zur **6.** nach **7.** für, von **8.** auf **9.** für, über **10.** vom

6. Sie oder Ihnen: **1.** Ihnen **2.** Sie **3.** Ihnen **4.** Sie **5.** Ihnen **6.** Sie **7.** Sie, Ihnen, Ihnen **8.** Sie **9.** Sie **10.** Sie, Ihnen

9. zum Substantiv gehörende Verben/Sätze: **1.** (nehmen/beziehen) Meines Erachtens sollte der Betriebsrat zum Vorschlag des Vorstandes Stellung nehmen/beziehen. **2.** (spielen) Meiner Meinung nach sollte das Thema auf der heutigen Sitzung eine untergeordnete Rolle spielen. **3.** (ziehen) Meiner Meinung nach sollten wir eine Erhöhung des Werbeetats in Erwägung ziehen. **4.** (kommen) Meiner Meinung nach müssen die Transportprobleme auf der nächsten Besprechung unbedingt zur Sprache kommen. **5.** (unterbreiten/machen) Meiner Meinung nach sollten wir der Firma Simpex ein neues Angebot unterbreiten. **6.** (tragen/übernehmen) Meines Erachtens muss die Versicherung die Kosten für den gesamten Schaden tragen/übernehmen.

IV. Sollen

3. Sätze: **1.** Wenn man vor hat/beabsichtigt, etwas zu lernen, ist es notwendig, viel zu üben. **2.** Es ist auch erlaubt, Fehler zu machen. **3.** Es ist nicht empfehlenswert/zu empfehlen, wichtige Dinge auf morgen zu verschieben. **4.** Man sagt/ich habe gehört, er sei der beste Schüler seines Jahrgangs gewesen.

Teil C

1. **1.** müsste **2.** dürfte **3.** muss **4.** soll **5.** du solltest **6.** kann/könnte **7.** soll **8.** er will **9.** hätte sollen **10.** kann nicht **11.** müsste **12.** du solltest **13.** soll **14.** kann/könnte

2. *(Es sind auch andere Lösungen denkbar.)* **1.** Das Fahrrad könnte entwendet worden sein. **2.** Er wird/dürfte gleich kommen. **3.** 2100 könnten die ersten Häuser auf dem Mars gebaut werden. **4.** Klaus mag die Unterlagen verloren haben. **5.** Kunstwerk dürfte noch nicht verkauft worden sein. **6.** Sie könnte sich in Andreas verliebt haben. **7.** Die alten Möbel müssten schon abgeholt worden sein. **8.** Er kann das Geld gestohlen haben. **9.** Sie könnte zur Vorsitzenden gewählt werden. **10.** Die Tür muss mit einem Nachschlüssel geöffnet worden sein.

3. **1.** Frau Meier soll ihren Mann verlassen haben. **2.** Morgen soll es regnen. **3.** Er will die Rechnung schon lange bezahlt haben. **4.** Sie will nie in Rom gewesen sein. **5.** Der Ex-Terrorist soll wegen guter Führung vorzeitig aus dem Gefängnis entlassen worden sein. **6.** Die Konkurrenz soll bereits an einem ähnlichen Projekt arbeiten. **7.** Er will uns vor eventuell auftretenden Schwierigkeiten gewarnt haben. **8.** Diese Bank soll schon drei mal ausgeraubt worden sein.

4. **1.** a) Es wäre besser gewesen, wenn er seine Arbeit effektiver organisiert hätte. b) Er hätte seine Arbeit effektiver organisieren sollen. **2.** a) Es wäre besser gewesen, wenn du sie im Krankenhaus öfter besucht hättest. b) Du hättest sie im Krankenhaus öfter besuchen sollen. **3.** a) Es wäre besser gewesen, wenn er vorsichtiger gefahren wäre. b) Er hätte vorsichtiger fahren sollen. **4.** a) Es wäre besser gewesen, wenn man die Preiserhöhung langsamer vorgenommen hätte. b) Man hätte die Preiserhöhung langsamer vornehmen sollen. **5.** a) Es wäre besser gewesen, wenn die Untersuchungsergebnisse veröffentlicht worden wären. b) Die Untersuchungsergebnisse hätten veröffentlicht werden sollen. **6.** a) Es wäre besser gewesen, wenn die Subventionen verlängert worden wären. b) Die Subventionen hätten um ein Jahr verlängert werden sollen. **7.** a) Es wäre besser gewesen, wenn du die Anleitung genau gelesen hättest. b) Du hättest die Anleitung ge-

Lösungsschlüssel *Anhang*

nau lesen sollen. **8.** a) Es wäre besser, wenn sie gelernt hätte, vorsichtiger mit Geld umzugehen. b) Sie hätte lernen sollen, vorsichtiger mit Geld umzugehen.

5. **1.** Er dürfte den Termin vergessen haben. **2.** Keiner will es gewesen sein. **3.** Er kann/könnte jeden Moment erscheinen. **4.** An wen mag/kann/könnte er jetzt denken. **5.** Ich kann/könnte mich geirrt haben. **6.** Du hättest den Brief gleich beantworten sollen. **7.** Die Diamanten sollen gestohlen worden sein. **8.** Er muss davon gewusst haben. **9.** Er kann nicht der Täter gewesen sein. **10.** Du hättest den Rasen mähen sollen. **11.** Wegen der Krise müssten die Außenminister schon Kontakt aufgenommen haben. **12.** Er will der beste Torwart der Bundesliga sein. **13.** Sie kann/könnte das Buch noch gar nicht gelesen haben. **14.** Bei seinem Wissen muss er die Prüfung bestehen. **15.** Die berühmte Sängerin soll sich von ihrem Ehemann getrennt haben. **16.** Du solltest in Zukunft auf eine gesündere Ernährung zu achten.

6. **1.** muss **2.** soll **3.** darf nicht **4.** kann **5.** kann **6.** will **7.** darf/dürfte ich **8.** mag nicht **9.** muss **10.** muss/soll **11.** braucht nicht

7. **1.** *(Erlaubnis)* Fritzchen durfte jeden Abend bis 22.00 Uhr fernsehen. **2.** *(Vermutung)* Diese Angaben dürften nicht gestimmt haben. **3.** *(Notwendigkeit)* Er musste noch viel lernen. **4.** *(Vermutung)* Er muss sich geirrt haben. **5.** *(Absicht)* Sie wollte diesen Fehler nicht noch einmal machen. **6.** *(Behauptung)* Sie will eine schlechte Lügnerin gewesen sein. **7.** *(Fähigkeit)* Sie konnte diese schwierigen Aufgaben ohne Probleme lösen. **8.** *(Vermutung)* In diesem Fall können Sie Recht gehabt haben.

8. **1.** Der Betrieb musste umstrukturiert werden. **2.** Die Stadt will die alte Kirche abreißen. **3.** Der Beschluss müsste Proteste hervorrufen. **4.** Die Aufgaben brauchen nicht wiederholt zu werden. **5.** Das Bild könnte gestohlen worden sein. **6.** Die Leuchtkraft der Farben des Originals kann man nicht beschreiben. **7.** In den Räumen sollte eine Schutzkleidung getragen werden. **8.** Er sollte die neuen Produkte vorstellen. Du hättest auf seinen Rat hören sollen. **10.** Sie muss es mal wieder verschlafen haben. **11.** Dürfte ich Ihr Telefon zu benutzen? **12.** Er will den Kunden rechtzeitig benachrichtigt haben. **13.** Die Benzinpreise sollen im nächsten Monat wieder erhöht werden. **14.** Es könnte zwischen den zerstrittenen Parteien doch noch zu einer gütlichen Einigung kommen.

9. **1.** Ich schätze das Alter des Mannes auf 50 Jahre. **2.** Ich benötige deine Hilfe nicht mehr. **3.** Eine Verbesserung seiner Noten bedarf größerer Anstrengung **4.** Wir sind pro Jahr zur Vergabe von 10 Stipendien berechtigt. **5.** Erlauben Sie, dass ich mich setze? **6.** Herr Schneeweiß bittet Sie, ihn noch heute zurückzurufen. **7.** Ich rate dir zur Vorsicht beim Umgang mit den gefährlichen Chemikalien. **8.** Es bleibt dir nichts anderes übrig, als die Strafe für das Falschparken zu bezahlen.

10. *(Es sind auch andere Lösungen denkbar.)* **1.** Er hat sich vorgenommen, dieses Jahr noch befördert zu werden. **2.** Es ist ihre Aufgabe, die Tiere täglich mit Wasser und Nahrung zu versorgen. **3.** Ich bin mir sicher, dass in dieser Abrechnung etwas nicht stimmt. **4.** Ich habe in den Nachrichten gehört, dass es morgen schon wieder regnet! **5.** Er hat diese Nachricht wahrscheinlich noch nicht erhalten. **6.** Es wäre ratsam, den Chef über den Vorfall zu informieren. **7.** Sind Sie in der Lage, den gesamten Betrag sofort und bar zu zahlen? **8.** Nach langer Wartezeit wurde es ihnen gestattet, das Land zu verlassen.

11. **a) 1.** wiederverwendbare Altstoffe **2.** erreichbare Ziele **3.** nachvollziehbare Gedanken **4.** schwer erziehbare Kinder **5.** ein vermeidbares Risiko **6.** vorhersehbare Schwierigkeiten **7.** erkennbare Zeichen **8.** ein unbezahlbares Auto **9.** ein nicht umsetzbarer Vorschlag **10.** ein kaum hörbarer Ton

b) 1. unleserlich. **2.** unbeschreiblich schön **3.** unsterblich. **4.** unverkäuflich. **5.** bestechlich **6.** unerklärlich **7.** einträgliches **8.** unerträglich.

Kapitel 4

Teil A

I. Katz und Maus

4. Synonyme: **1.** hatte die Gewohnheit dazustehen/stand immer so da **2.** wortlos **3.** Beleidigung/seelische Verletzung **4.** Streit **5.** vorhergesagt **6.** Erfolgsrate **7.** Ergebnis **8.** enttäuschend **9.** verträglich **10.** Zurückhaltung **11.** begrenzt **12.** erstaunlich/verblüffend **13.** sehr/beträchtlich

5. Präpositionen und Fügewörter: **1.** auf **2.** in, im **3.** in, aus, auf, von **4.** wie, nach, im, als, im, mit

6. Verben: **1.** pflegte, warf/sah, geschrieben, verdient **2.** anvertraut **3.** erkannt/begriffen, ist

7. Sätze: **1.** Viele glauben noch an die Ehe als Erfüllungsort romantischer Gefühle. **2.** Sie hegen die Hoffnung auf Harmonie und Glück. **3.** Männer und Frauen haben erheblich auseinander strebende Erwartungen an die eheliche Gemeinschaft.

8. Antonyme: **1.** sich scheiden lassen **2.** gescheiterte/kaputte **3.** enttäuscht werden **4.** geboren **5.** jmdn. nicht mögen/nicht leiden können **6.** offen/tollerant

II. Kriminalität in Deutschland

2. Verben: **1.** begingen **2.** aufzuklären **3.** fielen **4.** richteten **5.** erreichte **6.** verzeichnete, gefolgt **7.** ausgesprochen/verhängt **8.** abgeebbt/gesunken

5. Verben: **1.** verhört **2.** angezeigt, verdächtigte, entwendet **3.** gestand, überführt **4.** erhob

6. Verben: **1.** angeklagt **2.** gestohlen **3.** nennen **4.** verweigerte **5.** traten, bezeugten **6.** erhärtete **7.** ausräumen **8.** hatte **9.** aussagten, überführt **10.** tagte, verkündete **11.** einlegen

7. Antonyme: **1.** Opfer **2.** gestand **3.** begehen **4.** freigesprochen **5.** entkam der Polizei

8. Adjektive und Partizipien: **1.** mutmaßlicher Täter **2.** siegreiche Verteidigung **3.** hohe Kriminalitätsrate **4.** schwerer Betrug **5.** erdrückende Beweislast **6.** sich erhärtende Verdachtsmomente **7.** mildes Urteil **8.** überführter Bankräuber **9.** erbeutetes Geld **10.** aufgeklärte Verbrechen

III. Unternehmenserfolg

4. Synonyme: **1.** Auf sich aufmerksam machen gehört dazu. **2.** dem Kunden gefallen **3.** einfach/spärlich **4.** etwas meiden **5.** etwas weniger als **6.** ohne Schwierigkeiten zu machen/problemlos **7.** zu große/überbesetzte Verwaltungen **8.** befolgen **9.** nach Erfolg sterbende

5. Präpositionen: **1.** für, von **2.** bei, um, mit, auf

6. Verben: **1.** gehört **2.** reicht/genügt **3.** bietet **4.** schneiden **5.** lassen, einfahren/machen **6.** beherzigt/berücksichtigt, fürchten

7. Antonyme: **1.** gut **2.** unambitioniert/am Erfolg nicht interessiert **3.** unsicher **4.** Verlust **5.** ausgeben **6.** abschlagen/nicht befolgen **7.** üppig/teuer

8. Sätze: **1.** Die Konzentration des Management auf Preis und Qualität der Produkte scheint beim Publikum anzukommen. **2.** Der Grund des Erfolges ist die Orientierung an den Wünschen des Kunden. **3.** Mit einem Jahresumsatz von 34 Milliarden Mark erzielt das Unternehmen in der Brache sehr hohe Gewinne.

Lösungsschlüssel *Anhang*

IV. Koedukation

4. Synonyme: **1.** verwirklicht werden/Realität werden **2.** schließlich/am Ende **3.** etwas sagen dürfen/gefragt werden **4.** in der Zukunft hoffnungsvoll/auf die Zukunft vorausweisende **5.** weniger sagen, sich aus dem Vordergrund zurückziehen

5. Präpositionen: **1.** an/in, unterm **2.** in, zu, am **3.** in, in, aus, nach **4.** über, in, an **5.** in, an **6.** nach, in

6. Verben: **1.** durchgesetzt, geraten/gekommen **2.** liegen, ergreifen/wollen **3.** ermöglichte/verankerte/genehmigte, folgten **4.** bemerken/beobachten, spielen/stellen, verfallen

7. Verben: **1.** zugelassen **2.** trennen **3.** geschickt **4.** erwiesen **5.** geraten **6.** besteht, unterrichtet/ausgebildet **7.** erfordert

8. Antonyme: **1.** getrennt **2.** Vorteile/gute Seiten **3.** erhalten **4.** Rückschritt **5.** Befürworter **6.** gestärkt

9. Sätze: **1.** Mädchen sollten in der Erziehung nicht benachteiligt werden. **2.** Frauenuniversitäten erfreuen sich immer größerer Beliebtheit. **3.** Geschlechtertrennung kann in einigen Fächern die Leistung der Schüler stimulieren.

Teil C

1. **1.** Obwohl sie sehr warm angezogen war, fror sie. **2.** Wie die Polizei mitteilte, gab es bei dem Unfall mehrere Verletzte. **3.** Das Gerät lässt sich anschalten, indem man auf die grüne Taste drückt. **4.** Man kann jetzt auch abends einkaufen, weil die Abendöffnungszeiten verlängert wurden. **5.** Obwohl er die besten Abschlussnoten hatte, ist er noch immer arbeitslos. **6.** Sie hat zwei Töchter. Während die eine klein und zierlich ist, ist die andere groß und kräftig. **7.** Um Geld zu sparen, übernachten wir im Auto./Wir übernachten im Auto, weil wir Geld sparen wollen. **8.** Weil die Familie jahrelang keine Miete bezahlt hat, wird die Wohnung jetzt zwangsgeräumt. **9.** Statt Hausaufgaben zu machen, hat sie die ganze Zeit ferngesehen. **10.** Weil wir die Produktionskosten verringert haben, geht es dem Betrieb wirtschaftlich wieder besser./Nachdem wir die Produktionskosten verringert haben, ... **11.** Obwohl sie die Prüfung mit sehr gut bestanden hatte, war sie mit sich selbst unzufrieden.**12.** Weil es auf der Autobahn einen schweren Unfall gab, wurde sie für mehrere Stunden gesperrt.

2. **1.** weil **2.** obwohl **3.** um ... zu **4.** denn **5.** damit **6.** entweder ... oder; weder ... noch **7.** sondern **8.** sowohl ... als auch **9.** weder ... noch **10.** seit(dem) **11.** wenn **12.** je ... desto **13.** bevor/wenn **14.** bis **15.** nachdem

3. **a) 1.** weil sie verschwenderisch war/lebte; weil sie unter Verschwendungssucht litt, **2.** nur weil er sie liebte **3.** weil er sein Abitur bestanden hatte **4.** weil es an Beweisen mangelte; weil es nicht genügend Beweise gab **5.** weil er sich seinen Fuß gebrochen hatte
b) 1. wenn der Druck stärker gewesen wäre, **2.** wenn es Feueralarm gibt; wenn Feueralarm ausgelöst wird **3.** nur wenn wir die Vorgaben einhalten **4.** wenn er nicht so hart trainiert hätte **5.** nur wenn der Vertrag geändert wird
c) 1. obwohl er Gewalt verabscheute/verabscheut **2.** obwohl es verboten war **3.** während vormittags die Sonne schien, regnete es nachmittags in Strömen. **4.** obwohl sie über gute Spanischkenntnisse verfügt **5.** obwohl es vorgeschrieben ist
d) 1. um seine Noten zu verbessern; damit er seine Noten verbessert **2.** um die Löhne im öffentlichen Dienst um 5 % zu erhöhen; um eine Lohnerhöhung im öffentlichen Dienst um 5 % zu erreichen, **3.** um sich zu erholen, **4.** um weitere Zeugen zu ermitteln/ermitteln zu können; damit er weitere Zeugen ermitteln kann **5.** damit man das Gerät einfacher bedienen kann

Anhang *Lösungsschlüssel*

e) **1.** wie die Polizei angab, **2.** wie im Gesetz steht **3.** so weit ich weiß **4.** indem man sie elektronisch markiert **5.** indem die Temperatur verringert wird; dadurch, dass man die Temperatur verringert; wenn man die Temperatur verringert **6.** indem man ein Passwort eingibt **7.** indem sie eine fehlerfrei Kür lief; weil sie eine fehlerfreie Kür lief **8.** indem man ständig Diäten macht; auch wenn man ständig Diäten macht, **9.** ohne das Land genau zu kennen; ohne dass Sie das Land genau kennen **10.** ohne dass das Problem gelöst werden konnte

4. **1.** Im Abspann des Films wurde der Autor des dem Film zu Grunde liegenden Romans nicht genannt, nicht einmal der Titel. **2.** Mit dieser schlechten Vorbereitung kommt der Schwimmer bei den Meisterschaften nicht in den Endlauf, geschweige denn unter die ersten drei. **3.** Sie hinterließ ihren Schreibtisch nicht sauber, nicht einmal aufgeräumt. **4.** Sie hat momentan für mich keine Zeit, nicht einmal für ihren Freund. **5.** Susanne kann Peter nicht einmal 10 Euro borgen, geschweige denn 1000. **6.** Er hat mit Sicherheit kein großes Auto, geschweige denn eine Segeljacht.

5. **1.** Die Meteorologen warnten vor einer Lawinengefahr, dessen ungeachtet machte sich eine Gruppe von Bergsteigern früh auf den Weg. **2.** Sie fand den Film sehr spannend, dennoch schlief sie ein. **3.** Es wurden sofort Maßnahmen ergriffen, trotzdem verbesserte sich die Lage nicht. **4.** Es war ein Verbotsschild an dem Zaun befestigt, ungeachtet der Tatsache betraten sie das Militärgelände. **5.** Die Rettungsmannschaft war sofort zur Stelle, dennoch konnte sie keine Lebenden mehr bergen. **6.** Er sollte den Hauseingang die ganze Nacht überwachen, nichtsdestotrotz fuhr er nach Hause, um sich umzuziehen.

6. **1.** Wir kommen mal wieder zu spät, es sei denn, du beeilst dich ein bisschen. **2.** Er wird durch die Prüfung fallen, es sei denn, er bereitet sich besser vor. **3.** Das Openair-Kozert wird verschoben, es sei denn, das Wetter ändert sich noch. **4.** Herr Kunz wird entlassen, es sei denn, er ändert seine Arbeitseinstellung entscheidend. **5.** Klaus kann uns nicht abholen, es sei denn, sein Auto ist nicht mehr in der Werkstatt. **6.** Den Opfern im Katastrophengebiet kann nicht mehr geholfen werden, es sei denn, es geschieht ein Wunder.

7. **1.** Georg ist ein guter Tennisspieler, sein Freund dagegen kann überhaupt nicht Tennis spielen. **2.** Bei Herrn Meier haben die Abrechnungen immer gestimmt, bei seinem Nachfolger treten jedoch immer wieder Fehler auf. **3.** Früher schrieben viele Romanautoren ihre Bücher auf der Schreibmaschine, während sie sie heute auf dem Computer schreiben. **4.** Noch vor zwei Jahren brauchte ich 20 Minuten mit dem Auto zur Arbeit, wohingegen ich heute 40 Minuten im Stau stehe und eine Stunde brauche. **5.** Letztes Jahr war das Konzert der Poppgruppe ausverkauft, dieses Jahr jedoch war die Hälfte des Saales leer. **6.** Er achtet auf das Geld und lebt sehr sparsam, im Gegensatz dazu kann seine Frau an keinem Modegeschäft vorbeigehen.

8. **1.** Um den Müll besser wieder verwerten zu können/wieder zu verwerten, muss man ihn trennen. **2.** Viele wünschen sich zwar eine Verbesserung der Umwelt, wollen aber auf ein Auto nicht verzichten. **3.** Man könnte eine Finanzierung eines Teils der Unkosten sichern, wenn/indem man Ökosteuern einführen würde. **4.** Wenn man den Benzinpreis erhöhen würde/erhöhte, könnte man eine weitere Möglichkeit schaffen, die Unkosten zu finanzieren. **5.** Wenn das Verkehrsaufkommen geringer wird, kann man den Schadstoffausstoß senken. **6.** Es ist ein Anstieg des Wasserspiegels zu verzeichnen, denn die Erde erwärmt sich. **7.** In den Dörfern herrscht große Armut, deshalb ziehen die Menschen in die Stadt. **8.** Während die Dörfer immer menschenleerer werden, haben/bekommen die Menschen in den Städten Schwierigkeiten, Wohnraum zu finden.

9. **1.** Die Einführung von Ökosteuern soll die Menschen zum umweltbewussten Handeln erziehen. **2.** Mit Hilfe neuer Technologien entwickeln Wissenschaftler umweltfreundli-

che Produkte. **3.** Durch die stärkere Nutzung von Wind- und Sonnenenergie kann der Verbrauch nicht erneuerbarer Ressourcen gesenkt werden. **4.** Die Menschen müssen die Notwendigkeit einsehen, selbst einen Beitrag zur Verbesserung der Umwelt zu leisten. **5.** Die Wiederverwertung von Abfällen ist ein Mittel zur Bekämpfung der wachsenden Müllberge. **6.** Die Unterstützung der Landwirtschaft durch den Staat kann viele Menschen am Verlassen der Dörfer hindern/daran hindern, ihre Dörfer zu verlassen.

Kapitel 5

Teil A

I. Krieg der Geschwister

3. Synonyme: **1.** handelte er nach/verhielt er sich nach **2.** wollte er weniger/es war nicht seine Absicht nichts **3.** unbeherrschte **4.** überzeugte/unverbesserliche **5.** gestaltet/beeinflusst entscheidend **6.** machtbewusstes Verhalten **7.** etwas (zu bieten) haben

4. Präpositionen: **1.** im, gegen, zu **2.** im, für, um, über, um **3.** im, zum

5. Verben: **1.** übte **2.** lag **3.** zeigte/hatte **4.** entwickeln/demonstrieren **5.** konkurrieren, neigen **6.** tobt/entsteht, modelliert/gestaltet/beeinflusst

9. Verhaltensweisen: **1.** Mitarbeiter dürfen keine eigenen Entscheidungen treffen **2.** keine Transparenz, der Chef lässt seine Mitarbeiter über wichtige Arbeitsprozesse und Entscheidungen im Unklaren **3.** der Chef ist nicht in der Lage, notwendige oder schnelle Entscheidungen zu treffen **4.** Verhaltensweisen und Entscheidungen sind nicht vorauszusehen, Launenhaftigkeit **5.** Unfähigkeit, bei einer Sache zu bleiben oder einen Gedanken zu verfolgen **6.** der Chef hört nicht auf Hinweise oder Ratschläge seiner Mitarbeiter **7.** der Einführung von Neuerungen, der Umsetzung von neuen Ideen steht der Chef skeptisch gegenüber **8.** es besteht kein Vertrauensverhältnis zwischen den Mitarbeitern und dem Chef **9.** der Chef meint, er wisse alles besser **10.** der Chef lobt sich gern selbst

II. Antipathie

4. Synonyme: **1.** jmdn. mit etwas nerven/belästigen **2.** jmdm etwas übel nehmen/sich ärgern über jmdn. **3.** für andere bezahlen **4.** erfahrene **5.** eine Abneigung haben gegen jmdn. **6.** in sich selbst verliebter/eingebildeter **7.** provozierender/schneidender **8.** Abneigungen/Feindseligkeiten **9.** schlafende **10.** versteckt warten

5. Präpositionen: **1.** aus, bei **2.** auf **3.** auf. **4.** an, an **5.** für, in **6.** an, unter **7.** zwischen, mit **8.** für, in

6. Verben: **1.** mochte **2.** fanden **3.** trifft **4.** springen **5.** entfacht/entstanden, gibt **6.** (auf)wecken

7. Sätze: **1.** Oft lassen sich Ursachen für spontane Abneigungen gegen Menschen in unserer eigenen Vergangenheit finden. **2.** Negative Gefühle gegenüber/unter Kollegen wirken sich schlecht auf das Arbeitsklima aus.

III. Lyrik im Immobilienteil

4. Synonyme: **1.** kritisch/skeptisch betrachten **2.** wachsam sein **3.** verspricht/bedeutet **4.** misslungener/missglückter **5.** besser/schlechter sein

Anhang *Lösungsschlüssel*

5. Verben: **1.** genießen **2.** geboten **3.** übersetzen, bedeutet **4.** verbirgt/versteckt **5.** empfohlen/geraten, besichtigen

6. Sätze: **1.** Der Laie muss sich erst mühsam in die Geheimsprache der Poesie einarbeiten. **2.** Es gibt Wohnviertel, die selbst Mitglieder des Boxvereins bei Einbruch der Dunkelheit meiden. **3.** Wenn jemand den Kauf eines Hauses in Betracht zieht, sollte er es sich genau ansehen.

IV. Bauhaus und Design

3. Synyoyme: **1.** übliche/gebräuchliche **2.** erst einmal **3.** akzeptiert **4.** nicht umgesetzt/veröffentlicht wurden

4. Präpositionen: **1.** von, für, mit **2.** in, mit, von **3.** in, zu **4.** an **5.** vom, bis zum, von, bei, bis zu, im **6.** in, auf **7.** mit, nach **8.** in, für

5. Antonyme: **1.** karge **2.** altmodische **3.** langweiliger **4.** gedeckte **5.** extravagante **6.** klare

6. Relativsätze: **1.** Das Bauhaus, das 1919 von W. Gropius gegründet wurde, war eine Hochschule für Gestaltung. **2.** Die Bauhäusler waren keine Gruppe, die in sich geschlossenen war. **3.** Dort wurden Ansätze zu fast allen Design-Vorstellungen, die heute gängig sind, entwickelt.

7. Partizipialkonstruktionen: **1.** Die 1955 in Ulm gegründete Hochschule für Gestaltung schloss an die noch moderne Tradition des Bauhauses an. **2.** Das Wort *Design* setzte sich in dem heute gebräuchlichen, breiten Bedeutungsspektrum durch. **3.** Mehr Gestaltungsfreiheit hat der Designer bei für den persönlichen Bereich bestimmten Produkten.

V. Peter Härtling: Der Bericht

2. Synonyme: **1.** nicht trauen/ein bisschen Angst haben vor etwas **2.** gleichgültig/unverkrampft **3.** vornehm/edel **4.** dünn/sehr schlank **5.** ungeschickt/ungewandt **6.** innerlich bewegt **7.** fleißig **8.** zeigen/erkennen lassen **9.** (schwer) tragen

3. Verben: **1.** kenne/kannte/liebe/mag... **2.** gefürchtet **3.** diente, verstärkte/verbesserte **4.** stellen **5.** hält **6.** hielte/halte **7.** trägt **8.** wirken **9.** beschreiben/bezeichnen, -geben

4. Antonyme: **1.** schlank **2.** unkonvertionell **3.** ordentlich/akkurat **4.** unsauber/heruntergekommen **5.** kräftig **6.** hässlich **7.** ordinär/gewöhnlich/ärmlich **8.** schlicht

Teil C

1. einen Dümmeren, aus den Unfallprotokollen deutscher Versicherungsnehmer **1.** in der Faschingszeit, mancher Büttenredner, auf der verzweifelten Suche, für humorvolle Anregungen, auf die Wirklichkeit, in die Unfallprotokolle der deutschen Versicherungen, die folgenden Formulierungen, aus den Briefwechseln, mit ihrer Assekuranz. **2.** in eine falsche Grundstücksauffahrt, einen Baum **3.** ein unsichtbares Fahrzeug **4.** an der Kreuzung, einen unvorhergesehenen Anfall **5.** eine steile Straße, eine Grundstücksmauer, einen Baum, das Bremspedal **6.** in eine große Trommel, jeden Monats, mit verbundenen Augen, bis das große Los **7.** für solche faulen Ausreden, einen Dümmeren **8.** viele Formulare, mein geliebter Mann

2. **1.** einer Feier, vielen alten Freunden, seines 50. Geburtstages, der mutmaßliche deutsche Drogenhändler **2.** einiger großer niederländischer Drogenhändler **3.** alle anwesenden Polizisten, das dreistöckige Haus, die meisten der überraschten Gäste **4.** einzelne

Lösungsschlüssel *Anhang*

anwesende Gäste **5.** einer seiner Freunde, seiner zu Protokoll gegebenen Aussage **6.** mehrere alte Vertraute des Festgenommenen, den nächsten Tagen **7.** eines der teuersten Anwälte, ungeklärte Weise, des reichen Verdächtigen **8.** mehrere sichere Beweise

3. **1.** Der Computer des japanischen Vorgesetzten wurde durch ein neueres Modell ersetzt. **2.** Die anhaltende Trockenheit vernichtete die Vegetation des ganzen Gebietes. **3.** Ein Dieb stahl Frau Friedrichs Tasche. **4.** Die Anzahl der tödlichen Autounfälle ging im letzten Jahr um 3 % zurück. **5.** Fischen war früher das Hobby vieler pensionierter Beamter. **6.** Die Behandlung des kranken Jungen kostete die Eltern ein Vermögen. **7.** Der Erfolg war das Ergebnis eines starken Willens. **8.** Die militärische Auseinandersetzung der benachbarten Staaten bedeutete eine Gefährdung des Weltfriedens. **9.** Ein Glas klaren Wassers half Peter gegen/bei Kopfschmerzen. **10.** Der Empfang des französischen Botschafters verlief ohne die befürchteten Zwischenfälle. **11.** Der Ansprache Papst Pauls des Zweiten lauschten auf dem Petersplatz hunderttausende Gläubige. **12.** Bisher unbekannte Fotografien des berühmten Komponisten wurden in seinem Nachlass gefunden. **13.** Der Entwurf des heute anerkannten Architekten fand bei der damaligen Ausschreibung keine Beachtung.

4. **1.** Er wartet/wartete auf den ankommenden Zug. **2.** Herr Meier beobachtet/beobachtete die in der gegenüberliegenden Wohnung tanzende Frau **3.** Die lärmenden Fußballfans stürmen/stürmten in die Kneipe. **4.** Autofahrer müssen auf am Straßenrand spielende Kinder Acht geben. **5.** Die Besatzung verließ das sinkende Schiff. **6.** Der in der Schweiz lebende Schriftsteller wurde/wird mit dem Nobelpreis für Literatur ausgezeichnet. **7.** Das Publikum zollte dem Sänger anerkennenden Beifall. **8.** Die als Juristin arbeitende Ehefrau des Politikers setzt/setzte sich für die Rechte der Kinder ein.

5. **1.** Die gestohlene Ware war nicht gesichert. **2.** Von dem entflohenen Täter/den entflohenen Tätern fehlt jede Spur. **3.** Das neu erschienene Buch wurde in kürzester Zeit ein Bestseller. **4.** An dem Kongress nahmen viele anerkannte Wissenschaftler teil. **5.** Auf den vom Eis befreiten Straßen gab es in den letzten Tagen weniger Unfälle. **6.** Der in Moskau aufgewachsene Künstler gastierte zum ersten Mal in Berlin. **7.** Der neu eingebaute Motor ist für die Probleme des Rennwagens verantwortlich. **8.** Das seit Jahren gesuchte Beutegeld aus dem Banküberfall in Zürich konnte von der Polizei sichergestellt werden.

6. **a) 1.** Die während des Versuchszeitraums immer wieder aufgetretenen Fehler konnten beseitigt werden. **2.** Von den bei dem Lawinenunglück verschütteten Menschen hat keiner überlebt. **3.** Die von der Gewerkschaft auf der Betriebsversammlung vorgebrachten Bedenken konnten vom Vorstand nicht vollständig ausgeräumt werden. **4.** Die für den Erfolg verantwortlichen Mitarbeiter bekamen hohe Prämien. Das vermutlich 1895 gemalte und dann verschollene Bild kann ab heute im Museum Ludwig bewundert werden. **6.** Dieses Gesetz ist durch einen am 07.09.1999 vom Parlament gefassten Beschluss geändert worden.
b) 1. Die im Krieg völlig zerstörte Kirche konnte dank zahlreicher Spenden wieder aufgebaut werden. **2.** Die orginalgetreu restaurierten Deckengemälde sind Meisterwerke des Barock. **3.** Auch einige von den Alliieren vor der Vernichtung geretteten Kunstwerke sind ab nächste Woche im Stadtmuseum zu bewundern. **4.** Der erst kürzlich zum dritten Mal wieder gewählte Bürgermeister der Stadt eröffnet die Ausstellung. **5.** Wenn man durch die während des Krieges von Bomben verschont gebliebenen Straßen läuft, bekommt man ein Gespür für den ehemaligen Glanz der Stadt. **6.** Die sich direkt im Zentrum befindenden Wohnungen gehörten früher reichen Kaufleuten. **7.** Die vor, während oder nach dem Krieg aus der Stadt geflohenen Wohnungseigentümer haben jetzt

Anhang *Lösungsschlüssel*

Anspruch auf ihr ehemaliges Eigentum. **8.** Mit den jedes Jahr stattfindenden Musiktagen erreicht dieser Sommer seinen kulturellen Höhepunkt.

7. **a) 1.** vor der **2.** mit der **3.** mit der **4.** für das **5.** von dem **6.** gegen die **7.** über das **8.** mit der **9.** mit denen **10.** für die **11.** für die **12.** über die **13.** mit denen **14.** über die **15.** auf die **16.** über die
   b) 1. dessen Erfindung eine Sensation wurde. **2.** über dessen Erfindung alle Leute reden. **3.** dessen Frau Lehrerin ist. **4.** der kürzlich Abteilungsleiter wurde. **5.** dessen Sekretärin sehr gewissenhaft arbeitet. **6.** über dessen Herkunft niemand etwas weiß. **7.** von dessen Einsatzbereitschaft alle begeistert sind. **8.** der eine Vorliebe für alte Autos hat.
   c) 1. wovor **2.** wo/in der **3.** wo **4.** wohin **5.** das/was **6.** denen **7.** wogegen/wofür **8.** das/was
   d) 1. desjenigen **2.** derjenige **3.** demjenigen **4.** diejenigen **5.** denjenigen **6.** diejenigen **7.** denjenigen **8.** diejenigen

8. **1.** Die Einwände, die gestern von Frau Grünberg vorgetragen wurden, sollten unbedingt Beachtung finden. **2.** In dem Intercity-Zug, der vor wenigen Minuten auf dem Hamburger Hauptbahnhof ankam, kam es zu Auseinandersetzungen zwischen Fußballfans, die miteinander in Streit geraten waren. **3.** Der Patient, der von Beginn an falsch behandelt wurde, erlag gestern seinem Leiden. **4.** Der Wagen, der erst kürzlich auf der Automobilmesse vorgestellt wurde, konnte den hohen Erwartungen nicht entsprechen. **5.** Die Bergungsarbeiten, die immer wieder durch starke Regenfälle unterbrochen wurden, konnten erst gegen Mittag fortgesetzt werden. **6.** Der Mitarbeiter, der von seinen Kollegen lange eingearbeitet wurde, übernahm seinen ersten selbstständigen Auftrag. **7.** Das Raumfahrtprojekt, das von den Europäern mitfinanziert wurde, konnte erfolgreich abgeschlossen werden. **8.** Die Satelitenschüssel, die auf dem Dach des Hauses installiert wurde, hielt dem starken Sturm nicht Stand.

9. **1.** Der Prozess fand in Holzkirchen, einem Ort in der Nähe von München, statt. **2.** Die Tat wurde von W. S., einem Angestellten bei der Post, begangen. **3.** Der Angeklagte sprach vor der Verhandlung noch einmal mit Frau Lange, seiner Anwältin. **4.** Nach Aussagen des Bruders, des Eigentümers der Apotheke am Hauptplatz, neigte der Beschuldigte schon als Kind zum Diebstahl. **5.** Die bestohlenen Opfer, ganz normale Bürger, können nicht mit einer Entschädigung rechnen. **6.** Die Post will nach Aussage ihres Anwalts, des erfolgreichsten der Stadt, nicht für den Schaden aufkommen.

10. **a) 1.** Das sind unbedingt zu beachtende Vorschriften. **2.** Das ist ein nicht zu unterschätzender Konkurrent. **3.** Das ist eine noch zu beweisende These. **4.** Das sind noch heute zu klärende Fragen. **5.** Das sind umgehend zu lösende Probleme. **6.** Das sind auf der nächsten Sitzung zu besprechende Punkte.
    b) 1. Das sind kaum mehr zu ertragende Arbeitsumstände. **2.** Das sind nicht zu finanzierende Vorhaben. **3.** Das sind nur schwer zu beseitigende Beschädigungen. **4.** Das sind nicht ernst zu nehmende Vorwürfe. **5.** Das sind nicht zu akzeptierende Forderungen. **6.** Das sind nicht mehr zu diskutierende Beschlüsse.

11. **1.** Sie spricht Spanisch, als hätte/habe sie jahrelang in Spanien gelebt;... als ob sie jahrelang in Spanien gelebt hätte/habe. **2.** Er trainiert so hart, als wollte/wolle er dieses Jahr noch den Weltrekord brechen: ... als ob er dieses Jahr den Weltrekord noch brechen wollte/wolle. **3.** Die Jacke sieht aus, als wäre/sei sie 100 Jahre alt; ... als ob sie 100 Jahre alt wäre/sei **4.** Sie sieht mich an, als hätte/habe sie mich nicht verstanden; ... als ob sie mich nicht verstanden hätte/habe. **5.** Sein Gang wirkt so schwer, als hätte/habe er Blei in den Schuhen; ... als ob er Blei in den Schuhen hätte/habe. **6.** Sie geht mit dem Geld um, als würde sie über ein großes Vermögen verfügen; ... als ob sie über ein großes Vermögen verfügen würde/verfügte/verfüge.

Lösungsschlüssel *Anhang*

12. **1.** pünktlich **2.** stolz **3.** fleißig **4.** schlau **5.** glatt **6.** störrisch **7.** still **8.** fromm **9.** groß **10.** schnell **11.** sicher

13. **1.** vergesslich/faul **2.** sauber **3.** eifersüchtig **4.** langweilig **5.** unordentlich **6.** zuverlässig **7.** ehrlich **8.** großzügig **9.** eingebildet/selbstbewusst **10.** pünktlich **11.** ehrgeizig **12.** spontan/unberechenbar

14. **1.** tolerant **2.** bescheiden **3.** sparsam/geizig **4.** weltoffen **5.** taktvoll **6.** ausgeglichen **7.** gewandt **8.** friedlich/harmoniebedürftig **9.** kreativ **10.** kleinlaut **11.** naiv **12.** freundlich

15. **1.** schädlich, schädliches Gas/schädlicher Stoff **2.** kindlich, kindliches Gemüt **3.** kränklich, kränkliches Kind **4.** schrecklich, schrecklicher Vorfall **5.** dumm, dummer Fehler **6.** vergesslich, vergesslicher Mensch **7.** bedrohlich, bedrohliche Situation **8.** bildlich, bildliche Beschreibung

Kapitel 6

Teil A

I. Störfall Kommunikation

4. Synonyme: **1.** besorgen/herbeibringen **2.** außerdem/überdies **3.** hinweisen/hindeuten auf etwas **4.** Hindernis/Barriere **5.** gewinnbringend **6.** Ehrlichkeit **7.** richtig umgehen können/richtig verwenden **8.** richtiges

5. Verben: **1.** geht/läuft **2.** fällen/treffen, lösen, darzustellen/zu diskutieren, sorgt, baut **3.** hält **4.** verweisen **5.** spielt **6.** überspringt, entstehen/resultieren **7.** einzuschätzen, handzuhaben, zu machen **8.** setzt, zu reden/nachzudenken, verbessern/reduzieren/abzustellen

6. Präpositionen: **1.** für **2.** auf, an **3.** in, zum, zufolge/nach, am, auf,

7. Synonyme: **1.** Er ist aufgeschlossen für die Meinung anderer. **2.** Er macht beim Sprechen lebhafte Gebärden/gestikuliert sehr stark. **3.** Du bist davon nicht betroffen, deshalb kannst du einfacher darüber sprechen. **4.** Es ist leichter über etwas (ein Vorhaben z. B.) zu reden als etwas zu tun. **5.** Einer Sache (zu) große Aufmerksamkeit schenken.

II. Tipps zur erfolgreichen Kommunikation

2. Synonyme: **1.** vor dem Gespräch gebildete/bereits feststehende **2.** teilnahmslos/uninteressiert **3.** Gesamturteil/undifferenziertes Urteil **4.** Verharmlosungen/Beruhigungen **5.** analysieren/interpretieren/einschätzen **6.** gezielt befragen/verhören **7.** ungenau/verschwommen/zögerlich **8.** zum Wesentlichen kommen/keine langen Vorreden halten **9.** sich abweisend verhalten

3. Verben: **1.** vermeiden **2.** vermitteln **3.** spielen **4.** verletzen **5.** zeigen **6.** drücken, getan/gelassen **7.** provozieren **8.** kommen **9.** führt **10.** lenkt

4. Sätze: **1.** Der Beziehungsaspekt zwischen Sender und Empfänger spielt in der Kommunikation eine wichtige Rolle. **2.** Ein Großteil der Fehler im Berufsleben lassen sich auf mangelnde Kommunikation zurückführen. **3.** Die Betriebsführung sollte Wert auf die Weiterbildung aller Mitarbeiter im Bereich der Kommunikation legen. **4.** Das Training kommunikativer Fähigkeiten und die Entwicklung der Persönlichkeit sind eng mitein-

ander verbunden. **5.** Wenn aber die Mitarbeiter nicht an ihrem kommunikativen Verhalten konstant arbeiten, erweisen sich die Fortbildungsmaßnahmen als unwirksam.

III. Zeitungen

4. Synonyme: **1.** gestaltet **2.** Neuigkeiten aus der Umgebung **3.** streng **4.** zeigen/herausstellen **5.** nicht übermäßig/im richtigen Verhältnis

6. Präpositionen: **1.** unter **2.** aus, im, auf **3.** an, entgegen **4.** außerhalb, von, im, auf **5.** von, vor, im

7. Sätze: **1.** Übersichtliches Design und ein vielfältiges Angebot machen Zeitungen beim Leser erfolgreich. **2.** Eine Erweiterung des Service-Angebots hat keine höhere Nachfrage zur Folge. **3.** Die Leser trennen die Ansprüche an Zeitungen und Fernsehen.

8. Präfixe: anlesen – ein Buch (*nur den Anfang lesen*), auslesen – ein Buch (*zu Ende lesen*), durchlesen – ein Manuskript (*von Anfang bis Ende lesen*), sich einlesen – in ein Buch (*sich an den Schreibstil gewöhnen*), nachlesen – in einem Fachbuch (*sich informieren*), überlesen – einen Fehler (*nicht bemerken*), vorlesen – einem Freund (*laut lesen*), belesen + zerlesen können als Adjektive oder Adverbien gebraucht werden: ein belesener Mensch (*ein Mensch, der sich viel Wissen durch Lesen angeeignet hat*), ein zerlesenes Buch (*vom vielen Lesen beschädigtes/abgegriffenes Buch*)

9. Synonyme Wendungen: **1.** Der Lektor überprüft ihn auf Rechtschreibfehler. **2.** Der Priester zelebriert die Messe **3.** Der Professor hält eine Vorlesung über Goethe **4.** Er bemerkte/deutete etwas in ihren Augen. **5.** Die Trauben werden geerntet.

IV. Lesen und fernsehen

3. Präpositionen: nach Expertenangaben, in ihrer Entwicklung, auf die Vorteile, in andere, auf keinen Fall, für den TV-Genuss, im Alter bis zu 3 Jahren, bis Siebenjährige, bis Elfjährige

6. Sätze: **1.** Viele Jugendliche sitzen den ganzen Nachmittag vor dem Fernseher. **2.** Selbst Kinderprogramme weisen einen hohen Anteil an Gewaltszenen aus. **3.** Die Gewaltverherrlichung im Fernsehen kann die Hemmschwelle der Jugendlichen zur aktiven Gewaltausübung senken. **4.** Der Staat sollte Maßnahmen zur Einschränkung der Gewaltszenen im Jugendfernsehen ergreifen. **5.** Einschaltquoten üben auf die Gestaltung der Programme großen Einfluss aus.

7. Verben: **1.** beobachtet **2.** musterte **3.** betrachtete **4.** besichtigen **5.** glotz(e) **6.** blinzeln **7.** bestaunte **8.** entdeckte

8. Synonyme: **1.** zu erwarten **2.** suchen (nicht reflexiv) **3.** verzeihen **4.** betrachtet (nicht reflexiv) **5.** zu studieren **6.** begreifen **7.** in Acht nehmen **8.** nicht bemerkt

V. „Ich habe fertig!"

4. Synonyme: **1.** jmdn. zur Rechenschaft ziehen **2.** verheimlichen **3.** vor Ärger erregte **4.** jammern **5.** seit langer Zeit notwendige **6.** jmd., der von dem Tun/der Tat eines anderen profitieren möchte **7.** frech/unverfroren

5. Umformungen: Im Gegensatz zu anderen aus dem Management, die versuchten, die offenkundigen Schwächen der anderen zu vertuschen, beschimpfte der aufgebrachte Trainer seine Spieler.

Lösungsschlüssel *Anhang*

Teil C

1. **1.** sei, komme, sehe **2.** habe, bringe **3.** könnten, mangele, wolle, könne, erteile **4.** seien, benötige/fordere, müsse, gehe, könne, müssten **5.** seien, hätten, seien, stelle, habe, werde, brauche, habe, seien, habe **6.** habe, hätten, könne

2. **1.** Nach Aussagen des Ministers sei eine Steuerreform notwendig und müsse deshalb innerhalb kürzester Zeit durchgeführt werden. **2.** Wie der Minister sagte, sei ein Ausbau der europäischen Zusammenarbeit die Grundlage weiteren Wachstums. **3.** Laut Meinung des Ministers habe die Bekämpfung der organisierten Kriminalität in Europa einen besonderen Stellenwert. **4.** Wie der Minister mitteilte, seien Untersuchungen darüber vor kurzem in Auftrag gegeben worden. **5.** Aussagen des Ministers zufolge müssten zur Entspannung der Lage auf dem Arbeitsmarkt auch die Unternehmen umdenken.

3. **1.** Der Politiker will von der Vergabe des Millionenauftrags an seinen Schwager nichts gewusst haben. **2.** Er will von dem Vorfall keine Ahnung gehabt haben. **3.** Er will dafür nicht zuständig sein. **4.** Er will diesen Brief nicht unterschrieben haben. **5.** Er will über dieses Projekt erst heute Morgen informiert worden sein.

4. **1.** In dem berühmten Juweliergeschäft „Diamant" soll gestern eingebrochen worden sein. Das soll in diesem Jahr schon das fünfte Mal gewesen sein. **2.** Das königliche Paar soll einen Freund im Krankenhaus besucht haben. **3.** Die Feier soll nicht wie geplant im Schlossgarten, sondern in der Pauluskirche stattgefunden haben. **4.** Neugierige sollen die Rettungsmannschaft bei der Versorgung der Unfallopfer behindert haben. **5.** Morgen soll in weiten Teilen des Landes die Sonne scheinen.

5. **1.** Er sagte, sie solle für ihn einen Termin mit Dr. Kurz vereinbaren. **2.** Er sagte, sie solle die Briefe bitte gleich zur Post bringen. **3.** Er sagte, sie solle die Transportfirma an die Einhaltung des Liefertermins erinnern. **4.** Er sagte, sie solle die Kunden über die Preisänderung informieren. **5.** Er sagte, sie solle seine Frau anrufen und ihr sagen, dass er heute später komme.

6. **1.** Der Patient fragte den Arzt, ob er die Untersuchungsergebnisse schon habe. **2.** Der Leser fragte den Bibliothekar, ob er die Ausleihfrist noch um zwei Wochen verlängern könne. **3.** Der Wähler fragte den Politiker, was er konkret gegen die Arbeitslosigkeit tue. **4.** Der Student fragte den Dozenten, bis wann die Arbeiten abgegeben werden müssten. **5.** Der Lehrer fragte Susi und Anette, aus welchem Grund sie so oft ihre Hausaufgaben vergessen würden/vergäßen(*veraltet*)..

7. Ich habe letztens folgende Geschichte gehört:
Der Schauspieler Manfred Krug *sei* spät abends nach seiner Arbeit mit der Straßenbahn nach Hause *gefahren*. Er *habe* die Fahrt *bezahlt* und den Schaffner *gebeten*, ihn kurz vor der Haltestelle, wo er aussteigen *müsse*, zu wecken, damit er ein bisschen schlafen *könne*. Der Schaffner *habe* das *vergessen* und Manfred Krug *sei* an der Endstation *aufgewacht*. Er *habe beschlossen*, mit derselben Bahn wieder zurückzufahren. Da *sei* der Schaffner *wiedergekommen* und *habe* erneut Fahrgeld *kassieren wollen*. Der Schauspieler *habe sich geweigert*, denn schließlich *sei* es nicht seine Schuld *gewesen*, dass er eine zweite Fahrt *habe antreten müssen*. Aber der Schaffner *habe* darauf *bestanden*: Fahrschein oder keine zweite Fahrt!
Es *sei* zu einem Streit mit dem Schaffner *gekommen* und Krugs Personalien *seien festgestellt worden*. Er *habe* die Straßenbahn *verlassen* und mitten in der Nacht zu Fuß nach Hause *laufen müssen*.
Nach einer Weile *seien* Zahlungsaufforderungen *gekommen*: erst *seien* es fünf Mark Strafgebühr, dann zehn, dann zwanzig *gewesen*, plus Mahnkosten wegen Benutzung der

204

Anhang *Lösungsschlüssel*

Bahn ohne Fahrschein. Nachdem sich der Schwarzfahrer noch immer *geweigert habe*, das Geld zu bezahlen, *habe* man ihm mit einer Gefängnisstrafe *gedroht*. Selbst das *habe* ihn nicht zum Nachgeben *veranlasst* und ein paar Wochen später *habe* sich Manfred Krug in sauber gewaschenem Zustand, mit Zahnbürste, zum Absitzen seiner Strafe im Gefängnis *eingefunden*.

8. **1.** warnte **2.** vereinbarte **3.** bat **4.** riet ab **5.** empfahl **6.** lehnte ab **7.** richtete aus **8.** beruhigte **9.** bestätigte **10.** verschob **11.** verlangte **12.** widersprach **13.** korrigierte/berichtigte **14.** leugnete **15.** beschrieb **16.** beschimpfte **17.** unterbrach **18.** lobte **19.** übertrieb **20.** verharmloste

9. a) **1.** rostest **2.** Reden, Schweigen **3.** streiten, freut **4.** loben **5.** vergeht **6.** wagt **7.** aufgeschoben **8.** feiern **9.** verschiebe **10.** will, muss **11.** gibt nach **12.** irren **13.** bellen **14.** streiten **15.** fühlt **16.** gefallen **17.** verderben **18.** hineinruft

   b) **1.** Unglück **2.** Scherben **3.** Wille **4.** Stamm **5.** Vergnügen **6.** Ausnahmen **7.** Sitten **8.** Gegensätze **9.** Leute **10.** Hunde **11.** Gelegenheit **12.** Beine **13.** Grube **14.** Würze **15.** Preis **16.** Heller, Taler **17.** Beinen **18.** Gold

Kapitel 7

Teil A

1. Das 19. Jahrhundert

2. Verbalisierung: **1.** organisierte Parteien wurden gebildet **2.** die Arbeiterbewegung entstand **3.** der Nationalismus kam auf **4.** politischen Dimensionen wurden erweitert **5.** neue Ideen brachen durch

3. Verben: **1.** finden **2.** nachdenkt, gelangen/kommen **3.** verknüpft/verbunden **4.** prägen/bestimmen/beeinflussen **5.** fällt

4. Sätze: **1.** 1833 wurden elektromagnetische Telegrafenverbindungen von Carl Friedrich Gauß und Wilhelm Weber hergestellt. **2.** 1835 wurde die erste deutsche Dampfeisenbahnstrecke zwischen Nürnberg und Fürth eröffnet/eingeweiht. Sie war im Gegensatz zur englischen nur 6,1 km lang. **3.** 1837 wurde der erste brauchbare Schreibtelegraf von Samuel Morse entwickelt. **4.** 1848 wurde das „Manifest der kommunistischen Partei" von Karl Marx und Friedrich Engels veröffentlicht. **5.** 1849 wurde von James B. Francis die Hochdruckwasserturbine konstruiert. **6.** Von 1859 bis 1869 wurde der Suez-Kanal gebaut. **7.** 1861 wurde der erste Fernsprecher von Johann Philipp Reis konstruiert. **8.** 1869 wurde die „Sozialdemokratische Arbeiterpartei" von Wilhelm Liebknecht und August Bebel gegründet. **9.** 1878 wurde von Alexander Bell der elektromagnetischer Fernsprecher erfunden. **10.** 1878 wurde das „Gesetz gegen die gemeingefährlichen Bestrebungen der Sozialdemokratie" erlassen. **11.** 1883 wurde von Gottlieb Daimler ein gebrauchsfähiger Benzinmotor entwickelt. **12.** 1884 wurde von Carl Benz ein dreirädriges Automobil mit Viertaktmotor konstruiert. **13.** 1890–96 wurden von Otto Lilienthal Gleitflugversuche durchgeführt. **14.** 1893–97 wurde von Rudolf Diesel der Dieselmotor entwickelt.

II. „Computer machen dumm" und andere Vorurteile

3. Synonyme: **1.** beweisen/zeigen **2.** übliche/weit verbreitete **3.** großer **4.** mühevoll **5.** lesen **6.** manchmal **7.** im Stande sein **8.** inzwischen/zwischenzeitlich

Lösungsschlüssel   *Anhang*

4. Verben: **1.** verbessert/erleichtert, fördert **2.** einstellen, bestimmen **3.** integriert/heißt/beinhaltet, spricht **4.** belegen/zeigen, begreifen **5.** bietet **6.** ersetzen, helfen

5. Präpositionen: Durch Videokonferenzen, daran zweifeln, an Konferenz-Hightech in den vergangenen Jahren, auf Treffen vor Ort, in Westdeutschland um 15 %, in Ostdeutschland um 56 %

6. Adjektive: **1.** schweren/dicken, computerisierten/hoch technisierten, hochwertigem/teurem/feinem **2.** vorherrschenden/bisherigen, jeweiligen, betreffende

7. Konjunktiv II: **1.** hätte **2.** gezeichnet/gezogen würden **3.** ginge **4.** durchführen würde, müsste **5.** könnte, müsste **6.** liefen **7.** würde ersetzt **8.** würden erfordern **9.** würde fragen **10.** würde aussperren **11.** möchten/bräuchten, wahrnehmen würden **12.** vorgestellt/angeboten würde, funktionieren würde **13.** müsste/würde drücken

IV. Waldsterben

4. Synonyme: **1.** unschädlich gemacht **2.** beschädigte **3.** gestrichen **4.** ist entstanden **5.** krank **6.** sehr schnell gestiegen **7.** notwendiges/dringend benötigtes **8.** vernichtet/zerstört werden **9.** inzwischen/unterdessen

5. Präpositionen: **1.** aus, von, über **2.** zum, mit **3.** unter, vor, in, dank **4.** im, auf **5.** zum **6.** innerhalb von/binnen, von, auf **7.** aus, aus, für, zu, von, mit, in

6. Verben: **1.** ausgeschaltet/eliminiert/unschädlich gemacht **2.** abgelöst/übertroffen **3.** beschädigt/geschädigt **4.** gestiegen **5.** gefällt/abgeholzt, gestrichen/getilgt/ausgerechnet **6.** bewirkt **7.** stimmt, beeinflusst/vorantreibt, dienen/entstammen, eingreifen

7. Verben: **1.** bemüht, wieder zu verwerten **2.** (wieder)aufgeforstet/bepflanzt **3.** versucht, zu retten/bewahren **4.** beitragen, zu senken/verringern. **5.** getroffen/ergriffen, einzudämmen/zu bremsen/aufzuhalten. **6.** reichen, zu verringern/reduzieren/senken, zu erhalten/sichern/retten.

8. Sätze: **1.** Kunden achten beim Einkaufen immer mehr auf die Umweltverträglichkeit der Produkte. **2.** Die Industrie versucht mit dem gezielten Einsatz von Umweltargumenten, Käufer zu gewinnen. **3.** Durch Öko-Werbung haben einige Firmen ihren/den Umsatz um 30 Prozent gesteigert. **4.** Doch häufig wirken die Werbeinformationen auf die Verbraucher irreführend. **5.** Seit den 80er Jahren herrscht/In den 80er Jahren herrschte in der Werbung an Öko-Lügen kein Mangel. **6.** Es müssen dringend neue Grundsätze für eine bessere Öko-Werbung entwickelt werden.

9. Substantive: **1.** Gewinnung von Boden durch Abbrennen der Wälder **2.** sehr/zu viele Touristen an einem Ort **3.** Trennung von Müll, z. B. Plastik, Glas, Papier, Gartenmüll, Metall usw. zur besseren Wiederverwertung **4.** Kohlendioxid und andere Gase heizen die Atmosphäre auf. **5.** Pflanzung neuer Bäume **6.** Wiederverwertung von Rohstoffen **7.** Gesetze zum Schutz von Pflanzen und Tieren **8.** Der Boden wird trocken und unfruchtbar, z. B. durch Monokultur. **9.** Reisen incl. Übernachtung, Flug und oft auch Mahlzeiten **10.** Verunreinigung der Luft durch Gase, Dämpfe, Staub usw.

Teil C

1. **1.** wurde eröffnet **2.** wurde unterzeichnet/geschlossen/ratifiziert **3.** wurden festgenommen, verhindert werden **4.** wurde gegeben **5.** wurde entdeckt/geklärt/bekannt gegeben **6.** wurde gestürzt. **7.** wurde erhoben **8.** wurden zerstört/verwüstet, gebracht werden

Anhang   *Lösungsschlüssel*

2. **1.** Durch die anhaltende Dürre wurde die gesamte Ernte vernichtet. **2.** Hier durfte geraucht werden. **3.** Der Betrag hat vom Computer viel schneller errechnet werden können. **4.** Der Motor ist neu eingebaut worden. **5.** Der Täter hat nach kurzer Zeit aus Mangel an Beweisen wieder freigelassen werden müssen. **6.** Die alten Häuser mussten abgerissen werden. **7.** Der Wahlvorgang wurde wiederholt. **8.** Der Drucker wird neu installiert werden müssen.

3. *(Beispielsätze)* **1.** Wenn der Brief nicht rechtzeitig abgeschickt worden wäre, hätten wir von der Terminänderung nichts erfahren. **2.** Wenn das Theaterstück nicht vier Monate geprobt worden wäre, wäre die Aufführung kein Erfolg geworden. **3.** Wenn bei ihm nicht eingebrochen und das Ölgemälde gestohlen worden wäre, könnte er das Bild für viel Geld verkaufen. **4.** Wenn er beim Fußball nicht verletzt worden wäre, hätte er an den Meisterschaften teilnehmen können. **5.** Wenn das Geld nicht in einem gepanzerten Wagen transportiert worden wäre, wäre das Geld beim Überfall entwendet worden. **6.** Wenn der Wagen nicht repariert worden wäre, hätten wir heute nicht in den Urlaub fahren können.

4. **1.** Hier hätte unbedingt ein Hinweisschild angebracht werden müssen. **2.** Die Untersuchungsergebnisse hätten nicht verheimlicht werden dürfen. **3.** Die Geräte hätten sofort nach Gebrauch gereinigt werden sollen. **4.** Das Haus hätte neu gestrichen werden müssen. **5.** Der Kunde hätte über den Vorfall gleich informiert werden sollen. **6.** Das Rundschreiben hätte von allen Mitarbeitern gelesen werden müssen. **7.** Der Brief hätte sofort beantwortet werden müssen. **8.** Die Abrechnung hätte noch einmal kontrolliert werden müssen.

5. **1.** Der Antrag könnte abgewiesen worden sein. **2.** Die Geldbörse könnte aus der Handtasche gestohlen worden sein. **3.** Er könnte vorher gewarnt worden sein. **4.** Die Sitzung könnte in einen anderen Raum verlegt worden sein. **5.** Der ganze Besitz könnte versteigert worden sein. **6.** Der wichtige Brief könnte in den Papierkorb geschmissen worden sein. **7.** Beim Hausbau dürfte unsachgemäß gearbeitet worden sein. **8.** Ihm dürfte eine Falle gestellt worden sein. **9.** Sie kann vom Immobilienmakler betrogen worden sein. **10.** Die Ware könnte schon abgeholt worden sein.

6. **1.** Das Fenster ist nur sehr schwer zu öffnen/lässt sich nur schwer öffnen. **2.** Die beiden Teile lassen sich miteinander verschrauben/sind verschraubbar. **3.** Der Feuerlöscher ist nur im Notfall zu verwenden. **4.** Dieses Gedicht lässt sich nicht übersetzen/ist nicht zu übersetzen. **5.** Der Aufsatz ist nochmals gründlich zu überarbeiten. **6.** Das neu entwickelte Gerät ist bei Regen nicht einsetzbar.

7. **1.** Seine Forschungsergebnisse fanden auf der Konferenz besondere Beachtung. **2.** Die Aussage zog das Gericht nicht in Zweifel. **3.** Der zu Lebzeiten berühmte Dichter geriet wenige Jahre nach seinem Tod in Vergessenheit. **4.** Der zu spät eingereichte Antrag kann keine Berücksichtigung mehr finden. **5.** Der mutmaßliche Entführer stand seit Tagen unter Beobachtung der Polizei. **6.** Die Themen stehen auf der heutigen Besprechung zur Diskussion. **7.** Seine Bemühungen um eine friedliche Lösung des Konflikts fanden auf der ganzen Welt Anerkennung. **8.** Die Verbesserungsvorschläge fanden sofort in der Praxis Anwendung. **9.** Der Junge stand unter dem negativen Einfluss seiner Freunde. **10.** Wegen ihrer Leistungen und ihrer Einsatzbereitschaft zollten ihr alle Respekt. **11.** Das Theaterstück gelangte seit vielen Jahren nicht mehr zur Aufführung. **12.** Manche Wünsche finden nie/keine Erfüllung.

8. **1.** Der Mann wurde von der Polizei des Diebstahls überführt. **2.** Die schwere Krankheit wurde durch einen Virus übertragen. **3.** Die Grundstücke werden durch einen Zaun getrennt. **4.** Die Pakete werden durch einen Boten gebracht. **5.** Der Angeklagte wurde

Lösungsschlüssel *Anhang*

vom Gericht zu 5 Jahren Gefängnis verurteilt. **6.** Der Fußgänger wurde von einem herunterfallenden Dachziegel verletzt **7.** Man wurde durch sein lautes Rufen auf ihn aufmerksam. **8.** Durch das kluge Handeln des Kassierers konnte der Raub verhindert werden. **9.** Die Regierung wird durch einen Gesandten vertreten. **10.** Durch das gewaltsame Öffnen des Pakets wurde der Inhalt beschädigt.

9. **1.** 10 Demonstranten wurden von der Polizei festgenommen. **2.** Die Rechnung muss noch bezahlt werden. **3.** Die Ursachen des Unglücks werden noch bekannt gegeben. **4.** Den Motor musste zweimal ausgewechselt werden. **5.** Die neue Rennstrecke wird am Samstag vom Bürgermeister eingeweiht. **6.** Das Messer müsste mal geschliffen werden. **7.** Der Präsident soll ermordet worden sein. **8.** Er will von niemandem gesehen worden sein. **9.** Geschäfte der Innenstadt sollen geplündert worden sein. **10.** Wäre die Krankheit nicht frühzeitig entdeckt worden, hätte ich operiert werden müssen. **11.** Wäre der Bau der Autobahn vom Stadtrat nicht genehmigt worden, hätte hier ein Naherholungszentrum errichtet werden können. **12.** Wäre der Brief rechtzeitig abgeschickt worden, hätte der Schaden begrenzt werden können. **13.** Wäre dieser Aufruf doch von niemandem unterschrieben worden! **14.** Der Chef will über alles informiert werden. **15.** Die Abrechnung soll noch vor Ende der Woche von der Verwaltungsmitarbeiterin gemacht werden. **16.** Die wachsende Kriminalität soll vom Staat bekämpft werden.

10. **1.** Er ist am Werdegang des jungen Mannes interessiert. **2.** Viele Tierarten sind vom Aussterben bedroht. **3.** Das Geschäft ist seit/für drei Wochen geschlossen. **4.** Ich bin über das Schicksal des Kindes betroffen. **5.** Er ist von lauter Fachidioten umgeben. **6.** Er war zum sofortigen Handeln gezwungen. **7.** In das Gerät sind drei Zwischenschalter eingebaut. **8.** Das Schwimmbad ist seit Juni geöffnet. **9.** Er ist in Sabine verliebt. **10.** Das Auto ist mit einer Alarmanlage ausgerüstet.

Kapitel 8

Teil A

I. Schluss mit dem Tauziehen

3. Synonyme: **1.** sich mit einem Trick und zu jemandes Ungunsten eigene Vorteile verschaffen/ jmdn. austricksen **2.** zur Zeit üblich/modern **3.** ohne übermäßigen Erfolg **4.** nachfragen **5.** falsche Schlussfolgerung **6.** werden dünner **7.** überzeugende

4. Präpositionen: **1.** in/bei, zwischen, in/bei, über **2.** für, bei, in **3.** über **4.** in, zu, mit

5. Verben: **1.** gilt **2.** gesetzt **3.** analysiert, überprüft **4.** festzulegen, vorzubeugen **5.** scheitern

6. Sätze: **1.** Die Ziele für die Verhandlung dürfen nicht zu hoch angesiedelt werden. **2.** Eine Analyse des Verhandlungspartners hilft, Konfliktbereiche im Vorfeld zu erkennen. **3.** Beide Vertragspartner sollten sich auf die Verhandlung eingehend vorbereiten.

II. Andere Länder – andere Sitten

4. Synonyme: **1.** mit mehr Spielraum/großzügiger **2.** formell **3.** sehr **4.** unterstreichen/hervorheben **5.** wird als gutes Benehmen verstanden **6.** nur wenig/spärlich **7.** ist nach herrschender Sitte untersagt/wird nicht gern gesehen/gegen die guten Sitten

5. Präpositionen: **1.** auf, von, in, in **2.** in, in, vor, nach **3.** in, zum, mit, ohne

Anhang *Lösungsschlüssel*

6. Verben: **1.** sollte/darf, wäre/ist **2.** anzusprechen/anzureden **3.** beherrscht, anzupassen **4.** eingehalten, verpönt/unüblich/gegen die guten Sitten, reinigen **5.** kommt/fährt, achten, versuchen/probieren, einzuführen

7. Sätze: **1.** Die Deutschen teilen ihr Leben in Berufsleben und Privatleben. **2.** Sie achten genau darauf, dass diese zwei Bereiche strikt voneinander getrennt sind. **3.** Im Berufsleben trägt man formelle Kleidung und ist höflich gegenüber/zu den Kollegen. **4.** Geschäftliche Termine müssen eingehalten werden und man muss pünktlich zur Arbeit erscheinen. **5.** Scherze sind bei formellen Gelegenheiten nicht besonders beliebt. **6.** Im Privatleben kleiden und benehmen sich die Deutschen lockerer. **7.** Das Grüßen spielt im gesamten deutschen Leben eine wichtige Rolle.

III. Anredeformen

5. Präpositionen: **1.** während, –, bis, auf **2.** zur, unter, auf **3.** auf, im, zum, vor, auf, im, zur **4.** nach, in, durch, gegenüber

6. Verben: **1.** gewinnt **2.** zeichnet **3.** gekommen **4.** zeigen/erweisen

7. weibliche Bezeichnung: **1.** Bürgermeisterin **2.** Chemikerin **3.** Ärztin **4.** Vorsitzende **5.** Bankkauffrau **6.** Ministerin **7.** Staatssekretärin **8.** Ministerialrätin **9.** Beamtin **10.** Biologin **11.** Pfarrerin

8. Anredepronomen: **1.** Ihnen **2.** Ihren, Sie, Ihren **3.** du, deine **4.** Sie, Ihnen

Teil C

1. **1.** Ich könnte mir vorstellen, dass die Preiserhöhung bei den Kunden auf Kritik stößt. **2.** Ich würde davon abraten, eine andere Werbefirma zu beauftragen. **3.** Wir würden uns freuen, weitere Aufträge von Ihnen zu erhalten. **4.** Ich würde Sie bitten, die Rechnung umgehend zu begleichen. **5.** Es wäre mir ein Vergnügen, Sie begleiten zu dürfen. **6.** Dürfte ich Sie darauf hinweisen, dass in der Jahresabrechnung ein Fehler ist. **7.** Es wäre besser gewesen, mit dem zuständigen Kollegen Rücksprache zu halten. **8.** Würde es Ihnen etwas ausmachen, den Gast zum Bahnhof zu bringen?

2. **1.** an, geübt **2.** begeht/verübt **3.** übernehmen/tragen **4.** zur, gezogen, stehen **5.** für aufkommen/bezahlen, übernehmen/tragen **6.** gefällt/verkündet **7.** schenken **8.** tritt, in **9.** ergriffen/getroffen **10.** nehmen, zur **11.** kommen, in **12.** stelle, gern **13.** gewonnen/verloren/missbraucht **14.** zu, nehmen **15.** abschlagen/verwehren

3. **1.** gestellt **2.** vertreten/verteidigt **3.** gesetzt **4.** erregt **5.** versetzt **6.** gezogen **7.** getroffen **8.** gehegt **9.** erlitten, errungen

4. **1.** Der Ministerpräsident wird auch verschiedenen Hilfsorganisationen einen Besuch abstatten. **2.** Der Staat kann in bestimmten Fällen Unterstützung bieten/gewähren. **3.** Wir haben den Diebstahl sofort bei der Polizei zur Anzeige gebracht. **4.** Ich empfehle dir Nachsicht zu üben. **5.** Die Bank hat Auskünfte über sein Einkommen/bezüglich seines Einkommens eingeholt. **6.** Sie hat mal wieder ihren Willen durchgesetzt. **7.** Das Ehepaar ist bei einem Autounfall ums Leben gekommen. **8.** Der Frau wurde von ihrem Mann ständig das Wort abgeschnitten/Der Mann fiel seiner Frau ständig ins Wort. **9.** Die Nachbarn haben den Streit beendet/begraben. **10.** Die Bank hat uns für die nächste Rückzahlung Aufschub gewährt. **11.** Er hat über den Vorfall Stillschweigen gewahrt/bewahrt. **12.** Der Politiker hat sich gegenüber den Vorwürfen der Presse jedes Kommentars enthalten. **13.** Vielleicht ist Ihrer Aufmerksamkeit entgangen, dass die Rechnung vom 3. des vergangenen Monats von Ihnen noch nicht bezahlt worden ist.

Lösungsschlüssel *Anhang*

14. Die Konstruktionspläne unterliegen der Geheimhaltung. 15. An die Mitarbeiter werden immer höhere Forderungen gestellt.

5. 1. Trotz intensiver Bemühungen ist uns eine Umsatzsteigerung nicht gelungen. 2. Zur Vermeidung von Krankheitsübertragung müssen die hygienischen Vorschriften genau beachtet werden. 3. Auf Wunsch senden wir Ihnen die Ware ins Haus. 4. Aus Angst schwieg er. 5. Wir sollten uns im Hinblick auf das kommende Jahr Gedanken über neue Projekte machen. 6. Bei Berücksichtigung aller Faktoren dürfte bei dem Vorhaben nichts schief gehen. 7. Im Anschluss an die Sitzung gibt es im Zimmer des Direktors ein Glas Wein. 8. Nach Meinung des Arbeitsministers wird sich die Lage auf dem Arbeitsmarkt auch im nächsten Jahr nicht verbessern. 9. Ohne Unterschrift des Ehepartners wird der Antrag nicht bearbeitet. 10. Zur effektiveren Schädlingsbekämpfung wird ein neues Mittel ausprobiert. 11. Bei/unter Beachtung aller Sicherheitsregeln ist ein Unglück ausgeschlossen. 12. Zu Ihrer rechtzeitigen Information senden wir Ihnen unsere neue Preisübersicht.

6. 1. Dr. Braun ist eine Kapazität auf dem Gebiet der Immunforschung. 2. Aus Anlass unseres 10jährigen Firmenjubiläums laden wir Sie zu einem festlichen Empfang ein. 3. Im Verlauf der Veranstaltung kam es zu mehreren Zwischenfällen. 4. Im Rahmen seiner Tätigkeit als Korrespondent reist/reiste er im Herbst ins Krisengebiet. 5. Er blieb ohne Grund der Sitzung fern. 6. Trotz der schlechten Wetterverhältnisse kann der Bau termingerecht beendet werden. 7. Aus Mangel an Beweisen wurde der Angeklagte vom Gericht freigesprochen. 8. Aus Erfahrung wird man klug. 9. In Anbetracht der Tatsache, dass wir rote Zahlen schreiben, müssen Sparmaßnahmen ergriffen werden. 10. Nach Angaben der Polizei wurde bei dem Unfall niemand verletzt. 11. Im Interesse der/des Kunden achten wir auf die Einhaltung der Termine. 12. Unter der Voraussetzung, dass die Preise stabil bleiben, sind wir an einer weiteren Zusammenarbeit interessiert. 13. Der Prozess findet unter Ausschluss der Öffentlichkeit statt. 14. Aus Schutz vor Seuchen müssen schnell Maßnahmen ergriffen werden. 15. Die Gespräche fanden auf der Basis freundschaftlicher Zusammenarbeit statt. 16. Nach Aussage des/der Zeugen waren drei maskierte Männer in der Bank.

7. 1. anhand 2. Bezug nehmend auf 3. dank 4. aufgrund 5. binnen 6. gemäß 7. infolge 8. halber 9. hinsichtlich 10. laut 11. zeit 12. zu Gunsten 13. mittels 14. mangels 15. kraft 16. seitens 17. zwecks 18. trotz 19. ungeachtet 20. anlässlich 21. zufolge 22. zuliebe

8. **Brauchtum und Feste**

Brauchtum ist laut Volksmund ein Gruß aus guter alter Zeit, obwohl die alte Zeit manchmal gar nicht so gut war.

Viele uns bis heute romantisch und erhaltenswert erscheinende Bräuche, an denen unser Herz hängt, sind auf recht prosaische Ereignisse zurückzuführen.

Es besteht ein Zusammenhang zwischen Brauchtum und Festen, weil zu den großen kirchlichen, historischen, bäuerlichen oder heidnischen Festen das Brauchtum seine ganze Pracht entfaltet und andererseits die überlieferten Bräuche einen Beitrag zur Gestaltung örtlicher Feierlichkeiten als besondere Feste leisten. Und man kommt ins Staunen (darüber), dass in unserer hoch technisierten, computergesteuerten Zeit immer mehr jungen Menschen ihre Liebe zur Tradition entdecken und pflegen.

Das gilt, abgesehen von den Volksmusikveranstaltungen und Trachtenumzügen, die allerorts zu finden sind, vor allem für die bäuerlichen Feste, die jährlich stattfinden (*oder*: für die jährlich stattfindenden bäuerlichen Feste).

Anhang *Lösungsschlüssel*

Abschreckend vermummte Gestalten tollen lärmend herum, um den bösen Geistern den Garaus machen und das Neue Jahr vor ihnen zu schützen.
Und daneben hoffen die Menschen auf ein wenig Glück und Wohlstand für die kommenden zwölf Monate. Sie beschenken sich mit Glückssymbolen wie Kleeblätter, Hufeisen oder kleine Schornsteinfeger aus allen möglichen Materialien, bewahren eine Schuppe des Silvesterkarpfens im Portemonnaie auf oder unternehmen/machen den Versuch, beim Bleigießen ihr bevorstehendes Schicksal zu deuten.
Zum Münchner Oktoberfest, dem berühmtesten aller historischen Feste, kommen Besucher aus der ganzen Welt, um das eigens für dieses Ereignis gebraute süffige Bier zu trinken und besondere Leckereien zu verzehren. Sie bummeln die Schaustellerattraktionen entlang und genießen den Nervenkitzel in den Fahrgeschäften.
Das erste Oktoberfest im Jahre 1810 hatte allerdings ein ganz anderes Aussehen. Die Bürger wurden seinerzeit von König Max Joseph zur Hochzeitsfeier des Prinzen Ludwig mit der Prinzessin Therese von Sachsen eingeladen.
Dieses Fest war ein solcher Erfolg, dass die Gardekavallerie den Antrag stellte, der Festwiese den Namen der Braut zu geben, und die Stadt München fasste den Beschluss, das Fest Jahr für Jahr zu wiederholen.
Und weil aus Anlass der Hochzeit die Münchner in feierlichem Zuge an der Residenz vorbei zur Festwiese zogen, ist es Brauch geblieben, einen Trachten- und Festzug durch München zu veranstalten.
Zum in seiner Farbenpracht und Vielfältigkeit für jeden Zuschauer ein unvergessliches Erlebnis bleibenden Festzug kommen Trachtengruppen aus dem ganzen Land.

9. **1.** den Braten gerochen (etwas ahnen) **2.** Jacke wie Hose (egal/für mich uninteressant) **3.** keinen Finger krumm gemacht (nicht geholfen/nichts getan) **4.** auf der Nase herumgetanzt (nicht auf ihn gehört/seine Anweisungen nicht befolgt) **5.** Sie hat die Hose an. (Sie bestimmt, was gemacht wird/ist dominant.); Peter steht unter dem Pantoffel. (Er kann seine Meinung nicht durchsetzen.) **6.** der Kragen geplatzt (Er hatte genug davon und hat das laut gesagt.; Er ist aus Ärger sehr laut geworden.) **7.** letztes Hemd hergegeben (große finanzielle Opfer gebracht) **8.** red(e) nicht ständig um den heißen Brei herum (etwas sprachlich nicht klar/deutlich ausdrücken/benennen wollen) **9.** in den sauren Apfel beißen müssen (etwas Unbeliebtes tun müssen)

Quellenverzeichnis *Anhang*

Textquellen

S. 11f. Spiegel der eigenen Wünsche. Aus: Der SPIEGEL, 1/1996.
S. 13f. Prognosen aus: Futopia ... oder das Globalisierungsparadies. Signum-Verlag, Wien 1997.
S. 14f. Moderne Kunst. Zitate aus: K. Conrad: Das vierte Zeitalter und die moderne Kunst, Huber-Verlag, Bern 1958.
S. 16 Banausen sterben eher. Aus: Der SPIEGEL, 30/1998.
S. 17 Töpfernde Äffchen. Aus: Der SPIEGEL, 38/1997.
S. 18f. Von der Nachkriegsreklame bis zur Werbung ... Aus: Der SPIEGEL, Sonderausgabe 1947–1997.
S. 22 Keine Zeit. Informationen aus: Bild der Wissenschaft, 1/1995.
S. 31f. F. Pleitgen: Mein erster Bericht. Aus: Kölnische Rundschau/Rundschau am Sonntag, 22.9.1996.
S. 35f. Das bessere Deutschland. Aus: Der SPIEGEL, 33/1997.
S. 37f. H.-M. Enzensberger: Das Europa-Haus – eine Architektur-Skizze. Aus: Die ZEIT, 6.12.1996.
S. 40f. V. Schlöndorf: Der Verlust der Liebe. Aus: Der SPIEGEL, 7/1999.
S. 47 F. Hohler: Made in Hongkong. Aus: Der Granitblock im Kino und andere Geschichten. Fischer-Verlag, Frankfurt/M. 1983. Abdruck mit freundlicher Genehmigung des Autors.
S. 51 Christoph Hein: Von allem Anfang an. © Aufbau-Verlag GmbH, Berlin 1997 (Auszug).
S. 53 Bitte lachen! Nach Informationen aus: ELLE, 9/1997; Die Welt, 13.11.1995; Vogue, 9/1998.
S. 56f. Die neue Lust auf „lebenslänglich". Aus: Focus 46/1996.
S. 57f. Teure Langeweile. Aus: Manager-Magazin, 10/1996.
S. 61 Sollen. Aus: Grafschafter Nachrichten, 1.11.1997.
S. 73f. Katz und Maus. Aus: Der SPIEGEL, 36/1992.
S. 76f. Kriminalität in Deutschland. Aus: Zahlenbilder, Erich Schmidt Verlag, 1999.
S. 79f. Aldi: Vom Billigladen zum Kultobjekt. Aus: Neue Ruhr Zeitung (NRZ), 18.4.1998.
S. 81f. Ende der Koedukation? Nach Informationen aus: Die Welt, 29.11.1995; Die Woche, 24.02.1995; FAZ, 24.02.1998.
S. 95f. Krieg der Geschwister. Aus: Der SPIEGEL, 35/1997.
S. 98 Wenn die Chemie nicht stimmt. Aus: Brigitte, 16/1994.
S. 100 „Immobilienpoesie". Nach Informationen aus: Die Welt, 4.8.1994.
S. 102 Bauhaus und Design. Aus: Kulturelles Leben in der BRD, Bonn 1992.
S. 104 Peter Härtling: Für Ottla (Auszug). Aus: Peter Härtling: Für Ottla, Radius-Verlag, Stuttgart 1986.
S. 108 Einen Dümmeren finden Sie kaum! Aus: Frankfurter Allgemeine Zeitung, 15.2.1999.
S. 119f. Störfall Kommunikation. Aus: ManagerSeminare, 29/1997.
S. 121f. Typische Fallen. Aus: ManagerSeminare, 29/1997.
S. 124 Was macht Zeitungen bei Lesern erfolgreich? Aus: Handelsblatt, 11.6.1997.
S. 126f. „Fernsehkinder" haben Defizite. Informationen aus: Tegernseer Zeitung, 30.4.1998.
S. 128f. Wie ein italienischer Fußballtrainer ... Nach einer Information aus: Sport-Bild, 22.04.1998.
S. 139f. Das 19. Jahrhundert. Aus: M. Görtemaker: Deutschland im 19. Jahrhundert, Leske & Budrich, Leverkusen 1983.
S. 141 Die langlebigsten Vor- und Fehlurteile. Aus: SPIEGEL spezial, 3/1995.
S. 144 Wenn das Auto ... Aus: Die besten Witze des Jahrhunderts. Bassermann, Niedernhausen/Ts. 1999.
S. 145 A. Berg: Der Handy-Knigge. Aus: TV-today.
S. 146f. Ein Schritt vor, einer zurück. Aus: SPIEGEL spezial, 2/1995.
S. 159f. Schluss mit dem Tauziehen. Aus: ManagerSeminare, 10/1998.
S. 161f Andere Länder – andere Sitten. Aus: B. Emde: 1 x 1 der guten Umgangsformen, Moewig-Verlag, Rastatt 1995.
S. 164f. G. Stickel: Aktuelle Tendenzen der deutschen Sprache. Aus: Typoskript eines Vortrags am 12.12.1998 in Amsterdam.
S. 176f. Brauchtum und Feste. Aus: Kulturelles Leben in der BRD, Bonn 1992.
S. 179ff. Die Übersichten und Hinweise zu den Prüfungen wurden nach Materialien des Goethe-Instituts München zusammengestellt.

Bildquellen

S. 11 Aus: „Die Welt in hundert Jahren". Berlin 1910.
S. 15 W. Kandinsky: Dreißig , 1937. © VG Bild-Kunst.
S. 78 Kriminalität in Deutschland. Aus: Zahlenbilder, Erich Schmidt Verlag, 1999.
S. 126 L. Murschetz. Bücherwürmer. Katalog zur Ausstellung 1997 in Tegernsee.
S. 51, 73. 75: H. Zille. Aus: G. Flügge, Das dicke Zille-Buch. Eulenspiegel-Verlag Berlin 1987.
S. 18, 19, 23, 35, 40, 41, 59, 79, 101, 141, 145, 149, 159, 161, 162: Fotos von Andreas Buscha.
S. 53, 55, 81, 95, 105, 119, 167: Fotos aus dem Archiv der Autorinnen.